财政部规划教材
全国高等院校会计系列教材

会计职业道德

杨 明 常 茹 施飞峙 主编

中国财经出版传媒集团
中国财政经济出版社

图书在版编目（CIP）数据

会计职业道德 / 杨明，常茹，施飞峙主编 . —北京：中国财政经济出版社，2019.5
（2022.8重印）
财政部规划教材　全国高等院校会计系列教材
ISBN 978 – 7 – 5095 – 8981 – 6

Ⅰ.①会…　Ⅱ.①杨…②常…③施…　Ⅲ.①会计人员 – 职业道德 – 高等学校 – 教材　Ⅳ.①F233

中国版本图书馆 CIP 数据核字(2019)第 082074 号

责任编辑：陈　冰　　　　　　　　责任校对：张　凡
封面设计：陈宇琰

中国财政经济出版社 出版

URL：http：//www.cfeph.cn
E – mail：cfeph @ cfeph.cn
（版权所有　翻印必究）
社址：北京市海淀区阜成路甲 28 号　邮政编码：100142
营销中心电话：010 – 88191537
北京鑫海金澳胶印有限公司印刷　　各地新华书店经销
787×1092 毫米　16 开　12.25 印张　293 000 字
2019 年 6 月第 1 版　2022 年 8 月北京第 4 次印刷
定价：35.00 元
ISBN 978 – 7 – 5095 – 8981 – 6
（图书出现印装问题，本社负责调换）
本社质量投诉电话：010 – 88190744
打击盗版举报热线：010 – 88191661　QQ：2242791300

前言

会计职业道德,在许多人眼中是通过死记硬背来学习的,而我们在多年的教学活动中深刻体会到:道德、职业道德以及会计职业道德,绝对不是通过简单的背诵就能够真正掌握和领悟的!道德、职业道德、会计职业道德就如同我们每天生活中的阳光、空气和水一样,受益而不觉,失之则难存。

作为大学所开设之课程,不应仅仅止步于知其"然"的阶段,更应深入探究知其"所以然",进而关键性的"然后"之运用与践行,因本课程是一门"说服力"和"执行力"并重统一的教程。对于几乎没有任何职场经验的在校大学生,特别是会计学、财务管理、国际会计、审计、会计信息系统等相关财经类专业之学子们,要通过本教材这扇"门",开拓视野,并在大学期间有意识地培养自己的人文素养、家国情怀和职业意识,为日后进入社会和职场做好思想道德心理准备。

我华夏之先人于远古时代即以"天干地支"作为载体。"天干"承载是天之道,"地支"承载是地之道。在天成象,在地成形,在人成运;天道与地道决定着人道,故设天干地支,以契天地人事之运。又"天干地支"之意义来自于树木:干者犹树之干也,支者犹树之枝也。倘至于行文之中,文之篇如树之干,文之章如树之枝。故全书秉承吾中华"天干地支"用于历法、术数、计算、命名之习惯,以"天干"为文之篇,以"地支"为文之章。天、地、道、德、篇、章与中华传统文化一脉相承,古今相通。

会计职业道德依托于职业道德,又植根于道德,我中华悠悠五千年之文明史,从未缺少大德尚道之经典之圣贤之脍炙人口。是故即见树木,又见森林;即接触当下,又不忘古先;即博采世界,又继承民族;故行文于系统介绍会计职业道德之基础上,顺理成章融入了"道德""职业道德"和"学习与思考"等内容,即成文之框架筋骨:甲篇:格物致知——道德,乙篇:修身齐家——职业道德,丙篇:经世济国——会计职业道德,丁篇:温故知新——学习与思考。

胜日寻芳泗水滨,无边光景一时新。道德、职业道德、会计职业道德其实离我们很近。弃,过往之误解与枯燥呆板之说教"汝等应为之";扬,春风化雨润物细无声"汝等不应为之,""有所为,有所不为"。

等闲识得东风面,万紫千红总是春。辅以小知识、小贴士和故事案例,深入浅出,增加可读性。而这些"不应为之"和"有所不为"正是莘莘学子们日后进入社会必要之了解,以助其未来之可持续发展。

德配天地，道贯古今！师者，"传道"为首业。自感身负责任之重大，故多多参考文献和涉猎学科广泛，不仅参阅了大量古今中外道德、会计和职业道德等方面之文献，且还吸收诸如国学、外交学、法学、哲学、历史学、社会学、管理学、民俗学等众学科之观点与精华。

本书由杨明、常茹、施飞峙担任主编，黄秋敏、路耀芬和杨良成担任副主编，王印琪、李萍、孙文琪、陈志宏、付静雯、封雪韵参编。由主编负责设计全书框架并总撰定稿。具体分工：

杨明编写子章、巳章、午章；常茹编写丑章、寅章和未章；施飞峙编写卯章、辰章；黄秋敏编写酉章、戌章；路耀芬编写亥章；杨良成和路耀芬编写申章；王印琪、李萍、孙文琪、路耀芬、陈志宏、付静雯、封雪韵编写丁篇。

我们心中一直有个梦想——就是能以"诚信"为内核，秉承中华民族传统文化之优秀精神，符合新时代中国先进文化发展方向，准确把握和坚定"四个自信"，满足社会主义市场经济体制的要求，更为卓越的新时代中国特色社会主义会计道德秩序的传承与发扬，尽些绵薄之力。

本书在编写过程参考了大量的相关文献，并得到了相关院校的领导和中国财政经济出版社的大力支持，在此一并表示诚挚的谢意。尽管我们力求尽善尽美，但鉴于主客观因素的局限，难免存在疏漏和不妥之处，恳请专家同仁和热心读者批评指正。

编者于东农后稷园
乙亥年元月

目 录

甲篇　格物致知——道德

子章　道德的历史演进 …………………………………………（ 3 ）
　　一、道德的起源 ……………………………………………（ 3 ）
　　二、道德演进的历史类型 …………………………………（ 6 ）
　　三、道德发展的规律性 ……………………………………（ 9 ）

丑章　道德的含义和作用 ……………………………………（ 17 ）
　　一、道德的含义 ……………………………………………（ 17 ）
　　二、道德的特点 ……………………………………………（ 20 ）
　　三、道德的本质 ……………………………………………（ 21 ）
　　四、道德的功能和作用 ……………………………………（ 22 ）
　　五、道德与伦理学的关系 …………………………………（ 24 ）

寅章　道德修养 ………………………………………………（ 30 ）
　　一、道德修养的含义 ………………………………………（ 30 ）
　　二、道德修养的特点 ………………………………………（ 30 ）
　　三、道德修养的内容 ………………………………………（ 32 ）
　　四、道德修养的途径和方法 ………………………………（ 32 ）

乙篇　修身齐家——职业道德

卯章　职业道德的产生和发展 ………………………………（ 41 ）
　　一、职业道德产生的条件 …………………………………（ 41 ）
　　二、职业道德的演进与发展 ………………………………（ 42 ）

辰章　职业道德的含义与作用 ………………………………（ 47 ）
　　一、职业道德的含义 ………………………………………（ 47 ）
　　二、职业道德的特点和基本要求 …………………………（ 48 ）
　　三、职业道德的意义和作用 ………………………………（ 50 ）

1

四、职业道德与一般社会道德 ……………………………………………（52）

巳章　职业道德的主要分类 ………………………………………………（57）
　　一、医务人员职业道德 ………………………………………………（57）
　　二、教师职业道德 ……………………………………………………（58）
　　三、商业道德 …………………………………………………………（59）
　　四、干部道德 …………………………………………………………（59）
　　五、金融行业职业道德 ………………………………………………（61）

午章　职场的道与术 ………………………………………………………（66）
　　一、职场之道 …………………………………………………………（66）
　　二、职场之术——程序和规则 ………………………………………（70）
　　三、职场禁忌 …………………………………………………………（73）

丙篇　经世济国——会计职业道德

未章　会计职业道德的产生与发展 ………………………………………（83）
　　一、会计职业与会计行为规范 ………………………………………（83）
　　二、会计职业道德的历史沿革 ………………………………………（91）
　　三、会计职业道德的概念、特点及作用 ……………………………（92）

申章　会计职业道德规范的主要内容 ……………………………………（98）
　　一、爱岗敬业 …………………………………………………………（98）
　　二、诚实守信 …………………………………………………………（101）
　　三、廉洁自律 …………………………………………………………（103）
　　四、客观公正 …………………………………………………………（105）
　　五、坚持准则 …………………………………………………………（107）
　　六、提高技能 …………………………………………………………（109）
　　七、参与管理 …………………………………………………………（111）
　　八、强化服务 …………………………………………………………（113）

酉章　会计职业道德修养与自律机制 ……………………………………（121）
　　一、会计职业道德修养 ………………………………………………（121）
　　二、会计职业道德自律机制 …………………………………………（129）

戌章　会计职业道德评价 …………………………………………………（137）
　　一、会计职业道德评价的实质和作用 ………………………………（137）
　　二、会计职业道德评价的标准和依据 ………………………………（140）
　　三、会计职业道德评价的方法 ………………………………………（144）

亥章　会计职业道德的国际比较 …………………………………………………（152）
　　一、会计职业道德国际比较的意义 ………………………………………（152）
　　二、具有典型代表意义国家的会计职业道德 ……………………………（154）

<h2 style="text-align:center">丁篇　温故知新——学习与思考</h2>

　　一、复习思考题 ……………………………………………………………（167）
　　二、案例故事 ………………………………………………………………（173）

主要参考书目 ………………………………………………………………（187）

甲篇　格物致知——道德

《礼记·大学》有云:"物有本末,事有终始,知所先后,则近道矣。古之欲明明德于天下者,先治其国;欲治其国者,先齐其家;欲齐其家者,先修其身;欲修其身者,先正其心;欲正其心者,先诚其意;欲诚其意者,先致其知,致知在格物。"

子章
道德的历史演进

道德是人类历史最早的社会意识形态之一，是由社会物质生活条件决定的社会意识形态，有其自身的产生、演变和发展规律。道德历史类型的交替变更，时而表现出上升，时而表现出停滞，时而表现出倒退，向人们展示了道德在人类生活中千姿百态的外在形式。

道德是职业道德产生的基础，也是会计职业道德发展的源泉。同时，职业道德和会计职业道德也在不断完善和深化道德的内容和时代特征。

一、道德的起源

伦理学家曾说：每个人从出现在世界上那一刻起，就被抛进了一个行为规范之中。道德是人类的道德，是同人本身、人的活动、人的社会属性的发展变化紧密联系着的。对于道德的起源问题，自古以来，存在着诸如"神启论""天赋道德论""动物进化论""感觉欲望论"和"社会存在决定论"等不同的观点。

（一）神启论

古希腊哲学家柏拉图（Plato）认为，道德是"神"把善的理念放到人的灵魂中的结果，由于人的灵魂不同、等级不同，才产生了不同等级的德性。基督教的《旧约》把道德规范说成是神耶和华对摩西的启示，然后通过摩西向教民们宣讲的教规和道德禁律，即有名的《摩西十戒》。

中国汉代的思想家董仲舒曾提出封建道德规范的"三纲五常"源于天的观点，他说："王道之三纲，可求于天，天不变，道亦不变。"为了说明其观点的"正确性"，他还进一步阐述了天和人之间的神秘的感应关系，把当时自然科学不能解释的各种自然灾异现象说成是"天"对人的谴责和警告，是"天人感应"的结果，以此证明"三纲五常"是"圣人"根据"天意"制定的规矩。在理论上，这种观点被称为宗教神学或客观唯心主义者的"神启论"。

宗教神学和客观唯心主义者认为，道德是由"上帝""神"的意志决定的，是上帝通过

"启示"或"征兆"指示圣人或皇帝定下来的规矩，没有神就没有道德，结果必然导致道德起源神秘化和宗教化。

（二）天赋道德论

我国战国时代的思想家孟轲提出："人之所学而能者，其良能也；所不虑而知者，其良知也。"在孟轲看来，人之所以不同于禽兽，就在于人的思想（或理性）中先天就有是非观念和行为规范，而禽兽却没有。他认为，人人都有"恻隐之心""羞恶之心""辞让之心""是非之心"，从这四种"善端"引申出来就是仁、义、礼、智四种基本的道德观念。因此，道德观念"非由外铄我也，我固有之也""仁义礼智根于心"。

18世纪德国古典哲学家、不可知论者康德认为，人是一种有理性的动物，人生下来就有一种"纯粹理性"，受这种理性支配的、不以环境为转移的意志就是"善良意志"，而道德就是"善良意志"的"绝对命令"，是先验的东西，与现实生活无关。在理论上，这种观点被称为主观唯心主义者的"天赋道德论"。

主观唯心主义者的这种道德起源说，实质上是认为道德根源于心，将道德看成纯粹是人的内心活动或主观意志的产物。这种观点与客观唯心主义者的说法一样，都否定了人们的道德意识、道德情感是人的长期社会实践的结果，否认从社会经济关系中去寻找道德的根源。

（三）动物进化论

俄国无政府主义创始人克鲁泡特金认为，互助是自然规律，是进化的主要因素，也是动物所具有的一种道德本能，因而整个社会道德是动物所"固有的"道德本性和道德情感的简单继续。另一些"动物进化论"者则从动物的"永恒的好斗本性"方面提出了不同的观点，认为"生存竞争""弱肉强食""适者生存"，不仅是动物界，而且也是人类的道德本性。这种观点是以达尔文的进化论来证明人类的道德观念、道德情感和道德规范起源于动物界，因而可称之为"动物进化论"。

（四）感觉欲望论

我国春秋时期的《管子·牧民》中提出"仓廪实则知礼节，衣食足则知荣辱"。19世纪德国哲学家费尔巴哈认为，"没有快乐感和不快乐感的地方，也就不会有善和恶的区别。感觉的呼声是第一重要的绝对命令。""追求幸福的欲望，是人生下来就有的，因而应该成为一切道德的基础。"在费尔巴哈看来，道德是由人的内心的苦乐感觉决定的，是从人的欲望中引申出来的，人们追求幸福的欲望就是道德的基础。在理论上，这种观点被称为旧唯物主义者的"感觉欲望论"。

旧唯物主义者从"感觉论"出发，把人的心理过程和生理需要看成决定道德的依据。认为能够满足人的心理和生理需要的、使人感觉快乐的行为就是善的；不能满足人的心理和生理需要的、使人感觉痛苦的行为就是恶的。虽然这种观点把道德同人的现实生活、物质利益联系起来，认为人的道德情感和道德观念是后天环境影响和道德教育的结果，并对封建宗教的道德观进行了无情的揭露和批判，把道德观念从神学中解放出来。但是，由于这种观点忽视了人的社会性，把人归结为生物学上的自然人，把道德看成是与人们的社会存在无关的、永恒不变的、超历史的、超民族的行为规范，因而无法对现实生活中的许多问题做出合理的解释。

（五）社会存在决定论

马克思在《关于费尔巴哈的提纲》中提出："人的本质并不是单个人所固有的抽象物。在其现实性上，它是一切生产关系的总和。"在马克思看来，人之所以成为人，并不在于他的自然属性，而在于其社会属性。人与动物的根本区别在于：人能够制造工具，进行物质资料的生产。人类的历史是从生产活动开始的，物质生活资料的生产是人类第一个历史活动，也是使人和动物区别开来的第一个历史活动。人类的生产活动是社会的实践活动。人们在生产中必然要结成一定的生产关系和社会关系，这种生产关系和社会关系决定着人的本质和人性，决定着人们的思想意识和道德面貌。列宁也提出："社会存在和社会意识不是等同的，这正如一般存在和一般意识不是等同的一样。人们是作为有意识的生物互相交往的，但由此绝不能得出结论说，社会意识和社会存在是等同的。"在列宁看来，道德和人类社会并不是同时发生的，而是在人类脱离了动物界并开始社会生活之后才发生的，它是随着生产实践和社会关系的发展而逐步产生和演变的。在理论上，这种观点被称为马克思主义的"社会存在决定论"。

"社会存在决定论"认为，是社会物质生活条件决定的社会意识形态。道德的发展过程，是一个从萌芽到形成的曲折发展的历史过程。在其发展初期，道德尚未从一般意识中分化出来成为独立的意识形态，尚与原始氏族、部落的风俗习惯融合在一起。随着生产和交往的发展、体力劳动和脑力劳动的分工，道德就从一般意识中分化出来成为独立的意识形态，从最初的风俗习惯发展为道德规范体系。

总之，道德的起源和产生由以下条件因素组成：

（一）生产实践活动是人类道德产生的历史前提

人类最基本的实践活动是生产活动，最基本的存在是社会存在。人的实践活动之所以与动物的活动有着本质的区别，归根到底，在于人的实践活动并非出自本能的驱使，而是根源于有意识、有目的的改造自然、改造社会以满足自身的需要。人类的实践活动，不仅创造了道德主体，也创造出道德关系和道德规范。然而，人作为道德主体，并不是一下子形成的，而是经历了一个极其漫长、极其艰难的过程。在这一过程中，正是劳动或生产实践从物种方面把人从动物中进化出来，使人能够直立行走，并借助劳动发明，产生了思维和语言，为人成为道德的主体创造了自然条件。同时，劳动或生产实践还使早期人类群居生活的本能逐渐得到改善。表面上，人的劳动过程是人的智力、体力与大自然进行物质能量交换的过程，但在本质上却体现了人与人之间的物质交往，表现为人与人之间的物质关系。在原始社会，由于环境的恶劣和个体力量的单薄，决定了劳动必须在群体中进行，个体只有依靠群体的力量才能与大自然相抗争，因而在劳动过程中，必然要求人们结成某种关系，并产生出协调这种关系的道德规范，这就为人作为道德主体创造了社会条件。

（二）社会关系的形成是道德产生的客观条件

道德是社会关系的产物，道德体现的是个人利益和社会整体利益的关系。只有当人脱离了动物界，并将其合群性的本能上升为交往的关系，且成为迫切需要，道德才有可能发生。

只有人类才能结成社会关系，才需要认识和反映这种关系的道德规范来协调这种社会关系。如果一个人长期生活在与世隔绝的孤岛上，他不与任何人发生关系，那么对他来说，他的行为就不存在什么道德问题，既不能表现为善，也不能表现为恶。因此，只有在形成了人与人、人与集体、集体与集体之间的社会关系的地方才能产生道德。

（三）人的自我意识的形成和发展是道德产生的主观条件

仅仅有社会分工和劳动实践，仅仅有社会关系，并不必然产生道德。只有自觉意识到这种社会关系的存在，并且意识到如何去调节这种关系，人们才可能主动去建立这种社会关系。未经意识到的道德是不能称为真正的道德的，因为道德毕竟是人类主体精神的自律。

从自我意识发生来看，当一个人来到这个世界上，社会关系对处于"婴幼儿"形态的"他"来讲，属于一种他律性的东西。只有当他逐渐长大，通过其自身的实践活动，与他人和社会形成各种关系（包括道德关系），并意识到这些关系对其自身的价值和意义，他才可能从无自我意识到有自我意识以至到自我意识相对成熟的阶段。因此，社会道德在婴幼儿身上的内在化，必须依靠婴幼儿自我意识的形成和发展，否则道德就不可能从他律走向自律，也不可能在个体身上发生。从这个角度讲，没有人的自我意识，也就没有对社会关系的道德自觉，也就不可能产生什么道德问题。

二、道德演进的历史类型

在人类历史上适应社会发展的不同阶段，出现过各种类型的道德。每一种道德，都有其特殊内容和形式。

（一）原始社会的道德

在原始社会里，生产力水平低下；没有私有财产，彼此之间是平行合作的关系，产品平均分配；各氏族组织（包括氏族会议、部落会议、部落联盟会议）都是民主的，氏族酋长由氏族成员大会选举产生。在这样的生产关系基础上形成的原始社会道德，无论在内容还是在形式上，都有自己的基本特征。氏族和部落的共同利益是原始社会道德的基础，维护氏族和部落的共同利益是原始社会道德的基本原则。原始社会的氏族，是以血缘关系为基础的最基本的社会单位，分为母系氏族和父系氏族两个发展阶段，随着母系氏族向父系氏族的过渡，氏族又逐渐形成氏族联合的胞族和部落。氏族和部落的形成，使个人利益、家族利益、氏族利益和部落利益之间的关系，日益明显地表现出来。一方面，氏族成员为了个人、家族的安全与经济利益，必须依靠氏族和部落；另一方面，为了维护共同利益、抵御外族人入侵和生产的需要，氏族和部落又必须依靠它的成员结成一个统一的集体。这种利益上的一致性，使原始人逐渐形成了一些纯朴的道德观念：

第一，氏族和部落的共同利益高于一切；
第二，服从和维护共同的利益是每一个氏族成员的最高义务和神圣职责；
第三，为了共同利益而勇敢献身的精神是高尚的品质。

因此，共同劳动、平等互助、团结一致、抵御外来入侵、勇敢作战、获得战利品交公等自然成为氏族社会的风俗、习惯和传统,成为当时朴素的道德标准。当时个人品质的特点是:直率、勇敢、忠诚、性格坚强,严格履行个人对集体或他人的义务。在当时,男女群婚、杀害俘虏、人吃人并不是不道德的行为。

(二) 奴隶社会的道德

由于私有制和阶级的形成,原来统一的道德分裂成为对立的阶级道德。在奴隶主占有制的条件下,奴隶主不仅占有土地、牲畜、工具等生产资料,而且占有奴隶及其劳动产品。在这种生产关系的基础上形成的占统治地位的奴隶主阶级的道德,必然有着自己的特征。维护奴隶对奴隶主的绝对屈从和人身依附关系,是奴隶主阶级道德的基本原则。在奴隶社会里,奴隶没有任何财产,也没有任何权利,只是能为奴隶主生产财富的会说话的工具。奴隶主除了可以任意打骂、买卖、处罚奴隶外,还可以屠杀奴隶,把奴隶当殉葬品。奴隶主阶级的道德规范主要有:

1. 鄙视劳动者

在我国商周时代,奴隶主根本不把奴隶当人看,把从事农业劳动的奴隶称为"众"或"众人",把从事畜牧业劳动的奴隶称为"刍",把从事手工业劳动的奴隶称为"宰",把为奴隶主家庭服劳役的奴隶称为"妾""仆""奚""臣""小人"等。

2. 男尊女卑,男主女从

在奴隶社会的家庭里,妻子是丈夫的奴隶,丈夫可以任意打骂甚至杀死妻子。

3. 对奴隶主国家的绝对忠诚

为了维护奴隶主国家利益,要求奴隶对奴隶主国家的绝对忠诚,这既是奴隶主阶级的政治要求,也是奴隶主阶级的道德要求。《左传》中就有:"公家之利,知无不为,忠也。""吾毙不忘增其名,将死不忘卫社稷,可不谓忠乎?忠,民之望也。"当时,忠于奴隶主国家是臣仆最重要的德行,能为奴隶主国家利益而牺牲的人是道德高尚的人,凡为奴隶主国家效忠者都给予"忠"的美名。在古代雅典,凡达到公民年龄的人都要向国家宣誓:"一定使身后留下的祖国比我们继承的祖国更大、更好,而不是更小。"在奴隶社会里,与奴隶主阶级的道德相对立的,还有奴隶阶级的道德。反对奴隶主的虐杀,争取做人的权利,是奴隶阶级道德的基本原则。其道德规范主要有:勇敢顽强、不屈不挠、团结互助、忘我牺牲、热爱劳动等。此外,杀害战俘、群婚和食人之风在奴隶社会已基本改变,这是奴隶社会道德的一大进步。

(三) 封建社会的道德

封建社会的经济制度比奴隶制度进步,在此基础上形成的道德也有一定的进步,它主要表现在奴隶的解放上。但是,在封建制度下,地主阶级占有生产资料;从事繁重体力劳动的是农奴。因此,封建社会的道德必然有其特殊的内容和形式。

维护封建守法等级关系,是封建地主阶级道德的基本原则。封建社会是一个等级森严的社会,在我国封建社会里,人分五等(即天子、诸侯、大夫、士、庶人),官分九级。皇帝自命为天子，拥有至高无上的权力，全国都要服从天子的统治，并且"普天之下莫非王土"。在中世纪的西欧，全国土地由国王分封给王室（或公侯），王室再把土地作为采邑层层分封下去，从而形成了封建等级制度的"金字塔"。国王是最大的封建主，处于"金字塔"的顶尖，下有依次隶从的公、侯、伯、子、男五等爵位。

封建地主阶级的道德规范主要有：

1. 三纲五常，忠君孝亲

中国封建社会的统治者和思想家普遍认为，只要人们尽到了忠孝，国家就能"长治久安"，因此历来都注重提倡忠孝道德。"三纲五常"是封建礼教所提倡的人与人之间的道德标准，"三纲"是指父为子纲、君为臣纲、夫为妻纲；"五常"是指仁、义、礼、智、信。《韩非子·忠孝篇》中提出："臣事君、子事父、妻事夫三者顺则天下治，三者逆则天下乱，此天下之常道也。"后汉马融的《忠经》提出："天之所覆，地之所载，人之所覆，莫大于忠。""善莫大于作忠。"汉代的《孝经》提出："孝，德之本也；教之所由生也。""人之行莫大于孝。"并且，认为忠孝是紧密相连、不可分离的，即认为忠是孝的扩大，孝是忠的缩小。"忠臣出于孝门。"在家不能做孝子，在国就不能做忠臣。因此，封建社会广泛倡导在家尽孝，在国尽忠。

2. 三从四德

"三从四德"是封建礼教束缚妇女的道德标准。"三从"是指"未嫁从父，既嫁从夫，夫死从子"。"四德"是指"妇德、妇言、妇容、妇功"，即妇女的品德、辞令、仪态、女工。

此外，封建道德还表现为宗教道德，在东方是佛教道德、道教道德等，在西方则主要是基督教道德等。当时主流的宗教道德是劝人行善、温顺、安分守己等。与此同时，农民在长期的劳动和社会生活中形成了自己的道德标准，如艰苦奋斗、勤劳节俭、勇敢顽强、团结互助、慷慨仗义等。他们在终年辛苦的劳动中，形成以劳动为荣，以"四体不勤、五谷不分"为耻的荣辱观念，并形成"穷帮穷""苟富贵，无相忘"等道德标准。

（四）资本主义社会道德

在资本主义社会里，资本家占有生产资料，工人把自己的劳动力当作商品转让给资本家以获取必要的生活资料。利己主义是资本主义道德的基本原则。随着商品经济的发展和自由竞争的逐步展开，资产阶级针对封建宗法关系和禁欲主义等封建道德，公开提出了利己主义的道德伦理和原则。他们认为，人的本性是自私的，追求个人的幸福快乐是"天赋人权"，因此提倡尊重个人价值、个性解放和个人自由发展。在资本主义的道德生活中，基本上都是以利己主义来规范人们的行为，表现在处理人与人之间的关系上，主张利己是人的天性，社会利益服从个人利益，把他人利益、整体利益作为实现个人利益的手段和条件；表现在处理国际关系中，主张民族利己主义、民族沙文主义。在个人利己主义的原则下，资产阶级的道德主要表现为唯利是图、自私自利、金钱万能、竞争第一等。

(五) 中国特色社会主义社会的道德

党的十八大提出，倡导富强、民主、文明、和谐，倡导自由、平等、公正、法治，倡导爱国、敬业、诚信、友善，积极培育和践行社会主义核心价值观。这与中国特色社会主义发展要求相契合，与中华民族优秀传统文化和人类文明优秀成果相承接，是我们党凝聚全党全社会价值共识做出的重要论断。富强、民主、文明、和谐是国家层面的价值目标；自由、平等、公正、法治是社会层面的价值取向；爱国、敬业、诚信、友善是公民个人层面的价值准则，这24个字是社会主义核心价值观的基本内容。

社会主义核心价值观是指人们对社会主义价值的性质、构成、标准和评价的根本看法和态度，是人们从主体的需要和客体能否满足主体的需要以及如何满足主体需要的角度，考察和评价各种物质的、精神的现象及主体的行为对个人和社会的意义。

此外，中国共产党的宗旨是全心全意为人民服务，也是对各行各业从业人员的共同要求。在社会主义初级阶段，对不同利益群体和不同觉悟程度的人们，为人民服务通过不同层次、不同形式表现出来。全心全意为人民服务、无私奉献是高层次的要求，而遵纪守法、爱岗敬业、诚实劳动并取得正当利益，以及团结友爱、乐于助人等，同样也是为人民服务。每个公民不论社会地位如何、能力大小，都能够在本职岗位通过不同形式做到为人民服务。为人民服务不仅是对党员干部的要求，也是对社会全体成员的要求，它体现着社会主义道德建设的先进性要求与广泛性要求的统一，是全民道德的准则。

因此，人民的利益高于一切，关心群众、热爱劳动、热爱科学、尊重知识、尊重人才、尊重创造、爱护公共财产、热爱祖国、积极主动践行社会主义核心价值观，已成为中国现阶段的道德标准。

三、道德发展的规律性

道德是社会经济基础的反映，而社会经济基础的发展是有客观规律可循的，那么，道德的发展也是有规律可循的。

(一) 道德随着经济的发展而发展，总的趋势是不断进步的

社会发展的根本原因在于生产力和生产关系的矛盾运动。由于生产力和生产关系的矛盾运动，生产方式的依次更替，人类社会逐渐由低级向高级发展。道德作为上层建筑和意识形态，也随着生产方式的变化而变化。从总体上看，人类道德是不断进步的，它主要表现在：

1. 道德对社会进步和个人完善产生的影响和作用越来越大

18世纪法国启蒙思想家孟德斯鸠说过，世界上各民族都是推崇和热爱道德的。因为道德代表着人们渴望进步、自由、和谐与完善的愿望和要求。从原始社会初期处于萌芽状态的道德发展到氏族社会朴素的集体主义，是人类道德最初的进步。随着生产力的发展和人类实践能力的提高，阶级道德代替了民族道德，使得人们的伦理关系日趋复杂，道德在社会生活和个体精神方面的作用也逐渐增大。

2. 道德作用的范围日益扩大，道德调节的方式不断完善

在原始社会，道德的作用范围只局限于氏族、部落内，调节的方式主要依靠原始宗教信仰、礼仪和禁忌等。到了奴隶社会，道德的作用范围冲破了氏族的限制，扩展到整个国家，但是却把奴隶排除在道德生活的大门之外。在封建社会，封建宗法等级制道德虽然触及社会生活的各个层面，道德调节方式日益系统化、规范化、宗教化，但是由于小农经济的特点，使其在道德调节方面仍具有明显的狭隘性、封闭性、自私性和虚伪性。

到了资本主义社会，道德调节已渗透到人们生活的各个领域，特别是现代科学技术的迅猛发展，在太空、生态、传统医学、核能等领域，向人类提出了大量的前所未有的新的道德问题，致使道德调节的范围从人与社会扩展到人与自然、人与自身，使越来越多的人成为道德自觉性的主体。同时，人类道德发展的过程也是道德调节不断更新和完善的过程。电子计算机、光纤通讯、新闻媒体的发达，使传统的道德调节方式大为改观。地球村的形成，使人类道德调节的视野大大扩大，人类道德文化的交往也日渐频繁，道德对人类生活的干预也越来越多。因此，随着生产力的发展和社会的不断进步，随着道德主体在社会生活中的地位的提高，道德对社会生活调节的范围将更加扩大，调节方式也将更加完善。

3. 道德知识不断增长，个体道德意识逐渐加强

随着生产的发展和社会关系的复杂，人类对人与人之间的关系、人与自然之间关系的认识和处理的经验，是在不断增长的。在生产实践和道德实践中，人类将逐渐摆脱宗教迷信、愚昧偏见，从而提高自身的行为价值，明确自身的道德责任，自觉地使自身的行为方向与整个社会的价值目标相一致。

同时，随着人类社会的不断进步和人类认识能力的提高，个体道德意识也在不断加强。在内容上，个体道德意识所包含的人类世界的感情财富不断增加，日益成为能够积聚希望、意图、信念、追求、理想等心理因素的载体；在结构上，个体道德意识越来越具有多层次性和复杂性，不仅包含潜意识、前意识，而且也包含无意识、超意识等诸多方面；在功能上，它不仅具有调节、认识、评价、命令的功能，更具有教育、激励、鼓舞的功能。总之，社会越发展，社会关系越复杂，人们对道德现象的认识也越深入，对丰富和完善个体道德意识的要求也就越高。

（二）人类道德的发展是一个螺旋式的上升过程

人类社会的发展不是直线式前进的，它经历着公有制—私有制—公有制这样一个辩证发展的过程，这就决定了人类的道德发展之路不可能是笔直的，而是一个曲折迂回螺旋式的上升过程，主要原因如下：

1. 人类道德发展呈现曲折形式

人类历史的发展，社会的变革和进展，从来不是简单的、直线的进化过程，而是一个曲折前进的过程，既有稳定的量变时期，又有急剧的质变时期，有时甚至还会出现暂时的反复和倒退。新道德战胜旧道德的过程，同样是一个曲折复杂的过程。这是因为旧道德往往极其顽固，即便其赖以产生的经济基础不复存在，也会在相当长一段时间内影响人们的社会生活和日常行为，因而新道德必须经过长期的思想斗争才能最终战胜旧道德。那种认为只要变革旧的经济基础就能顺利实现新旧道德更替的想法，是不切实际的空想。

2. 道德的发展受到阶级斗争的影响和制约

人类社会进入到阶级社会后，统一的道德分裂为对立的道德，道德发展不仅要受到阶级利益的制约，而且为阶级斗争、政治斗争所左右。离开了阶级利益、阶级斗争和各阶级的政治需要，就不能理解任何道德的发展和变化。正是在阶级斗争中，才产生和发展了历代被压迫、被剥削的劳动人民的道德。被压迫、被剥削的劳动人民是社会革命的主力军，是人类道德进步的主要推动者，代表人类道德进步的主流，而剥削阶级只有处于上升的革命时期，他们的道德才反映出时代的要求，具有进步的意义，一旦他们在政治上走向反动，其道德也日趋堕落。

在阶级社会中，即便在上升时期，道德上的进步也包含着一定意义的退步，因为"任何进步同时也是相对的退步，一些人的幸福和发展是通过另一些人的痛苦和受压抑而实现的"。比如，进入奴隶社会后，道德一方面走出了原始道德的限制，加快了发展步伐，有了很大进步；另一方面，在奴隶主身上，表现出原始道德中从未有过的恶习，出现了卑鄙的目的和卑鄙的手段，使道德发展中出现了严重的退步。奴隶社会的道德揭开了人类道德发展史上新的一页，又使人类道德堕入了灾难深重的黑潭之中。

3. 道德的发展还受到上层建筑等其他因素的制约和影响

道德的发展与政治、法律、科学文化、宗教等关系十分密切，并且互相作用、相互影响。由于政治和法律是社会经济关系最集中、最直接的反映，因而政治的兴衰、法律的废立对道德的影响也最大。一般来说，一个社会如果政治稳定、法律健全，那么，这个社会就会有良好的道德风尚；相反，如果政治动荡、法制混乱，那么，这个社会的道德水准就会处于极不稳定的状态。

此外，其他诸如科学、文化、艺术、宗教等因素的变化，也会使道德的发展出现上下波动的曲折现象。

小贴士

亚当·斯密的道德观

亚当·斯密不仅是英国的经济学大师，而且是一位杰出的伦理学家。他一生从事学术研究，留下了两部传世佳作——《国富论》与《道德情操论》。以下关于谨慎的道德观摘自亚当·斯密的《道德情操论》一书。

谨慎这种美德，在仅仅用来关心个人的健康、财富、地位和名声时，虽然被视为最值得尊重，甚至在某种程度上是可爱的和受欢迎的一种品质，但是，它从来不被认为是最令人喜爱或者最高贵的美德，它受到某种轻微的尊敬而似乎没有资格得到任何非常热烈的爱戴或赞美。

明智和审慎的行为，当它指向比关心个人的健康、财富、地位和名誉更伟大和高尚的目标时，时常且非常合宜地被称作"谨慎"。我们谈论一个伟大的将军的谨慎、一个伟大政治家的谨慎、一个上层议员的谨慎，在所有这些场合，谨慎都同许多更伟大和更显著的美德，同英勇、同广泛而又热心的善行、同对于正义准则的神圣尊重结合在一起，而所有这些都是由恰如其分的自我控制所维持的。这种较高级的谨慎，如果推行到最完美的程度，必然意味着艺术、才干以及在各种可能的环境和情况下最合宜的行为习惯或倾向，它必然意味着所有理智和美德的尽善尽美。

"以其人之道，还治其人之身"和"以牙还牙"似乎是造物主指令我们实行的主要规则。我们认为仁慈和慷慨的行为应该施与仁慈和慷慨的人。我们认为那些心里从来不能容忍仁慈感情的人，也不能得到其同胞的感情，而只能像生活在广阔沙漠中那样生活在一个无人关心或问候的社会之中。应该使违反正义法则的人自己感受到他对别人犯下的那种罪孽；并且，由于对他的同胞的痛苦的任何关心都不能使他有所克制，那就应当利用他自己畏惧的事物来使他感到害怕。只有清白无罪的人，只有对他人遵守正义法则的人，只有不去伤害邻人的人，才能得到邻人对他的清白无罪所应有的尊敬，并对他严格地遵守同样的法则。

（资料来源：[英]亚当·斯密：《道德情操论》。）

小知识

千年智慧　中国古语（上）

路遥知马力，日久见人心。疾风知劲草，烈火见真金。
是草都有根，是话都有因。吃饭品滋味，听话听下音。
钱财如粪土，仁义值千金。道高龙虎伏，德高鬼神钦。
运去金成铁，时来铁似金。生死不由命，富贵全在勤。
近水知鱼性，近山识鸟音。久在江边站，必有望海心。
以文常会友，唯德自成邻。有品德不贱，有学问不贫。
独行不愧影，独寝不愧衾。何必丝和竹，山水有清音。
交友无贫富，情义重千金。损友敬而远，益友近而亲。
砣小压千斤，椒小辣人心。打不断的亲，骂不断的邻。
千里不欺孤，独木不成林。海内存知己，天涯若比邻。

千年智慧　中国古语（中）

白酒红人面，黄金黑人心。无钱休入众，遭难莫寻亲。
篱笆扎得紧，野狗钻不进。生无一堆土，常有四海心。
是亲不是亲，非亲却是亲；三年不上门，当亲也不亲。
穷人见穷人，非亲胜似亲；富人见富人，是亲不认亲。
人心换人心，八两换半斤。长存君子道，事久见人心。
认理不认人，帮理不帮亲。人事有代谢，往来成古今。

让人非我弱，得志莫离群。再三须重事，第一莫欺心。
宁忍自己气，莫伤父母心。无病休嫌瘦，家安莫怨贫。
虎生犹可近，人毒不堪亲。无本休言利，有货不愁贫。

千年智慧　中国古语（下）

盛世藏古董，乱世屯黄金。饱暖思淫欲，饥寒起盗心。
同欲者相憎，同忧者相亲。酒逢知己饮，诗向会人吟。
救烦无若静，补拙莫如勤。床上书连屋，阶前树拂云。
官清民接近，主雅客来勤。读书须用意，一字值千金。
人皆因禄富，我独以官贫。隐士不可仿，政客不可近。
伴君如伴虎，刻刻要当心。从来名利地，易起是非心。
大海波涛浅，小人方寸深；海枯终见底，人死不知心。
富贵不能淫，贫贱不能移，威武不能屈，权势不能侵。
一勤交十懒，不懒也要懒；一懒交十勤，不勤也要勤。
仰无愧于天，俯无愧于地，行无愧于人，止无愧于心。

（资料来源：www.baidu.com）

小故事

老商人妙选接班人

古时候有一位开饭馆的老商人，自我感觉一天一天老了，应该把饭馆交给儿子们来管理。他仔细观察三个儿子：大儿子和二儿子机灵，常有一些鬼点子；小儿子性情憨厚老实，只知道读书，很少管家里的事。他想了很久，也不知道该把小饭馆交给谁才好。

66岁生日那天，他的三个儿子都来给他祝寿。家宴结束后，他把儿子们叫到书房里对他们说："我老了，怕是活不了几年了，说不定哪一天就会突然死掉。我这辈子就留下这么一个饭馆，我想在你们当中选一个合适的人来管理它。我想了好久，想出了一个非常公平的办法。现在我就宣布选财产继承人的方法，你们听好。"

说完，老人吩咐家里的仆人搬来三个已经装好土的花盆，然后拿出三粒种子放在桌子上，清了清嗓子说："这是我精选的花种，你们在这里任选一颗种在花盆里，半年以后拿来给我看。到时候，谁养的花最令我满意，我就把财产交给谁。但是要记住，只能用我发给你们的种子和这花盆里的土。"

大儿子和二儿子回到家里，便立即把花种子种在了花盆里。可是，精心培育了好长时间，就是不见花盆里的种子发芽，于是，就偷偷去乡下找花匠。他们从花匠那里买了同样的种子，换上了新的土壤。把新种子种到了新的土壤里，没过几天，花就发芽了。

憨厚老实的小儿子每天按时给花盆浇水，可就是不见种子发芽。他一点儿也不着急，仍然按时浇水施肥。

半年以后，三个儿子都端来自己养的花给老父亲看，大儿子和二儿子养的花都枝繁叶茂，还开出了很鲜艳的花朵，只有小儿子的花盆里什么也没长出来。

老商人看了，什么也没说，就把小饭馆的钥匙和账本交给了小儿子。

其他两个儿子很不服气，生气地问老父亲："三弟的花盆里什么都没有，您怎么能把饭馆交给他呢？"

老商人说："做生意一定要诚实，因此我要选一个诚实的人来接班。看来你们的弟弟是最诚实的。"另外两个儿子十分不解，老商人缓缓地说："因为那是三颗炒熟了的种子……"

（资料来源：www.baidu.com，文字有改动。）

【学习《平"语"近人》】

学习习近平总书记多年来一系列重要讲话、文章、谈话中,所引用的中华古代经典名言和文籍警句,重温经史典章,重拾民族之根,重振复兴梦想,做推动传播和践行习近平新时代中国特色社会主义思想之青年先锋。

观、读、释、谈、问、诵,《平"语"近人》之《一枝一叶总关情》篇。

《平"语"近人》第一集:为政为民,他们一直在努力

学习心得:

丑章
道德的含义和作用

在日常生活中，道德这两个字，常挂在人们嘴边。人们对某人的行为表示称赞时，说这人品德好、行为高尚；对某人的行为表示批评时，说此人品德差、缺少道德。这种对人的行为的评判都与道德有关。

道德如镜，能反映出人们的社会行为准则和规范；道德如尺，是评价人们行为真假、善恶、公正与偏私、正义与邪恶的标准；道德如阳光、空气和水，使人受益而不觉，失之则难存。

一、道德的含义

道德，是指一定社会为了调整人们之间的关系所提倡的行为原则、行为规范的总和。道德一词强调人的言行合乎当时社会的需要，它是通过各种形式的宣传教育、社会舆论、行为规范等，使人们具有善和恶、真和伪、荣誉和耻辱、正义和非正义等概念，并逐渐形成一定的习惯和传统，以指导或控制自己的行为。也可以说，道德就是依靠社会舆论、传统习惯、教育和人的信念的力量去调整人与人、个人与社会之间关系的行为规范。

这个概念包括两层含义：

第一，道德是调整人与人、个人与社会之间关系的行为规范，与法律并存。

第二，道德依靠社会舆论、传统习惯、内心力量去调整人的行为，与法律有别。

中国古籍经典中最早出现的"道"和"德"是两个分开的概念。

"道"从首从足，最初的含义是道路，与行字相通，故可行者为道。后来引申，凡可行，必行或实际之道理、原则都称之为道。如《诗经·小雅》："周道如砥，其直如矢"。以后引申为原则、规律、道理或学说的意思。孔子在《论语·里仁》中说："志于道，据于德，依于仁，游于艺。"这里所谓的道，乃是做人、治国的根本原则。老子认为"道"是宇宙的本体。《老子》第四十二章里说："道生一，一生二，二生三，三生万物。"其中的"道"是指行为的最高原则。

"德"字最早见于甲骨卜辞。从商代到先秦的文献中，"德"与"得"相通，《广雅·

释诂三》：德，得也。从最初的字形看，形象直行而前视，意指有所得。后来这个"得"字与人的意识、心联系起来，其意义逐渐偏重于心之得，其字也写为"悳"。郭沫若先生在其《先秦天道观之进展》中说，德字的意思是把心思放端正，犹如《礼记·大学》之"正心"。由此看来，"悳"或"得"是指无亏心之得，这就与人的道德行为和道德品质联系起来了。"德"在《周书》中是指内心的情感或信念。

但儒家和道家的解释也不尽相同。儒家认为："德"就是实行某种原则；心中有所得，如心中得到"道"，就是"德"。宋明理学家朱熹在《四书章句集注·论语注》中说："据于德。""德者得也。得其道于心，而不失之谓也。"道家对"德"的解释，庄子说："物得以生为之德。"在他们看来，天地万物全体之自然，即为"道"，而各种事物所得之自然，即为"德"。用在人伦上，则为人的本性、品德。

关于"道"与"德"的论述，最经典的文献莫过于春秋时期的老子所著的《道德经》。

老子，姓李，名耳，字伯阳。相传老子的故里在现今河南省东部的鹿邑县。老子是我国春秋时代的思想家、哲学家，曾担任周朝的守藏史（相当于现在的国家图书馆馆长）。所著《道德经》一书，是道家学派的经典著作，他的学说后被庄周发展。道家后人将老子视为宗师，与儒家的孔子齐名，史书记载孔子曾向老子请教关于礼的问题。老子与后世的庄子并称老庄。

《道德经》又称《道德真经》《老子》《五千言》《老子五千文》，是中国古代先秦诸子分家前的一部著作，是道家哲学思想的重要来源。

《道德经》分上下两篇，原文上篇为《德经》、下篇为《道经》，不分章，后改为《道经》37章在前，第38章之后为《德经》，并分为81章。

《道德经》的总字数因为版本不同而有所差异：汉代马王堆帛书，甲本为5344字，乙本为5342字（外加重文124字）；河上公《道德经章句》为5201字（外加重文94字），王弼《老子道德经注》为5162字（外加重文106字），傅奕《道德经古本》为5450字（外加重文106字）。现代《道德经》通行本，是以王弼所注，字数为5162字。

《道德经》句式整齐，大致押韵，为诗歌体经文。读之朗朗上口，易诵易记，体现了中国文字的音韵之美。《道德经》的语言非常讲究艺术性，运用了多种修辞方式，使词句准确、鲜明、生动，富有说理性和感染力。

老子像

《道德经》内容涵盖哲学、伦理学、政治学、军事学等诸多学科,被后人尊奉为治国、齐家、修身、为学的宝典。先秦诸子、中国人的文化思想等没有不受老子影响的,被华夏先辈誉为"万经之王"。据元朝时的不完全统计,先秦以来,研老注老著作至元朝时就超过3000种,具有代表性的不少于1000种,从侧面说明了《道德经》的巨大影响。

古今中外对《道德经》都给予了高度评价:

唐玄宗:"《道德经》其要在乎理身、理国。理国则绝矜尚华薄,以无为不言为教。理身则少私寡欲,以虚心实腹为务。"鲁迅:"不读《老子》一书,就不知中国文化,不知人生真谛"。林语堂:"老子的隽语,像粉碎的宝石,不需装饰便可闪耀"。张岱年:"中国古典哲学的最高范畴是"道",而"道"的观念是《老子》首先提出的"。郭沫若:"《道德经》是一部政治哲学著作,又是一部兵书"。

长沙马王堆汉墓帛书《老子》

英国生物学家、科学史家、两次诺贝尔奖得主李约瑟:"道家对自然界的推究和洞察,完全可与亚里士多德以前的希腊相媲美,而且成为中国整个科学的基础。中国人的性格中有许多最吸引人的因素都来源于道家思想。中国如果没有道家思想,就会像一棵某些深根已经烂掉了的大树。这些树根,今天仍然生机勃勃"。德国哲学家尼采:"老子思想的集大成——《道德经》,像一个永不枯竭的井泉,满载宝藏,放下汲桶,唾手可得"。德国哲学家、启蒙运动学家康德:"斯宾诺莎的泛神论和亲近自然的思想与老子思想有关"。德国哲学家黑格尔:"中国人承认的基本原则是理——叫作道,道为天地之本、万物之源。中国人把认识道的各种形式看作是最高的学术。老子的著作,尤其是他的《道德经》,最受世人崇仰"。

《道德经》是中国历史上最伟大的著作之一,对传统哲学、科学、政治、宗教等产生了深刻影响,体现了古代中国人的一种世界观和人生观。据联合国教科文组织统计,《道德经》是除了《圣经》以外被译成外国文字发布量最多的文化名著。

战国时期,"道"与"德"二字连用,成为一个概念,见于《管子》《庄子》《荀子》等论著。荀况曾说:"故学至乎礼而止矣,夫是之谓道德之极。"也就是说,只要人们学到了"礼",按"礼"的要求去为人处事,也就达到了最高的道德境界。荀况不但将道和德连用,而且赋予了它较为确定的意义,即指人们在社会生活中所形成的道德品质、道德境界和调整人与人之间关系的道德原则和规范。

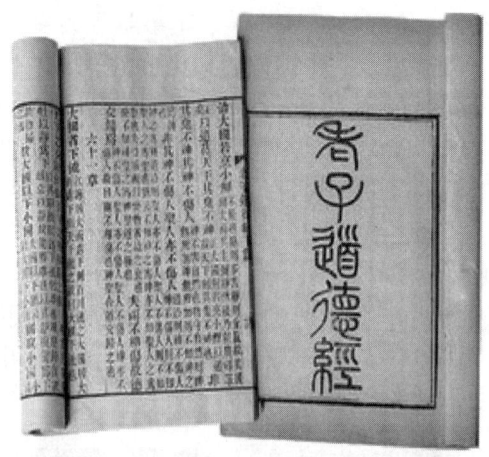

在先秦时期，为了维护和调整人们之间的利益关系，对道德问题的思考是许多思想家特别关注的。《论语》中就集中了大思想家、大教育家孔子对当时社会中人与人之间的道德范畴、道德原则和各种行为规范的论述，是中国先秦时期关于道德理论和规范的著名经典。

在西方，道德（morality）一词源于风俗（mores），而mores则是拉丁文mos（即习俗、性格）的复数。后来，古罗马思想家西塞罗，根据希腊道德生活经验，从mores一词创造了一个名词morality，指国家生活的道德风俗和人们的道德个性。以后英文的morality则沿袭了这一含义。可以说，西方的道德一词亦兼具社会风俗和个人品性，类似于东方中国古代的道与德的含义。

由此可见，不管是东方还是西方，道德一词包含了社会的道德原则和个人的道德品质两方面的内容。

二、道德的特点

道德与其他社会现象比较，有如下几方面的特点：

第一，普遍性。道德并不像科学、政治等现象，局限于人类活动的某个确定范围内，比如科学局限于认识领域，政治局限于阶级关系和国家关系领域，法律局限于阶级统治和社会管理的领域。道德具有渗透一切的能力，它渗透在社会生活的各个领域，举凡日常生活、家庭、社会生产和管理、科学研究、社会交往等领域，都有道德存在并起作用。

第二，多功能性。道德的功能是多向的、多方面的。它对既定的社会制度既可以起到巩固和保卫的作用，也可以产生破坏和瓦解的作用；既可以使人们团结一心，共同行动，也可能瓦解这种团结，导致一盘散沙；既能向人们指出生活的价值和意义，也能把人们引向脱离实际的空想和无聊的偏见之中；既能使人产生高度的愉悦与自豪，也能使人受到良心的无情鞭挞，并且会因无法改正的罪过而悔恨不已、痛苦不堪，如此等等。

第三，理想性。道德从理想的角度来反映现实，并且要求促进现实不断发生积极的变化，朝着理想的方向发展变化。离开了理想性，道德就失去了存在的理由和依据。

三、道德的本质

道德的本质是指道德区别于其他一切事物、其他一切社会现象的根本性质，是道德的基本要素的内在联系和道德内部所具有的一系列必然性、规律性的总和。

道德是由一定的经济基础决定的上层建筑和社会意识形态，它是社会物质生活条件的反映。决定道德发生和发展的基础是通过一定社会经济关系表现出来的物质利益关系。

（一）一定社会经济关系的性质决定着与之相适应的道德的性质

生产资料的所有制结构是社会经济结构的基础，因而有什么样的社会经济关系，就有什么样的社会道德。随着社会经济结构的变化，道德也在不断改变自己的具体形态，表现为不同的道德历史类型。人类历史上，在社会发展的不同历史阶段和历史条件下，相继出现过不同的道德类型，主要有原始社会道德、奴隶社会道德、封建社会道德、资本主义社会道德和社会主义社会道德等。不同类型的道德因根源于不同的社会物质生活条件，而具有不同的内容和特征。

（二）社会经济关系所表现出来的物质利益，直接决定着道德的基本原则和规范

从根本上讲，道德的基本内容就是人们的利益关系问题。利益不仅是每个社会经济关系的直接表现，而且是人们从事一切活动的直接动因。人们总是从一定的利益出发选择自己的行为，处理与他人或社会的关系，做出善恶的价值判断，从而形成一套较为固定的道德原则与规范。可见，利益是道德的基础，直接决定着道德体系的基本原则和规范，决定着各种道德活动的标准和方向。

（三）道德的变化和发展，归根到底是由社会经济关系的变化和发展决定的

任何道德体系的产生都源于一定的社会经济结构和经济关系，是对社会经济关系的反映。生产关系必然发生变化，而与之相适应的道德也必然会随之变化。整个人类道德发展史表明，一定道德所依赖的社会经济关系趋于腐朽，这种道德也必定丧失其存在的合理性，必定会被适应新社会经济关系的新道德所代替。比如，资产阶级的个人主义、利己主义价值原则的提出，对于人们摆脱宗教禁欲主义、封建蒙昧主义和专制主义的束缚具有进步的意义，尤其是个人主义在激发人们道德主体的个性自觉、捍卫个性的独立与尊严，合理利己主义在调动劳动者积极性和创造性等方面具有积极的作用。但是，由于个人主义、利己主义过分重视个人利益和个人价值，甚至把个人价值和个人利益看得高于一切，会导致极端利己主义、享乐主义和拜金主义，使人的个性"全面堕落"。因此，这种道德原则必然被社会主义、集体主义道德原则所代替。当然，影响道德变化和发展的不仅是社会经济关系，还有其他各种因素以及道德自身发展所固有的规律等。

四、道德的功能和作用

（一）道德的功能

"功能"表示为两层含义：一是指事功与能力；二是指功效与作用。在英语中，"功能"（function）一词也有机能、作用、功用以及职务、业务、任务、职业等多种含义。所谓道德的功能，是指道德对人自身生存发展和完善的功效及意义。道德的功能主要表现在：

1. 道德的认识功能

所谓道德的认识功能，是指道德运用善恶、荣辱、义务、良心等特有的道德概念和范畴反映社会现象，尤其是反映人类的道德实践活动和道德关系，从中揭示出其内在规律，为人们进行道德选择提供指南的功能。道德的认识功能同科学的认识有明显的差别，它的目的不在于认识客体本身，而在于通过客体来找出它与社会、与他人的相互关系和价值取向，从而做出合乎实际的道德选择。道德的认识功能使道德成为人们社会实践的一股强大的精神激励力量，道德的认识功能又服从于道德调节职能，它为人们提供了理想的道德原则。

2. 道德的调节功能

调节功能是道德的最主要的功能。道德的调节功能是指道德具有通过评价等方式来指导和纠正人们的行为和实际活动，以达到协调人际关系、维护社会秩序的能力。

道德调节主要是以两种形式进行：一种是社会调节，即以社会的道德原则、规范为尺度来评价人们的道德行为，协调人们的道德关系，这是最基本的道德调节方法。例如对那些不赡养父母、遗弃老人的行为，可以通过婚姻家庭的道德规范以及社会舆论和传统习惯进行调节。

另一种是道德的自我调节，即以个人的道德思想为尺度来评价社会的道德行为，协调自我在社会中的道德角色及与他人、与社会的道德关系。例如社会上一些犯罪分子侥幸逃脱法律的制裁长达十几年，却由于受到道德良心的谴责，长期处在精神折磨的痛苦中而主动投案自首。这种行为可以说是道德的自我调节的结果。道德的社会调节和自我调节是互相联系、互相影响的。

道德的调节功能与法律的调节功能是不同的，道德的调节功能反对用一种外在的强制力来迫使人们接受某种道德观念或某种道德意识，它表现为一种内在的强制性。

（二）道德的社会作用

所谓道德的社会作用，简单地说，就是指道德的能动作用。具体地说，就是指道德作为上层建筑和社会意识形态对其赖以产生的经济基础的反作用。

1. 道德对社会经济关系的重大能动作用

某种道德一经形成，就会对产生它的社会经济关系发生这样或那样的影响。当一种新的经济关系发展起来并力图取代旧的经济关系时，作为由这种新的经济关系所产生的道德，一方面，会以其特有的善恶标准，从道义上为产生它的经济关系作辩护，论证它的合理性和正义性；另一方面，又会以自己的善恶标准，去评价、谴责和否定与之相对立的经济关系，以加速其灭亡，从而唤起人们为消灭旧的经济关系，建立和发展新的经济关系而斗争。当这种新的经济关系取得了统治地位，并建立了相应的政治制度，由它产生的道德便会形成完整的规范体系，将人们的行为尽可能纳入到一定的社会范围内，从而保障和促进与这一经济关系相适应的政治制度的巩固和发展。与此同时，新道德还必须与遗留下来的与旧的经济关系和政治制度相适应的传统心理和旧道德进行反复较量，消除其对新的经济关系及政治制度的巩固和发展所起的阻碍甚至破坏作用。

2. 道德的社会作用具有不同的性质

道德反作用于经济关系是社会普遍的现象，但在作用的性质上却有进步与反动、革命与保守之分。要判断一定的道德对社会发展究竟起什么性质的作用，主要取决于它维护和反映的是怎样的经济关系，以及在什么条件下反映和维护某种经济关系。一般说来，凡是符合历史发展规律和社会前进方向，有利于解放和发展生产力的道德，其作用便是进步的或革命的；相反，凡是违背历史发展规律和社会前进方向，阻碍和束缚生产力的道德，其作用便是反动的或保守的。

3. 道德是影响社会生产力发展和科技进步的重要精神动力

人是生产力中最活跃的因素，是进行物质生产的主体。生产工具的改进和劳动对象的扩大是由参加生产的人来实现的，而人的活动总是要受一定思想，尤其是道德观念的支配。人的道德面貌和精神状态直接影响人们的劳动态度、工作效率和生产积极性；在科技发展中，进步的道德是科技人员协作攻关的凝聚力，它能端正科技人员的劳动态度，协调他们的相互关系，激发他们的劳动热情和为真理而献身的勇气。

相反，没落和腐朽的道德不仅不能成为推动生产力发展和科技进步的动力，反而会成为障碍。少数别有用心者不是利用科技为人类造福，而是为了实现个人的私利，甚至不惜损害他人、国家以及整个人类社会的利益。例如，某些化学专家利用技术为贩毒集团生产毒品，沦为罪犯。因此，我们既要发挥进步道德对生产力发展和科技进步的推动力，又要消除落后腐朽道德的消极作用，为培养和提高全民思想道德觉悟提供强大的精神武器。

4. 道德对其他社会意识形态也有重大影响，并反作用于社会经济的发展

道德作为一种特殊的社会意识形态，同其他诸如政治、法律、宗教、文艺等社会意识形态之间是相互联系、相互影响的。在阶级社会中，统治阶级总是给政治和法律披上道德的外衣，力图从道德上论证其合理性和正义性，以获得"道义"上的支持。道德不仅给政治、法律以重要影响，而且也对文艺的发展有重要作用。正是在这个意义上，就如车尔尼雪夫斯基所说，艺术成为人的一种道德活动。道德正是通过与其他社会意识形态的交互作用，以自己独特的方式反作用于社会经济的发展。

五、道德与伦理学的关系

我们经常听到"伦理道德"一词,那么"伦理"和"道德"为什么可以组合在一起,二者又是怎样的关系呢?

道德本身包含道德思想内容,这便是一种尚未展开的伦理学。伦理学包涵道德规范的内容,这些与道德有直接联系。

伦理学是关于道德的科学,又称道德学、道德哲学。伦理学的本质是关于道德问题的科学,是道德思想观点的系统化、理论化。或者说,伦理学是以人类的道德问题作为自己的研究对象。

伦理学要解决的问题既多又复杂,但伦理学的基本问题只有一个,即道德和利益的关系问题,即"义"与"利"的关系问题。

这个问题包括两个方面:一方面是经济利益和道德的关系问题,即两者谁决定谁,以及道德对经济有无反作用的问题;另一方面是个人利益与社会整体利益的关系问题,即两者谁从属于谁的问题。对这一基本问题的不同回答,决定着各种道德体系的原则和规范,也决定着各种道德活动的评判标准和取向。

简言之,从科学研究的角度讲,两者是即有区别又有联系的。道德是伦理学研究的对象,而伦理学则是研究道德的科学。

在中国古代没有使用"伦理学"一词,到了19世纪以后才被广泛使用。但在先秦诸子百家的论著中,有大量关于人生道德、伦理的内容,特别是君君臣臣、孝悌之道等,那时中国的伦理学已然兴起了。

伦理学以道德现象为研究对象,不仅包括道德意识现象(如个人的道德情感等),而且包括道德活动现象(如道德行为等)以及道德规范现象等。伦理学将道德现象从人类的实际活动中抽分开来,探讨道德的本质、起源和发展、道德水平同物质生活水平之间的关系、道德的最高原则和道德评价的标准、道德规范体系、道德的教育和修养、人生的意义、人的价值、生活态度等问题。

> **小贴士**
>
> **公德与私德**
>
> 道德是处理人与人之间关系的准则,它可以分为公德和私德。其中,私德是指个人的道德修养,它是处理人际关系的出发点,是公德的基础。一般而言,私德方面的个人修养有助于公德的提高,因为它们有共同的出发点、共同的世界观。一个贪婪纵欲的人很难做到爱人,而一个有慎独反思精神的人却很容易做到诚实。公德与私德内涵的主要异同如下:
>
> 属于公德的:孝悌、仁爱、守信、谦虚、忍让、宽怒、耿直、诚实、慷慨和负责。
>
> 属于私德的:乐天、知足、勤学、从善、慎独、勇敢、细致和勤俭。
>
> (资料来源:茅于轼:《中国人的道德前景》,文字有改动。)

小知识

"厚德载物"共计二十五德

一、口德

得饶人处且饶人：（1）直话：可以转个弯说；（2）冷冰冰的话，可以加热了说；（3）批评人的话，可以一对一地说，要顾及别人的自尊。

二、掌德

赞美别人，学会鼓掌：（1）每个人都需要来自他人的掌声；（2）为他人喝彩是每个人的责任；（3）不懂鼓掌的人，人生太狭隘；（4）一赞值千金；（5）给别人掌声其实是给自己掌声。

三、面德

不给面子是最大的无礼：（1）中国人最讲究的是面子；（2）任何时候，给对方一个体面的台阶；（3）看破别说破，面子上好过；（4）伤什么，别伤人面子；（5）千万不要揭人老底。

四、信任德

生性多疑的人不可能有真朋友：（1）被人信任是一种幸福；（2）有多少信任，就有多少成功的机会；（3）疑人不交，交人不疑。

五、方便德

与人方便，自己方便：（1）请主动坐里座；（2）与人方便，自己方便；（3）在他人最需要的时候轻轻扶一把；（4）为对方着想，替自己打算。

六、礼节德

有"礼"走遍天下：（1）彬彬有礼，方能魅力四射；（2）礼多人不怪；（3）送礼送到位。

七、谦让德

锋芒毕露者处处树暗敌：（1）切忌锋芒毕露；（2）放下身段，降低自己；（3）勿在失意者面前谈论你的得意；（4）人前勿张狂，人后别得意，为人应低调。

八、理解德

人人都渴望他人的认可：（1）理解，就是体谅别人；（2）理解一般人不能理解的事；（3）换位思考，替别人着想。

九、尊重德

把别人的自尊放在第一位：（1）努力使人感到他的尊严；（2）给弱者的尊重更可贵；（3）真正的高手好像平平常常；（4）地位越高越不能轻视别人；（5）把别人放在心上。

十、帮助德

关键时刻，谁不希望有人拉一把：（1）无私胜有私；（2）你的好，别人是会记住的。

十一、诚信德

无信不立，狡诈者必无朋友：（1）诚信为本，重诺守信；（2）诚信深入人心，成功接踵而至；(3) 失去诚信，百事不可为；(4) 任何理由都无法解释自己的失信。

十二、实惠德

空头支票，万万开不得：(1) 许之以利，晓之以理；(2) 不以利益大小亲疏你的朋友；(3) 尽可能满足对方的愿望。

十三、虚心德

让别人显得高人一等：(1) 要一点含蓄，要一点谦逊；(2) 虚心万事能成，自满十事九空；(3) 虚心求教，成就大业。

十四、欣赏德

使别人拥有优越感：(1) 渴望被欣赏之心人皆有之；(2) "高帽子"的成本最低；(3) 要及时肯定别人的长处。

十五、感恩德

不感恩，就别指望有下次：(1) 感恩，是一种歌唱生活的方式；(2) 及时感激，切莫等到花儿都谢了；(3) 感谢你的对手。

十六、援助德

雪中送炭，危难之中现真情：(1) 别忘了买人情原始股；(2) 当别人危难时伸手援助；(3) 援助人时要让对方乐于接受。

十七、激情德

这个社会沉闷者太多：(1) 成功需要激情；(2) 开朗热情，坚冰可融；(3) 用100%的激情去实现1%的可能。

十八、形象德

使自己形象成为一流品牌：(1) 名誉比金钱更珍贵；(2) 好形象容易获得认同与喜爱；(3) 你的形象价值百万。

十九、爱心德

爱像春日的阳光：(1) 永存仁爱之心；(2) 仁爱之人，易获他人合作。

二十、笑脸德

没人会拒绝真诚的微笑：(1) 愿微笑之花开遍人间；(2) 微笑是人际交往的万能钥匙；(3) 用微笑轻松应付对手的挑衅；(4) 微笑着挣钱。

二十一、宽容德

容不下别人，是因为自己太狭隘：(1) 以容忍改变能够改变的；(2) 宽容为怀，赢取人心；(3) 学会原谅别人的过失；(4) 有时，良好的关系是忍出来的。

二十二、合作德

资源共享，利益均沾：(1) 合作是最有效率的借力方法；(2) 合作才能双赢。

二十三、善良德

没有人不想与善者为伍为邻为友：(1) 为善者可服人；(2) 勿以善小而不为；(3) 善待每一颗心；(4) 美德，生命中最闪光的部分。

二十四、倾听德

多看多听，少开口：(1) 会倾听者得人心；(2) 倾听是最好的恭维。

二十五、宽恕德

感谢所有折磨你的人：(1) 恕人之过，方显大家本色；(2) 和为贵，责人不可太严；(3) 让仇恨之树长出宽恕的鲜花。

（资料来源：www.baidu.com，文字有改动。）

小故事

青胜于蓝

19世纪法国化学家夫累密（1814—1894年）与他的学生摩瓦桑（1852—1927年）情谊很深，交往密切，常常在一起讨论学术问题，攻克科学难关。

有一次，他俩各自都在提炼"氟"，夫累密首先制成氟化氢，多次试验就是不能释出氟。正在这时，他的学生化学家摩瓦桑制出了氟，并请求法国科学院审查，而科学院偏偏派夫累密同另外两个人组成三人委员会去审查摩瓦桑的发现，真是无巧不成书啊。

"嘿，夫累密这下可难受啦！半辈子的研究，想发现新元素，结果没发现得了，倒被自己的学生抢了先。"人们纷纷议论。

当夫累密等人组成的三人委员会到了摩瓦桑那里审查实验时，却是连一个氟的气泡也没有，实验失败了，急得摩瓦桑直冒汗。

夫累密并没有因为自己学生的失败而欣喜，而是反过来劝慰，叫他冷静。他说："摩瓦桑，别急，我们明天再来审查吧。"

第二天，实验成功了，摩瓦桑果然离析出了氟。人们看到摩瓦桑是在夫累密的基础上成功的，都为夫累密惋惜，认为他同摩瓦桑的关系从此便会告"吹"了，谁知道夫累密坦荡地说："看见自己的学生青出于蓝而胜于蓝，永远是做先生的一件乐事啊！"

这件事不仅没有影响他俩的关系，反而使他们更加尊重对方了。

（资料来源：www.baidu.com，文字有改动。）

【学习《平"语"近人》】

学习习近平总书记多年来一系列重要讲话、文章、谈话中,所引用的中华古代经典名言和文籍警句,重温经史典章,重拾民族之根,重振复兴梦想,做推动传播和践行习近平新时代中国特色社会主义思想之青年先锋。

观、读、释、谈、问、诵,《平"语"近人》之《治国有常民为本》篇。

《平"语"近人》第二集:治国有常民为本,小康关键看老乡

学习心得:

丑章 道德的含义和作用

寅章
道德修养

一、道德修养的含义

修养是一个含义广泛的概念，主要是指人们在政治、道德、学术、技艺等方面所进行的勤奋学习和涵养锻炼的功夫，以及经过长期培养所达到的一种能力和思想品质。

道德修养则是指人们自觉地按照一定的道德原则，遵循一定的道德规范，在道德认识和道德行为方面所进行的自我改造、自我锻炼和自我提高的行为活动，以及经过这种努力所形成的相应道德情操和达到的道德境界。

这种"自我教育"活动，是人们通过自身努力来提高自身的道德水平和磨炼道德品质的过程，是个人在道德上的涵养和陶冶的一种功夫。讲道德就必须讲道德修养。因为，一方面，由于发挥道德的社会作用同人们的道德修养紧密相联，只有自觉地遵守道德规范，才能充分发挥道德的社会作用；另一方面，个人道德水平的高低，很大程度上取决于道德修养的自觉程度。道德修养的实质，是实现人的自我道德改造或道德更新。

中国古代的大思想家、教育家孔子特别重视道德修养。他曾说："道之不修……是吾忧也。""芝兰生于幽林，不以无人而不芳；君子修道立德，不为贫困而改节。"这些论述就体现了重视整饬纲纪、强化德政、不得忽视道德修养的思想。他还强调"修己以敬"，认为只有修养好个人的品德，才能严肃认真地对待一切事情，才能"以安百姓"。他把"修身""正心"，视为"齐家、治国、平天下"的前提，强调"自天子以至庶人，皆是以修身为本"。

二、道德修养的特点

一个人的道德修养是其人格的核心部分，它制约着人格的其他方面。对处于人格形成关键时期的大学生而言，磨炼自己的意志，提高自己的道德修养，更有着特殊的意义。因此，

姑且不论党和人民的殷切期望，即使从完善自己的人格出发，也应该不断地提高自己的道德水平，使自己成为一个脱离了低级趣味、受人欢迎的人。概括地讲，道德修养具有鲜明的目的性、明确的选择性、高度的自觉性、很强的实践性等四个特点。

1. 道德修养具有鲜明的目的性

道德修养的目的是要在道德实践中追求崇高的道德理想，提高自己的道德品质。从一定意义上说，就是为了使人们明白究竟什么样的人才算是完美的人，以及怎样才能成为一个完美的人。道德理想，就是人们心目中理想的人格。这种具有高尚道德境界的理想人格，是一定时代、一定社会、不同阶层或社会集团所追求的最高道德典范。

2. 道德修养具有明确的选择性

道德修养的过程是道德理想和现实生活在道德实践中统一的过程。在不同的社会制度下，虽然基本道德规范是相同的，但人们的道德观念却是多样化的。义务与权利、荣誉与耻辱、谦虚与骄傲、诚实与虚伪、公正与偏私、勇敢与怯懦、无私与自私、俭朴与奢侈、良心与恶意、踏实与轻浮等道德冲突，都在每一个人身上不断发生。进行道德修养，就是要"择其善者而从之，择其不善者而改之"，即选择真、善、美，摒弃假、恶、丑。

3. 道德修养具有高度的自觉性

一个人的道德水平的高低，很大程度上取决于道德修养的自觉性。判定一个人的道德水平的高低，不仅看他是否遵守了道德原则和规范，更重要的是看他是否把这种原则和规范变成了自己的道德品质和自觉的行动。进行道德修养，就要求人们充分发挥主观能动性，自觉地按照道德原则和规范的要求进行自我教育，使道德要求转化为内心的信念，成为一种自我完善的需要。

4. 道德修养具有强烈的实践性

道德修养是在社会实践中进行的,是通过人们的具体行为体现出来的,一个人道德水平的高低,要由社会进行公正的评价后才能得出结论。道德的一个重要特点,是知与行的统一,讲道德的目的,不是为了背诵几条道德信条,而是为了实践和运用。人们只有在实践活动中不断地磨炼自己,才能逐渐养成符合道德要求的道德习惯。

三、道德修养的内容

道德修养围绕影响行为的内在因素展开,它包含以下几方面:
(1)形成正确的道德认知;
(2)培养高尚的道德情感;
(3)磨练坚强的道德意志;
(4)树立坚定的道德信念;
(5)养成良好的道德行为和习惯。

在道德品质的构成中,道德认识、道德情感、道德意志、道德信念均属意识范畴,如果到此为止而不去付诸行动,不去履行道德义务,承担起道德责任,则道德品质就没有形成。因为,对于道德品质来说,一个非常重要的方面,就是把道德意识转化为实际表现出来的相应的道德行为,并经过日积月累转化成人们日常的工作习惯。总之,道德行为是道德品质的载体,道德品质以道德行为为内容。

四、道德修养的途径和方法

(一)道德修养的途径

高尚道德的形成,不是一蹴而就的,而是刻苦进行道德修养的结果。道德修养,虽然是道德品质和思想素质方面的自我锻炼,但决非指"闭门思过"。我们所说的修养,是在社会实践中的自我锻炼。只有把道德修养真正纳入社会实践中,在社会实践中不断磨练,才能不断提高道德修养。因为:

1. 只有亲自参加实践,才能深刻理解和接受道德的原则和规范

"社会存在决定社会意识,人们的正确认识从社会实践中来,"这是人们从长期社会实践经验中总结出来的真理。在实践的接触中,才能深刻认识人们之间的道德关系,才能暴露自己的思想矛盾,才能认识到自己哪些行为是道德的、哪些职业行为是不道德的,从而提高道德修养,克服自己不道德的行为。在改造客观世界的过程中改造自己的主观世界。离开社会实践,人们的行为就无所谓善恶,自然也就谈不上道德修养了。道德原则、规范不是理论家杜撰的,它是在实践中形成的精神关系的正确反映。

我们只有置身于实践，才能把理论与实践有机地结合起来，才能认识这些关系的本质，了解道德的原则和规范的必要性、合理性，从而才有可能接受它。在理解和接受道德的原则和规范的基础上，才能培养出相应的道德情感、意志和信念，形成相应的道德行为和习惯。

2. 只有亲身参加实践，才能检验道德品质

道德从本质上说是一种实践的道德，它要求人们严格遵守言行一致的原则。道德品质修养的程度拿什么标准来衡量呢？当然是自身的实践。判断一个人当然不是看他的声明，而是看他的行动；不是看他自称如何如何，而是看他做些什么和实际是怎样一个人。

古人说，不能只听其言而信其行，应当是听其言而观其行。在现实生活中，有的人说得很漂亮，而做得却很差；或者只是用道德原则对别人进行道德说教，而自己却根本不准备去实行。这种人只把道德修养停留在口头上，人们把他们称为"言论的巨人，行动的矮子"。道德本身具有知行统一的特点，这一特点决定了道德修养必须深入实践。

3. 只有亲身参加实践，才能不断地提高道德修养水平

客观事物是不断发展变化的，实践也是不断发展变化的，在实践过程中所遇到的诸多关系也是发展变化的。新情况、新问题不断涌现，要求及时做出新的、科学的、全面的回答。这样，也就相应推动人们在道德修养方面永不满足、永不停步，随着实践的发展而发展。人们在实践活动的过程中，不断地进行道德修养，不断地提高自己的道德认识，再付诸行动，在行动中又不断地提高道德认识，这样的循环往复，不停顿地学习和锻炼，人们的道德修养就会由一个境界升华到另一个更高的境界。

（二）道德修养的方法

1. 修学

修学，不仅能使人获得必需的知识和技能，也是进行道德修养的重要方法。我国古代的思想家们都十分重视学习在道德修养中的重要作用。孔子就曾明确地提出过"笃信好学，守死善道"。他认为，不爱好学习，缺乏应有的知识，即使主观上好爱仁道，也不会有完善的道德品质。他主张"博学""多闻""志于学"，这样才能有完善的道德品质。

要使修学达到目的，首先必须联系实际，活学活用，才能不流于形式，使所修所学的内容内化为自己的信念和行动。其次必须诚心诚意，只有诚心诚意，才能发现可学之处，否则，居高临下，无法找到自身不足，就无法找到修学的目标。要有决心有毅力，要与功利和私心搏斗，要学会正视自己，将对道德的追求上升为对人生幸福的需要。将高尚情怀的追求看成是生命本质的追求，以违反道德作为人生的最大痛苦，这样才可能在各种非道德的物质引诱面前不动心，使自己的道德内涵不断得以丰富和升华。

2. 内省

内省，就是对自己内心的审视和参悟，是一种自律的行为。通过内省，人们可以深刻反思自己的言行举止、待人接物、为人处事的种种表现，进而进行自我批评，调控自己的行为，提升自己的社会价值，达到自我完善。它要求用道德标准在自己内心深处进行检查、反

修学储能 经世致用

省，找出错误思想和行为之所在，并加以克服。

孔子语录："吾日三省吾身……见贤思齐、见不贤则内自身"，就是说要勇于解剖自己，坚决改正自己的缺点和不足，扬长避短，去恶从善，从而完善自己的德性。"人非圣贤，孰能无过"，由于种种原因，每一个人不可避免地存在这样那样的弱点、缺点和错误，而且，社会上种种不良观念和现象也会通过各种渠道影响人们的道德思想和行为。因此，在进行道德修养时一定要严肃认真、自觉主动，只有这样，才能做到严格剖析和纠正自己的错误，才能坚持不懈地改造自己；反之，必然得过且过，因循苟且，容忍恶德。

3. 积善

积善，就是要精心地保持自己的良好道德行为，精心培养自己身上已有的良好道德，经过长期的积累，使其不断壮大。脚踏实地地在行动中严格遵守道德的原则和规范，同时要精心地保持自己的善心和善行，使其积聚起来，并发扬光大。荀况曾说："积土成山，风雨兴焉；积水成渊，蛟龙生焉；积善成德，而神明自得，圣心备焉。故不积跬步，无以至千里；不积小流，无以成江海。"

高尚的道德品质，不是一年半载能够养成的，它需要一个长期的积善过程。只有不弃小善，从大处着眼，从小处着手，才能积成大善。倘若平时在工作和生活中不积善、不修德，却幻想有朝一日，一下子成为一个道德深厚之人，是根本不可能的。

在积善的同时，还要"防微杜渐"。三国时代的刘备在他的遗嘱里叮嘱儿子："勿以恶小而为之，勿以善小而不为"指的就是这种防微杜渐的修养方法。要养成良好的道德品质，必须意志坚强，立场坚定，泾渭分明。善虽小，仍然不失其为善，我们要积极地去做。相反，恶虽小，但也终究是恶，所以对自己任何不符合道德的言行，都务必注意克服，将其消灭在萌芽状态之中。所谓"千里之堤，溃于蚁穴"，讲的就是此道理。

4. 慎独

慎独，是我国古代儒家创造出来的具有我国民族特色的自我修身方法。最初见于《礼记·大学》和《礼记·中庸》："道也者，不可须臾也，可离非道也。是故君子戒慎乎其所不睹，恐慎乎其所不闻，莫见乎隐，莫见乎微，故君子慎其独也。"意思是在独立工作、无人监督或在做了坏事也难以被人发现时，仍能坚持自己的道德信念，依据一定的道德原则去行事，而不做任何坏事。

所谓"慎独"，用现代语言来表述，是指在没有外界监督或独自一个人的情况下，自觉地严格要求自己，不做任何对国家、对社会、对他人不道德的事情。

充分发挥自觉性在道德修养中的作用是"慎独"最基本的特征。其主要表现为：

第一，以高度自觉性为前提，对高尚道德情操热烈追求，处理事情包括对待最隐秘、最细微的事情都要按道德准则行事。

第二，要求人们在独立工作、无人监督的环境下，也能够严格按照道德原则和道德规范行事。要达到这个境界，不仅要求对道德的原则、规范要熟知，而且要自觉地接受，使其成为自己的内心信念，并用这种信念支配和约束自己的行动。

小贴士

道德境界

"境界"最早的含义是指疆界和地域，后来则是指事物所达到的程度或表现的情况，有时也把文学、艺术和道德上锤炼涵养的功夫称为境界。

道德境界简单地说就是一定的道德觉悟水平以及思想感情和精神情操的总称，是由社会生活中的人从一定的道德观念出发，在个人与个人、与社会的利益关系中形成的一定觉悟及思想感情与精神情操。道德境界不是固定不变的，它会受到社会、经济、政治、文化和宣传等方面的影响，同时高尚的道德境界也需要经过逐步的锻炼才能形成。

（资料来源：李惠让、林志平：《伦理道德一百题》，文字有改动。）

小知识

历史一再告诫世人：不忘初心方可善终！

一部《三国》，不乏对"初心"的人生演绎。

初唐诤臣魏征在《谏太宗十思疏》中写道："靡不有初，鲜克有终。"大意是说：凡事都有一个良好开端，善始善终则难得可贵，不忘初心方可善终。煌煌史册，反复证实了这一铁律。

古往今来，背叛初心者，迟早将为之付出代价。

战国时期，庞涓与孙膑同在鬼谷子门下学艺。庞涓学成辞别之时，承诺同窗孙膑"永不相负。若有违，死于万箭之下"。可他成为魏将后，自忖才学不及孙膑，心生嫉妒，以举荐为名，诱骗孙膑"入套"。撺掇魏君误信孙膑"叛国"，施之以剜膝盖的酷刑；继而猫哭耗子假慈悲，忽悠孙膑为他秘传《孙膑兵法》。幸有高人相助，孙膑终于识破了庞涓的嘴脸，九死一生逃到齐国为军师。"马陵道"一战，万箭齐发射死庞涓，使之难逃"初心"的宿命。

一颗真诚善良的"初心"，常常产生惊天地泣鬼神的感召力。

《世说新语》载：后汉名士荀巨伯，有一次去远方探望病中好友，恰逢异族攻打城郡。病友劝他赶快逃命，他坚决不肯。贼寇破门而入，问荀巨伯："大兵压境，全城的人都逃走了，你是什么人，竟敢留下不走？"荀巨伯回答："我专程来看望朋友，危难之际却扔下朋友，只顾自己逃命，岂不是违背了看望朋友的初衷？我愿替他一死。"

贼寇听罢，面面相觑道："杀了这有情有义之人，会遭报应的，我们还是走吧。"荀巨伯的义举，竟使杀人不眨眼的贼寇良心发现放下屠刀，庇护好友幸免于难，真可谓危难之际见真情，"初心"可挡百万兵。

一部华夏史，生生不息地演绎着关于初心的永恒话题。

"大禹治水"初心坚定，13年数过家门而不入，降服水患造福百姓；"愚公移山"

知难而进，子子孙孙挖山不止，一颗初心感动上苍；"刑天舞干戚"，战斗精神至死不灭，一颗初心超越生命；"神农尝百草"，踏遍青山食苦如饴，中毒身死无怨无悔，一颗初心化作济世药典。

但不知何时，"我们已经走得太远，以至于忘记了出发地和目的地……"

怎样成为社会的有用之才？读懂"初心"，就不难找到答案。

何谓初心？

是为之奋斗的理想，是百折不回的信念；是引领人生的旗帜，是照亮前程的灯塔；是高楼大厦的基石，是百川归海的溪流；是天真无邪的童心，是展翅高飞的雏鹰；是春归大地的一抹新绿，是日出东方的一缕曙光，是中华民族传统美德的历史积淀与薪火传承。

尊崇初心，铭记初心，不是怀古恋旧、"念老皇历"，不是厚古薄今、眼睛"向后看"，不是纠结过往裹足不前，而是通过对初心的不断修养与升华，为美好人生提供正确导航和强大引擎。

百姓有谚云："根正苗不歪。"初心的本质在于一个"正"字，乃是堂堂正正的正能量。坚守初心，须抵御一切诱惑，具有海枯石烂不变色、风吹浪打不动摇的"定力"和韧劲。

"初心"即使和世界观、人生观的"总开关"不能画等号，也是其重要组成部分。从某种意义上说，"初心"走多远，人生才能走多远。警示自我勿忘初心，无论对达官显贵还是"草根一族"，无论对"律己、修身、齐家室"，还是对"安邦、治国、平天下"，都是十分必要的。

故曰：勿忘初心。

（资料来源：巩崇吉：《读史专栏》，文字有改动。）

小故事

一个年轻人跋涉在漫长的人生路上，当他来到一个渡口时，已经拥有"健康""美貌""诚信""机敏""才学""金钱""荣誉"七个背囊。渡船开出后不久，风起浪涌，险象环生。艄公说："船只负载过重，客官须丢弃一个背囊方可安渡难关"。

看到年轻人一样都舍不得丢，艄公又说："有弃有取，有失有得。"年轻人于是把"诚信"抛到了水里。最后，坐船的人全被风浪抛到水里。艄公在众人求救时没有把手伸向那个年轻人，因为他认为一个背信弃义的人不值得救助。

这个寓言给予人们深刻的启示：人生在世，应当留住一些东西，其中必不可少的就是诚信。

（资料来源：www.baidu.com，文字有改动。）

【学习《平"语"近人》】

学习习近平总书记多年来一系列重要讲话、文章、谈话中，所引用的中华古代经典名言和文籍警句，重温经史典章，重拾民族之根，重振复兴梦想，做推动传播和践行习近平新时代中国特色社会主义思想之青年先锋。

观、读、释、谈、问、诵，《平"语"近人》之《国无德不兴》篇。

《平"语"近人》第三集：国无德不兴 人无德不立 如何上好立德这堂必修课

学习心得：

乙篇　修身齐家——职业道德

《礼记·大学》有云："物格而后知至，知至而后意诚，意诚而后心正，心正而后身修，身修而后家齐，家齐而后国治，国治而后天下平。"

卯 章
职业道德的产生和发展

一、职业道德产生的条件

职业道德的形成是与社会化分工密切相联系的、一个历史的发展过程。

职业道德的形成同一定社会、一定阶级道德的形成一样,都有着深厚的经济根源,都是一定社会经济关系的产物。由于职业道德是人们职业生活范围内的道德规范和要求,因此,职业道德的形成,是同社会生产的分工和各种职业活动联系在一起的。职业道德的产生要比社会道德晚得多。

(一) 生产的发展和社会分工的出现,是职业道德形成的历史条件

在原始社会末期,随着生产力水平的提高,出现了畜牧业和农业、农业和手工业的大分工。又经过多次分化组合,才形成了现代社会的各种职业。随着生产力的发展,社会分工越来越细,职业道德的发展也就越来越复杂。在历史上,各种职业间互相交往的关系,对人们的道德意识、道德行为,乃至对整个社会的道德习惯和道德传统都有着重大的影响。为了调整各种职业间的关系,在一定的职业范围内必然会提出特殊的道德要求。

(二) 人们从事的各种职业活动是各种职业道德形成和发展的实践基础

认识依赖于实践,人们对道德关系的认识也同样依赖于实践。长期从事某种职业的人们,由于有着与职业相联系的活动方式,从而形成了特殊的行为规范和道德要求。职场人们逐渐认识到,为了履行本职业的义务和责任,什么样的行为是应该的和正确的,什么样的行为是不应该的和错误的。

就是在这种实践和认识的基础上,各职业集团通过其中的代表人物的言论和行为规范逐渐形成了整套不成文的善恶评价标准,建立了一些为本职业人员所普遍认同并加以遵守的职业道德规范。这些职业道德规范,一方面协调本职业同社会各方面的关系,满足社会各方面对本职业的要求;另一方面,协调本职业内部的相互关系,解决内部的各种纠纷和矛盾,以

保持职业内部之间、职业与职业之间以及职业活动和一般社会生活之间的道德关系。

二、职业道德的演进与发展

随着人类社会分工的出现和发展，职业道德经历了从无到有，从简到繁，从粗到细的过程。职业道德发展趋势是向上的和不断完善的。历史上形成的各种职业道德是人类精神文明的重要成果。当然，在私有制社会，一般来说职业道德是从属于剥削阶级道德体系的。但是，职业道德在调整个人与他人、个人与社会之间的道德关系时，往往起到一定的特殊和积极的作用，其内容虽然包含许多糟粕，但毕竟是人类对职业生活中道德关系认识的结晶，包含了许多合理的因素。譬如，任何社会生活任何一种职业道德都要求忠于职守，对自己职业的义务精益求精等等。总之，我们对历史上的职业道德，必须很好地批判、继承、借鉴、吸收，以便充实和丰富社会主义职业道德。

古代东方文明主要以古代中国文化为主体，在中国古代文献中，早有关于职业道德规范的记载。虽然职业道德的产生并不像四大发明一样轰轰烈烈，却对人类有着极其深远的影响。

公元前6世纪的中国古代兵书《孙子兵法·计》中，就有"将者，智、信、仁、勇、严也"的记载。智、信、仁、勇、严这五德被中国古代兵家称为"将之德"。中国古代的医生，在长期的医疗实践中形成了优良的医德传统，"疾小不可云大，事易不可云难，贫富用心皆一，贵贱使药无别"，是医界长期流传的医德格言。明代兵部尚书于清端提出的封建官吏道德修养的六条标准，被称为"亲民官自省六戒"："勤抚恤、慎刑法、绝贿赂、杜私派、严徵收、崇节俭。"

在西方古代文化中，认为职业道德不是天生的，人类的职业道德观念是受到后天的宣传教育及社会舆论的长期影响而逐渐形成的。公元前5世纪古希腊的《希波克拉底誓言》，是西方最早的医界职业道德文献。一定社会的职业道德是受该社会的分工状况和经济制度所决定和制约的。在封建社会，自给自足的自然经济和封建等级制不仅限制了职业之间的交往，而且阻碍了职业道德的发展。只是在某些工业、商业的行会条规以及从事医疗、教育、政治、军事等业的著名人物的言行和著作中包含有职业道德的内容。在这一社会的行业中，也出现过具有高超技艺和高尚品德的人物，他们的职业道德行为和品质受到广大群众的称颂，并世代相袭，逐渐形成优良的职业道德传统。

随着商品经济的发展，促进了社会分工的扩大，职业和行业也日益增多、复杂。各种职业集团，为了增强竞争能力，增值利润，纷纷提倡职业道德，以提高职业信誉。在许多国家和地区，还成立了职业协会，制定协会章程，规定职业宗旨和职业道德规范，从而促进了职业道德的普及和发展。在西方社会，不但先前已有的将德、官德、医德、师德等进一步丰富和完善，而且出现了许多以往社会中所没有的道德，如企业道德、商业道德、律师道德、科学道德、编辑道德、作家道德、画家道德、体育道德等。

当代中国的职业道德是适应社会主义物质文明和精神文明建设的需要，批判地继承了历史上优秀的职业道德传统的基础上发展起来的。由于社会主义的各行各业没有高低贵贱之分，在职业内部的从业人员之间、不同职业之间以及职业集团与社会之间没有根本的利害冲突。因此，不同职业的人们可以形成共同的要求和道德理想，树立热爱本职工作的责任感和荣誉感。中国各行各业制定的职业公约，如商业和其他服务行业的"服务公约"、人民解放军的"军人誓词"、科技工作者的"科学道德规范"以及工厂企业的"职工条例"中的有些规定，都属于社会主义职业道德的内容，它们在职业生活中发挥着巨大的作用。

> **小贴士**
>
> ### 休谟的道德观
>
> 大卫·休谟是英国18世纪著名的哲学家和伦理学家。休谟认为对名誉的热爱对道德有巨大的作用力。他说："我们的性格中给道德以更为巨大作用力的另一个源泉就是对名誉的热爱；这种热爱以如此无法控制的威力主宰着所有高尚的心灵，且往往是他们所有的计划和行动的主要目标。由于我们对这个世界上的名声、名誉和声望的不懈追求和热切企望，我们就会经常不断地检查我们自己的行为举止和品行，考虑亲近和关心我们的那些人是如何看待它们的。如果我们在反省中始终保持检查我们自己的这种习惯，那么这种习惯就会使我们始终对正确和错误有着敏锐的感受，并在种种高尚的品性外又生发出一种自重和尊重他人的情操，自重和尊重他人是一切德行的最可靠的守卫者。当人们努力得到了内在美和道德美时，心灵将臻于完美，并给理性的生物增辉添色，而肉体的安逸和快乐则会逐渐贬值。
>
> 这就是我们所熟悉的最完美的品德。这里展示了许多种同情心所具有的力量。我们的道德感本身主要是那种性质的感情，我们对他人声望的尊重似乎仅仅是出于对保护我们自己的名声的关切；并且为了达到这一目的，我们发现，有必要维持我们关于人类相互称赞的不稳定判断。"
>
> （资料来源：[英] 大卫·休谟：《道德原理探究》，文字有改动。）

> **小知识**
>
> ### 道德与经济的关系
>
> 道德与经济是一致的，其表现为道德行为与社会（他人）利益、个人利益和个人情感的满足三者的同方向变动。如果这三者的变动不相一致，则个人的道德感情要受到伤害，社会的道德水平也会下降。社会管理的一个重要任务就是要从制度的构建上保障此三者的同方向变动。一般来说，在不同的社会经济制度条件下，人们的道德行为大抵有以下几种效应的组合：一是个人的道德行为增加社会（他人）的利益，却使个人在付出了巨大代价的同时，也获得了崇高的情感满足；二是个人的道德行为促进了社会利益和个人利益，个人却没有获得崇高的情感满足；三是个人的道德行为促进了社会、他人以及实践者的利益，同时个人也得到了崇高的情感满足。
>
> （资料来源：胡海鸥：《道德行为的经济分析》，文字有改动。）

小故事

不利与信心论

　　曹操与吕布战于濮阳，曹操失利，退居兖州。袁绍表示愿意联合并建议曹操迁家到邺地，曹操准备答应这些条件。程昱见曹操说："我听说将军要在邺城安家，与袁绍媾和，真有这回事吗？"曹操回答说："有。"程昱说："袁绍占据燕、赵之地，有并吞天下的野心，但他有其心而无其智。将军有龙虎之威，怎么去做韩信、彭越屈人之下的事呢？我虽愚笨，不完全明白将军的雄图大旨，但我认为将军之志不是田横之辈可比，田横只是一介壮士，且羞于做高祖之臣，现在将军却欲迁家去邺城，反而不以屈居袁绍为耻，我私下为将军感到耻辱。现在兖州虽然残破，但是还存有三城。能战斗的士卒仍不下万人。如果能与荀彧谋士将这些士卒收而用之，霸王之业仍然可成。希望将军再仔细考虑权衡一下这件事。"曹操采纳了程昱的建议，没有与袁绍联合，并且最终成就了霸业。

　　曹操能够成就霸业的根本原因，就是他能够知人善用，采纳忠言。程昱审时度势，忠言规劝，不因一时之失利而丧志，不因一时之败绩而弃业，实在难能可贵。作为一个谋士，在不利的关键时刻必须有信心，不仅应该保持清醒的头脑，更应当勇于直陈己见，这样才能有助于国家和事业的发展。

（资料来源：张南：《智慧书》，文字有改动。）

【学习《平"语"近人》】

学习习近平总书记多年来一系列重要讲话、文章、谈话中,所引用的中华古代经典名言和文籍警句,重温经史典章,重拾民族之根,重振复兴梦想,做推动传播和践行习近平新时代中国特色社会主义思想之青年先锋。

观、读、释、谈、问、诵,《平"语"近人》之《国之本在家》篇

《平"语"近人》第四集:司马光铭记终生的不是砸缸,而是父亲的这句话

学习心得:

辰章
职业道德的含义与作用

一、职业道德的含义

（一）职业的含义

古语有云："凡言职者，为其善听也。"职业，通常是指由于社会分工而形成的具有特定专业和专门职责，并以所得收入作为主要生活来源的社会活动。例如，从事政府管理工作的职业是国家公务员，从事教育和传授知识的职业是教师，从事治病救人的职业是医生，从事演艺的职业是演员等。

职业是在人类社会出现分工之后而产生的一种社会历史现象。它是与社会分工和生产内部的劳动分工相联系的。文明社会的发展与劳动分工的完善有密切的关系。劳动分工的形式经过漫长的历史演变，在现代社会已达到极大的广泛性和普遍的适应性。人们只要进入社会生活，总要从事一种或几种具有专门业务和特定职责的社会性劳动，并以此作为自己谋生的手段。

职业具有三方面的要素：

一是职业职责，即每一种职业都包含着一定的社会责任，必须承担一定的社会任务，为社会做出应有的贡献。

二是职业权利，即每一种职业的从业人员都有一定的职业权利，在此职业之外的人不具有这种权利。

三是职业利益，即每种职业人员都能从职业工作中取得工资、奖金、荣誉等利益。

任何一种职业都是职业职责、职业权利和职业利益的统一体。

职业既是人们谋生的手段，又是人们进行社会交往的一种主要渠道。人们在职业活动中，必然涉及各方面的利益，于是如何调节职业交往中的矛盾和问题便摆在了人们的面前，这就需要用一定的方式来调节，其中，用道德来调节职业行为是主要的调节方式。

(二) 职业道德的含义

职业道德，是指在一定的职业活动中人们自身所具有的能够体现职业特征的，调整一定职业关系的职业行为准则和规范。它要求人们在从事相应的职业行为中必须按照一定的道德规范去行事，是从道义上对人们在从事职业生活中的思想、感情、工作作风和行为方式所限定的基本原则。它既是对本行业人员在职业活动中行为的规定，同时又是行业对社会所负的道德责任与义务。

职业道德是道德的一个特殊领域，是职业范围内特殊的道德要求，具有很强的针对性，是一般道德在职业生活中的具体体现。

职业既然是人们为满足社会生产和生活的需要而逐步形成的，具有一定社会职责的专门的业务和工作，那么，人们的任何一种职业活动都不会是孤立地进行，在职业活动中必然会发生各种各样的职业关系。比如，有从业人员同工作对象之间的关系，同一职业集团内部管理者与被管理者之间的关系等。会计行业就存在着会计师、注册会计师以及单位内部从事会计工作的人员之间，会计师与客户、雇主，事务所与上级主管部门之间等各种关系，而这些关系需要有特殊的规范来调整，因此，职业道德就应运而生了。

长期从事某种职业的人们，由于有着与职业相联系的活动方式，从而形成了特殊的行为规范和道德要求。他们逐渐认识到，为了履行本职业的义务和责任，什么样的行为是应该的和正确的，什么样的行为是不应该的和错误的。就是在这种实践和认识的基础上，各职业集团通过其中的代表人物的言论和行为规范逐渐形成了整套不成文的善恶评价标准，建立了一些为本职业人员所普遍认同并加以遵守的职业道德规范。

这些职业道德规范，一方面协调本职业同社会各方面的关系，满足社会各方面对本职业的要求；另一方面协调本职业内部的相互关系，解决内部的各种纠纷和矛盾，以保持职业内部之间、职业与职业之间以及职业活动和一般社会生活之间的道德关系。

职业道德正是从事一定职业的人们在工作或劳动过程中所应遵循的、与其特定职业活动相适应的道德原则和行为规范，它既是对本行业人员在职业活动中行为的规定，同时又是行业对社会所负的道德责任与义务。

二、职业道德的特点和基本要求

（一）职业道德的特点

道德是职业道德产生与发展的基础，职业道德是道德在职业实践活动中的特定表现。尽管职业道德是道德的重要组成部分，但是职业道德与道德相比仍然具有自身的特点：

1. 鲜明的行业性

职业道德是与职业的不同领域紧密联系的，其内容是与职业实践行为的特点相联系的，适应着特定行业活动对人们职业行为的客观要求，是人们在特定职业活动中结成的特殊道德关系的反映。行业性是职业道德最显著的特点。

2. 适用范围的有限性

职业道德约束的对象是一定职业活动从事者的行为，超出了这个范围，职业道德就失去了其调节行为规范的功能，所以职业道德的适用性不是无限的，而是有限的、特殊的。每种职业都担负着一种特定的职业责任和职业义务。由于各种职业的职业责任和义务不同，从而形成各自特定的职业道德的具体规范。

3. 表现形式的多样性

职业道德是为适应不同职业的要求而产生的道德规范。由于社会分工不同而形成职业的复杂性，从而使得职业道德呈现出多样性的特点，不同的职业道德以其不同的表现形式来规范和制约着本职业从业人员的行为。由于各种职业道德的要求都较为具体、细致，因此其表达形式多种多样。

4. 历史延续性

社会分工促使人类社会经济生活不断地发展，从而也不断地促使职业生活总是在一代代地延续，由此而产生的是职业道德的历史延续性，并在这种延续中不断地充实和完善着职业道德，进而形成的是比较稳定的职业品德、职业心理和职业习惯。由于职业具有不断发展和世代延续的特征，不仅其技术世代延续，其管理员工的方法、与服务对象打交道的方法，也有一定历史继承性。如"有教无类""学而不厌，诲人不倦"，始终是教师的职业道德。

5. 强烈的纪律性

纪律也是一种行为规范，但它是介于法律和道德之间的一种特殊的规范。它既要求人们能自觉遵守，又带有一定的强制性。就前者而言，它具有道德色彩；就后者而言，又带有一定的法律的色彩。就是说，一方面遵守纪律是一种美德，另一方面，遵守纪律又带有强制性，具有法令的要求。例如，工人必须执行操作规程和安全规定，军人要有严明的纪律等等。因此，职业道德有时又以制度、章程、条例的形式表达，让从业人员认识到职业道德又具有纪律的规范性。

（二）职业道德的基本要求

概括而言，职业道德主要应包括以下几方面的内容：忠于职守，乐于奉献；实事求是，不弄虚作假；依法行事，严守秘密；公正透明，服务社会。

1. 忠于职守，乐于奉献

尊职敬业，是从业人员应该具备的一种崇高精神，是做到求真务实、优质服务、勤奋奉献的前提和基础。从业人员，首先要安心工作、热爱工作、献身所从的行业，把自己远大的理想和追求落到工作实处，在平凡的工作岗位上做出非凡的贡献。从业人员有了尊职敬业的精神，就能在实际工作中积极进取，忘我工作，把好工作质量关。对工作认真负责，把工作中所得出的成果，作为自己的天职和莫大的荣幸；同时认真分析工作的不足和积累经验。

敬业奉献是从业人员的职业道德的内在要求。随着市场经济市场的发展，对从业人员的职业观念、态度、技能、纪律和作风都提出了新的更高的要求。职业作为认识和管理社会的基础性工作，要求广大从业人员要有高度的责任感和使命感，热爱工作，献身事业，树立崇高的职业荣誉感。要克服困难，勤勤恳恳，任劳任怨，甘于寂寞，乐于奉献。要适应新形势的变化，刻苦钻研，加强个人的道德修养，处理好个人、集体、国家三者关系，树立正确的世界观、人生观和价值观；把继承中华民族传统道德与弘扬时代精神结合起来，坚持解放思想、实事求是，与时俱进、勇于创新，淡泊名利、无私奉献。

2. 实事求是，不弄虚作假

实事求是，不光是思想和认识问题，也是一个道德问题，而且是职业道德的核心。求，就是深入实际，调查研究；是，有两层涵义，一是是真不是假，二是社会经济现象数量关系的必然联系即规律性。为此，我们必须办实事，求实效，坚决反对和制止工作上弄虚作假。这就需要有心底无私的职业良心和无私无畏的职业作风与职业态度。如果夹杂着个私心杂念，为了满足自己的私利或迎合某些人的私欲需要，弄虚作假、虚报浮夸就在所难免，也就会背离实事求是原则这一最本的职业道德。

作为一个职业人，必须有对国家对人民高度的负责的精神，把实事求是作为履行责任和义务的最基本的道德要求，坚持不唯书，不唯上，只唯实。

3. 依法行事，严守秘密

坚持依法执业和以德执业"两手"齐抓共管。一方面，要完善单位职业法规条例的制定，依据法律的力量带动单位内部职业规范的水平逐步提高；另一方面，要通过劝导和教育，启迪员工的良知，提高员工的道德自觉性，把职业道德思想渗透到工作的各个环节，融于工作的全过程，增强员工的职业道德意识。严守秘密是职业道德必须的重要准则。保守国家、单位和个人的秘密，这既是相关法律规定的，也是对执业人员职业道德的特殊要求。执业人员要从维护国家和人民的利益出发，养成遵纪守法、严守秘密的良好职业道德。在保守国家和单位秘密的同时，当前特别要注意做好为客户个人信息的保密工作。

4. 公正透明，服务社会

优质服务是职业道德所追求的最终目标，优质服务是职业生命力的延伸，各行业的工作只有在很好地为人民服务中才能显示其价值和重要性，否则就会失去存在的意义，就得不到人民的认同和支持，成为无源之水，无本之木。提高服务意识，积极主动，想方设法，着力拓宽服务领域，提高服务质量，更好地发挥各行业职业道德的整体功能。提供高效、优质的服务，是各项工作的出发点和归宿。因此，服务于人民群众、服务于社会，理应成为职业道德的基本规范。

三、职业道德的意义和作用

（一）职业道德的意义

职业道德在社会主义道德的总体结构中有着不可忽视的特殊意义。只有通过职业道德教育这个环节，社会主义道德的一般要求才能具体化、现实化。职业道德作为行业行为规范，形成过程是靠人们自己内心信念和外部压力来自律建立起来的，既要有自身产生的正确思想信念的自律作用，也要有外界的影响力的他律作用。

1. 思想引路，教育兴德

思想支配行动。人们的思想信念，主要受社会舆论和传统习惯的影响。教育可以培养人们的信念，在道德行为中形成自律。有教才有德，正确的思想必然来自正确的思想教育。思想道德教育要有效地引导人们解决思想上的困惑和心态上的不平衡，首要的是用马列主义毛泽东思想，特别是邓小平理论、三个代表以及科学发展观为指导。其次，结合实际，坚持思想引路，实施全过程教育，把思想教育始终贯穿于职业道德教育的整个过程。职业道德是所有从业人员在职业活动中应该遵守的基本行为准则，是社会道德的重要组成部分，是社会道德在职业活动中的具体表现，是一种更为具体化、职业化、个性化的社会道德。

2. 规范管理，以法治德

俗话说，没有规矩，不成方圆。当今社会需要由国家制定统一的法规和国家的强制力来规范职业道德行为，约束人们必须这样做，不能那样做，否则，就不可能形成一个符合社会主义思想发展的职业道德。同时，以法治德也是当前市场经济的最基本要求。职工处在这种体制的运转中，道德行为出现的偏差和不轨行为，就必须用法规来规范和修正，这是职业道德教育不可缺少的外部力量。

3. 典型示范、以文养德

树立典型、弘扬典型，发挥典型的示范激励作用。典型一经确定，就必须利用各种各样的形式和阵地进行多渠道、多层次、多角度的宣传推广，形成上上下下学习典型，赶超先进的氛围，以增加典型的影响力和生命力，真正做到树起一面旗帜，弘扬一群典型，建设一流队伍。一个优秀的行业文化观念，一旦被广大职工所认同，便会产生巨大的推行动力，有利于行业的协调和控制，发挥行业文化导向、激励、凝聚、规范和调节功能。以文养德是指通过优秀的文化，营造一个积极向上、和睦相处、自觉克服不良现象，为维护和提高行业信誉而竭尽全力的氛围，培养崇高的职业道德风尚。实践证明，文化建设对培养职工职业道德有极大的促进作用。

（二）职业道德的作用

职业道德是社会道德体系的重要组成部分，它一方面具有社会道德的一般作用，另一方面它又具有自身的特殊作用，具体表现在：

1. 调节职业交往中从业人员内部以及从业人员与服务对象间的关系

职业道德的基本职能是调节职能。它一方面可以调节从业人员内部的关系，即运用职业道德规范约束职业内部人员的行为，促进职业内部人员的团结与合作。如职业道德规范要求各行各业的从业人员，都要团结、互助、爱岗、敬业、齐心协力地为发展本行业、本职业服务。另一方面，职业道德又可以调节从业人员和服务对象之间的关系。如职业道德规定了制造产品的工人要怎样对用户负责；营销人员怎样对顾客负责；医生怎样对病人负责；教师怎样对学生负责等等。

2. 有助于维护和提高本行业的信誉

一个行业、一个企业的信誉，也就是它们的形象、信用和声誉，是指企业及其产品与服务在社会公众中的被信任程度。提高企业的信誉主要靠产品的质量和服务质量，而从业人员职业道德水平高是产品质量和服务质量的有效保证。诚实与守信，是一切成功的基础。诚信包括对自己的职业诚实及守信，包括对自己的企业组织诚实和守信，甚至还可以说是，包括对社会和公众诚实与守信；对常人来说，当他们作为企业中的一个普通员工，则他们应当尽职尽责、忠于职守，干一样爱一样、干一行爱一行。就像一颗机器上的重要螺丝钉，拧到哪里就在哪里发光、发热。若从业人员职业道德水平不高，很难生产出优质的产品和提供优质的服务。

3. 促进本行业的发展

行业、企业的发展有赖于高的经济效益，而高的经济效益源于高的员工素质。员工素质主要包含知识、能力、责任心三个方面，其中责任心是最重要的。每一次行动、每一种思想和每一种感情，都是和人们的经历与所受的教养有直接关系，而且职业道德也是和每个人的习惯和理解力具有直接关系。但是，这些优良品德的形成，绝不是依靠金钱和一时的积累就能够完成的。高尚的职业道德培养人们良好的道德意识、道德品质和道德行为，树立正确的义务、荣誉、正义和幸福等观念，使受教育者成为道德纯洁、理想高尚的人。因此，职业道德能促进本行业的发展。

4. 有助于提高全社会的道德水平

职业道德是整个社会道德的主要内容。职业道德一方面涉及每个从业者如何对待职业，如何对待工作，同时也是一个从业人员的生活态度、价值观念的表现；是一个人的道德意识、道德行为发展的成熟阶段，具有较强的稳定性和连续性。另一方面，职业道德也是一个职业集体甚至一个行业全体人员的行为表现，如果每个行业、每个职业集体都具备优良的道德，对整个社会道德水平的提高肯定会发挥重要作用。高尚的职业道德教导人们认识自己，对家庭、对他人、对社会、对国家应负的责任和应尽的义务，教导人们正确地认识社会道德生活的规律和原则，从而正确地选择自己的行为和生活道路。

四、职业道德与一般社会道德

任何社会的职业道德总要受到该社会占统治地位的一般社会道德的影响和制约，它们之间在一定意义上是共性与个性的关系。资本主义社会的职业道德，尤其是资产阶级直接操纵和参与的那些职业的道德，受资产阶级利己主义道德原则的影响和制约最直接、最严重，它们是资产阶级一般道德原则的体现和具体补充。社会主义的职业道德则受共产主义道德原则的指导，同时又是共产主义道德原则和规范在各行各业的具体体现和补充。

职业道德较之一般社会道德，具有以下特点：

第一，职业道德是在历史上形成的、特定的职业环境中产生和发展起来的，它常常形成世代相袭的职业传统和比较稳定的职业心理和习惯，因此具有较强的稳定性和连续性。

第二，职业道德反映着特定的职业关系，具有特定职业的业务特征，因而它的作用范围仅仅局限于特定的职业活动中，只对从事特定职业的人们具有约束力。

第三，职业道德通常以规章制度、工作守则、服务公约、劳动规程、行为须知等形式表现出来。

在阶级社会中，一般社会道德总是一定阶级的道德。作为意识形态的特殊形式的职业道德，总是一定社会的经济关系的反映，并体现一定阶级的要求和愿望，为一定阶级的利益服务。这是因为阶级社会中的职业最终都与一定阶级的实践活动相联系，并受本阶级的道德原则所制约。不同阶级的人们必然会把本阶级的观点和情感带进自己的职业生活中，形成不同的职业观和职业道德。

剥削阶级总是把一些职业看作是"高贵"的，把另一些职业看作是"卑贱"的。那些所谓"高贵"职业的职业道德，往往更直接体现剥削阶级的利益和剥削阶级道德原则的精神，而劳动人民从事的那些所谓"卑贱"职业的职业道德，往往具有反抗剥削阶级的要求，同剥削阶级的道德原则相对立。但由于不同职业与统治阶级联系的远近、疏密程度不同，因而不同的职业道德受统治阶级道德影响的程度也不一样。不过，即使是医疗、体育、科学研究等这些并非直接隶属于统治阶级的职业的职业道德，也因其从业人员的职业活动不能摆脱该社会经济、政治制度和统治阶级道德原则的制约和影响，所以也具有一定的阶级性。

小贴士

成熟商品经济社会的职业道德观

在成熟的商品经济社会，职业道德的原则超越了企业的经济考虑。有利于企业赚钱但违背职业道德原则的行为，职工有权拒绝这样做，并且能得到社会的支持。这说明职业道德脱胎于企业的利益考虑，但最后成为超越企业利益的社会原则，它成为范围更广的人们的利益考虑。

一个社会经济活动的不间断的正常运转，单靠一笔笔互不联系的交换是远远不够的……把从事某种职业看成是单纯的交换，只有存在监督的情况下才能够成立。没有监督时则必须依靠基于职业道德的自我约束。忠于职业所要付出的代价并不能永远和得到的报酬相称，有时因忠于职守而付出的代价是大大高于他可能得到的报酬。

（资料来源：茅于轼：《中国人的道德前景》，文字有改动。）

小知识

良好的职业习惯

职业习惯是一个职场人士根据工作需要，为了很好地完成工作任务主动或被动地在工作过程中养成的工作习惯，也是保证工作任务和工作质量必须具备的品质。良好的职业习惯，是出色完成工作任务的必要前提。

符合要求的职业习惯包括：

第一，早到。每天提前到单位可以在上班之前准备好完成工作必需的工作条件，调整好需要的工作状态，保证准时开始一天的工作。

第二，搞好清洁卫生。做好清洁卫生，可以保证一天整洁有序的工作环境，同时也利于保持良好的工作心情。

第三，制订工作计划。提前做好工作计划利于有条不紊地开展每天、每周等每一个周期的工作，自然也有利于保证工作的质和量。

第四，开会记录。及时记录必要的工作信息，有助于准确地记载各种有用的信息，帮助日常工作顺利开展。

第五，遵守工作纪律。工作纪律是为了保证正常工作秩序、维持工作环境而制定的，不仅有利于工作效率的提升，也有利于工作能力的提高。

第六，工作总结。及时总结每天、每周等阶段性工作中的得与失，可以及时调整自己的工作习惯，总结工作经验，不断完善工作技能。

第七，向上级汇报工作。及时向上级请示汇报工作，不仅有利于工作任务的完成，也可以在上级的指示中学习到更多的工作经验和技能，让自己得到提升。

（资料来源：www.baidu.com，文字有改动。）

小故事

解扬的守信论

解扬是春秋战国时期晋国的一位大臣。当楚国出兵包围宋国，宋国开始向晋国求救。于是晋侯派遣解扬到宋国去并且传话让宋国不要屈服，说："晋国的军队已经出发，快要到达宋国了。"

解扬路过郑国时郑人把他囚禁起来献给楚国。楚王用厚礼收买解扬让他把话反过来说。解扬假意答应，于是楚王就允许解扬登楼车向宋国人喊话，解扬却乘机传达了晋君的命令。

楚王打算杀了他，派人对他说："你既然答应了寡人，现在又反悔是什么缘故？不是我不讲信用而是你不守信用，因此你要受到刑罚。"

解扬回答说："下臣听说国君能制定可行的命令就是义，臣子能执行国君的命令就是信，二者结合付诸行动就是利。谋不失利，以保卫国家，就是人民之主。从义上讲不能有两种信用；守信就不能同时执行两种相反的命令。你贿赂下臣就是不懂得一信不能执行二命的道理。我接受我们国君的命令而出使，宁可一死也不能有辱君命。怎么能因你的贿赂而改变君命呢？臣所以答应你是想借机来完成国君的使命，即使死了也要完成使命，这是臣的福分。寡君有守信之臣，下臣死得其所，除此之外我还有什么可求的呢？"楚王听后赦免了他，解扬安全回到晋国。

（资料来源：张南：《智慧书》，文字有改动。）

【学习《平"语"近人》】

学习习近平总书记多年来一系列重要讲话、文章、谈话中，所引用的中华古代经典名言和文籍警句，重温经史典章，重拾民族之根，重振复兴梦想，做推动传播和践行习近平新时代中国特色社会主义思想之青年先锋。

观、读、释、谈、问、诵，《平"语"近人》之《报得三春晖》篇。

《平"语"近人》第五集：少时不懂《游子吟》，读懂尽报"三春晖"

学习心得：

巳章
职业道德的主要分类

职业道德是道德体系中的一个重要层次，它具有多种多样的类型。各行各业都有自己的职业道德，如医务人员、教师、商业人员、干部、金融从业人员等。社会主义道德原则体现于这些具体的职业道德之中。

一、医务人员职业道德

医务人员职业道德的基本原则，是救死扶伤，实行人道主义。它要求医务人员对不同社会地位、政治派别和宗教信仰的病人，要一视同仁地给予治疗。医务人员职业道德规范具体表现在：

1. 同情尊重，一心赴救

这就是说，对服务对象的病痛要有一种理解、体谅和全力解救的深切感情，要尊重病人的人格，全力以赴地救死扶伤，并积极防病治病，增进人民身心健康。不可熟视无睹、无动于衷、麻木不仁、冷若冰霜；更不能认钱不认人，将病人拒之门外，见死不救。

2. 严肃认真，一丝不苟

以严肃的态度、准确的知识、精湛的技术、严密的观察、周密的思维、严格的纪律、谨慎的操作来认真对待和开展医务工作。

3. 平等相待，一视同仁

在对待病人的态度问题上，它要求不论病人的地位高低、知识多少、容貌美丑、关系亲疏，都应一视同仁。那种蔑视人的人格，不平等待人，甚至利用职权搞不正当关系、谋求私利的行为，显然是违背医德规范的，应当受到抵制和谴责。

4. 举止端庄，保守医密

举止端庄，就是要求医务人员要有良好的仪态对待病人，在与病人交往中要讲究文明礼貌，即言谈文雅有度，举止稳定端庄，颜容和蔼，态度温和，谦恭有礼，仪表整洁大方。同时，医务人民还要为病人保守秘密，不能随意传播扩散病人与病情，给病人造成痛苦，给家庭带来不幸，更不能有任何邪恶杂念。

5. 钻研业务，精益求精

现代医学日新月异，知识更新加速，更需要广大医务人员不断吐故纳新，扬弃旧学说、旧理论、旧技术，积极吸取新学说、新理论、新技术，从而更好地为保障人民健康做贡献。

6. 谦虚诚实，团结协作

要求医务人员树立整体观念，顾全大局，相互谦让，相互支持；尊重同行，尊老扶新。

二、教师职业道德

教师职业道德的基本原则，是忠诚人民的教育事业。它要求教师热爱学生、尊重学生，具有诲人不倦、甘为人梯的精神；严于律己、为人师表，在教师、校长和教辅人员之间互相尊重、团结协作，发挥集体的作用；注意思想修养、语言修养和品质修养，不断增强控制自己情绪的自制力，学会用透彻的真理、准确的知识和感人、生动的语言启迪学生的心灵，努力培养无私、善良、公正、诚实、谦虚的美德以及勤奋追求知识和真理的精神。教师职业道德规范具体表现在：

1. 爱护学生，诲人不倦

能否正确对待学生，真正爱护学生，做到循循善诱、诲人不倦，是教师职业的一个根本性的问题，也是衡量教师师德水准高低的主要标志。

2. 以身作则，为人师表

作为一名教师，不仅是知识的传播者，也是学生的道德榜样，教师的品德作为一个教育因素始终在教育过程中起着潜移默化的作用。因此，我们的教师要在思想、品德、工作、学习、生活各方面都成为学生的表率和榜样。

3. 刻苦钻研，学而不厌

它要求教师对科学文化知识有强烈的求知欲望和刻苦钻研的精神，要不断吸取新知识、新观点、新成果，使自己在教学过程中有不断的源头活水。

4. 谦虚正直，执教清廉

要求教师必须不断提高廉洁自律的自觉性，抵制拜金主义思想的侵蚀，甘于清贫，淡泊明志，永葆"一身正气，两袖清风"的高贵品质，无愧于人民教师的光荣称号。

三、商业道德

商业道德同商业信誉及社会的精神文明密切相关。全心全意为顾客服务是社会主义商业道德的基本原则。买卖公平、诚信无欺、尊重顾客、优质服务是社会主义商业道德的主要规范。商业道德还要求营业员注意语言修养,做到举止文雅,说话和气,接待顾客要主动、热情、耐心、周到,树立起职业责任感和荣誉感。商业道德规范具体表现在:

1. 正当经营,合法竞争

正当经营一般包括具有正当的经营身份和执照,具有符合要求的一定资产或资金,一定的生产或经营场地,生产具有正当用途的对社会有积极意义的产品或提供正当的服务等。与此相反,一切违法生产销售、偷税抗税,制造经销假冒伪劣产品或违禁物品等均属不正当的经营。

2. 严守信用,讲究信誉

一方面,企业严守信用讲究信誉可以提高企业的知名度和企业的道德形象,使企业在社会经济活动中或其他活动中赢得市场竞争的主动权,取得好的经济效益,并由此影响相关行业或企业,从而获得更好的社会效益。

3. 用户至上,热情服务

用户至上,就是指企业生产的出发点和立足点要建立在用户需要之上。用户需要什么,企业就提供什么;用户需要多少,企业就提供多少。所谓热情服务,是指企业为用户提供服务时耐心细致,及时周到,而不是粗枝大叶,拖延马虎。

4. 平等互利,和衷共济

平等互利,和衷共济,是指企业和企业之间、企业和客户之间,彼此享有同等待遇,互惠互利;彼此做生意,就如同大家共处一条船上,一起渡过江河湖海,因此必须齐心协力,克服各种困难和考验,才能实现双赢或者多赢。

四、干部道德

干部道德是各级各类干部在职业活动中和社会日常生活中所应遵循的行为准则和行为规范的总和。干部道德是社会主义道德的重要组成部分,是社会主义道德在干部群体中的一种具体体现,是一种特殊的群体道德。

我们的各级各类干部,是广泛分布在各级党政机关,人民团体,经济,文教和科研等组织中从事一定的领导或管理工作的人员,他们是党和国家的路线,方针,政策的制定者和执行者,是社会主义现代化建设的中坚和骨干力量,因此,国家和社会对这个群体的道德水准有更高的要求。同时，所有的干部又是生活在社会中的自然人，在日常生活和社会生活中，也存在诸多个人与社会、个人与他人之间的关系，还存在干部与干部之间的关系，上级与下级的关系，干部与群众的关系等等。要正确处理好这些关系，就道德方面而言，各级各类干部不仅要以社会公德，职业道德来约束和规范自己的行为，而且还要以比一般群众更高的道德准则和道德规范来约束和规范自己的行为。

干部道德规范具体表现在：

1. 政治坚定、忠诚积极

各级各类干部要坚持正确的政治方向，坚定不移地走建设有中国特色社会主义道路，同党中央保持高度一致，坚决贯彻执行党的基本理论、基本路线和各项方针政策；忠诚党的事业，热爱本职工作，有强烈的事业心和高度的责任感。

2. 解放思想，实事求是

各级各类干部的思想认识要符合客观实际，不因循守旧，使自己的思想适应不断发展变化的新形势，勇于探索，大胆实践，及时总结经验，创造性地开展工作；坚持实事求是的思想战线，注重调查研究，一切从实际出发，坚持真理，敢讲真话。

3. 公正廉洁，克己奉公

各级各类干部要秉公办事，执法如山，不谋私利，不循私情，廉洁自律，公道正派。以国家、民族、人民的利益为最高利益，个人利益服从集体利益，"先天下之忧而忧，后天下之乐而乐"，发扬奉献精神，努力为人民服务。

4. 体恤民情，尊重民意

各级各类干部要坚持马克思主义的群众观点和群众路线，保持同人民群众血肉联系，一切从群众出发，一切为了群众。各级各类干部要急人民群众所急，想人民群众所想，办人民群众之需，要时刻把人民群众的疾苦挂在心上，切切实实地为群众办好事、办实事。

5. 勤奋工作，尽职敬业

各级各类干部要在公务活动中杜绝一切推诿、拖拉、敷衍、不负责任、人浮于事等官僚主义作风，而代之以积极主动、认真负责、严格遵守纪律、刻苦钻研业务、不断进取的工作作风，艰苦创业、勤政为民。

6. 严以律己，率先垂范

作为干部，首先必须以身作则，坚决维护宪法和法律的尊严，成为遵守宪法和法律的模范。同时，要严格依法办事，以保证公务活动符合国家的利益和人民的利益。其次，各级各类干部不仅要自觉遵守社会公德等一般道德要求，而且必须责无旁贷地遵守并践行社会所弘扬和倡导的占主导地位的道德准则。

五、金融行业职业道德

金融行业职业道德是金融从业人员应当遵循的行为规范和行为准则。应该看到，金融行业职业道德属于社会道德范畴，它不是国家行政强制制定和强制执行的。其主要依靠金融行业从业人员的信念、习惯及行业的文化传统来自觉遵守。当然，也靠社会的舆论力量和职业教育来维持。因此，就一定意义来说，职业道德的约束作用，比法律、纪律等手段更为经常且强大有效。金融行业道德规范具体表现在：

1. 理想信念

金融行业必须以集体主义为价值导向，放眼社会整体利益，努力做好本职工作，全心全意为人民服务。

2. 工作态度

工作态度就是金融行业员工对待自己岗位职责的态度，是其敬业精神、工作责任心、专业技能、价值观念等个人素质的外在表现；是员工个人对社会、对其他社会成员履行各种劳动义务的重要基础。

3. 岗位责任

在社会主义条件下，金融行业无论是单位还是个人，都拥有自己一定的责、权、利。在责、权、利的三者关系中，责是主导的方面。岗位责任的大小，决定着岗位权力的大小。

4. 职业良心

职业良心，是指金融行业的广大职工对岗位责任的一种自觉意识。职业良心能够促使人们依据金融行业的道德要求，对个人的行为动机进行自我监督、自我检查、自我修正。讲职业良心，对于以单独操作为工作特点、个人承担重大社会责任的金融窗口行业来说，尤为重要。

5. 职业荣誉

它是金融行业岗位责任和职业良心的评价尺度，是职业良心中的知耻心、自尊心、自爱心的表现，职业荣誉是社会对金融行业员工个人履行社会义务的德行和贡献的赞赏和评价，是金融职业行为的价值体现和价值尺度。

6. 行业纪律

行业纪律是一种金融职业行为的规范。它要求金融行业员工在职业生活中遵守秩序、执行命令和履行自己的职责。它是调节金融行业内部关系、金融行业与社会之间的关系、金融行业员工与被服务对象之间关系的重要方式。

7. 行业作风

作风是一种巨大的工作动力，行业作风是指金融行业职工在职业生活中的习惯和风气，是金融职业劳动者在职业活动中的习惯表现，是金融行业长期形成的一种习惯势力。

小贴士

德与才之间的关系

人生的价值表现在个人身上，就是德与才的关系问题。这里的"德"是指人们的道德品质、符合特定道德规范的行为，以及建立在道德思想上的生活方式；"才"则是指人的知识和才干，表现为一种创造性、进取性，体现在以丰富的知识、坚强的意志为基础的能取得成功和成就的素质等。人的价值一是在于人的品德，二是在于人的才能。对此，中西方有其相同与不同的理解。

如果说，中国传统文化的主流是德才兼备、以德为主的话，那么可以说，西方传统文化的基本倾向虽然同样也是德才兼备，但则是以才为主。西方传统中虽然没有出现过中国式的明确的才性之辨，但是他们对知识与道德、情感与道德、意志与道德的关系的理念中都包含着才德论的丰富内容，体现出西方人"德才兼顾，以才为重"的基本倾向。

（资料来源：姚新中、焦国成：《中西方人生哲学比较》，文字有改动。）

小知识

道德给人实际利益

回顾历史上的任何时代、任何国家，都强调伦理道德。

重整道德后，社会各界服从既定的礼仪法度，自然在生活中产生实际的功效。乍听之下，"道德与实利结合"多少会使人觉得奇怪，可是你仔细想一想，如果社会全体的道德提高后，首先我们会有丰富的精神生活，至少不会妨碍他人发展。再进一步，人们会相亲相爱，有良好的人际关系，在工作和生活上都有莫大的便利；对自己的工作能热心尽责，增进工作效率、增加生产，不仅精神充实，更有物质上的丰厚享受。如此，身心两面的利益都兼收了，这不就是实利相结合的例证吗？

想到这里，我们应该知道，所谓道德，不但对个人精神方面会有所增益，就是对社会与个人物质方面也能带来实际的利益。所以我们应该培养适合潮流而正确的道德观念，加强推广的决心，促使人类生活以道德为基础，推己及人，必然能够创造出一个安定祥和的社会。

（资料来源：王忠明：《经营人生——松下幸之助经营之道》，文字有改动。）

小故事

以身殉法

春秋时代的晋国，有一位刚正无私、执法严明的大狱官李离。他办案一丝不苟，对任何犯人都坚决依法定罪，要求自己也非常的严格。

有一次，他在清查旧案时发现自己曾经误听奸言而错判了一个无辜者死刑，不禁大惊失色，坐立不安。第二天，他命侍卫将自己五花大绑，押送到了晋平公的殿前。

李离跪在地上，满脸愧色地对晋平公说："臣才德疏劣，误杀良善，既有负于大王，更愧对百姓，求大王按律将臣治死罪。"

晋平公一向器重李离，见他对自己要求这样严格，大受感动，赶忙离座，走到李离身边安慰道："卿有功于国，万民敬仰，虽然有误判之过，寡人谅解。此事作罢，你起来吧！"说完，便要为李离松绑。

李离拒绝晋平公为他免刑，说道："臣罪有应得，大王切不可宽恕！"

晋平公说道："常言道，官有贵贱，罚有轻重。你何苦对自己如此严厉？何况那件案子也不能全责怪你。下面的吏属也有责任嘛！"

李离正色道："臣的下属虽然也有责任，但臣是大狱官，应负主要的责任，应依法判臣之罪。"

晋平公有些生气了，大声说："照你这样说，下属犯罪，上司有责，寡人乃一国之主，不是也有罪了吗？"

李离慷慨激昂地回答道："国家典狱定有反坐的法律，判错了什么刑，就当受什么罚，误判人死刑，自己就应当定死罪，我身为大狱官，杀错了人，更应依法偿命。大王任命臣为狱吏之长，是因为相信臣能听微决断、执法不阿，如今臣有负于大王重托，死不能赦！"说到这里，李离挣脱了晋平公的手，朝着卫士手执的利剑扑去，顿时剑穿腹背，鲜血迸流，倒地而死。

晋平公含着热泪向这位以身殉法的大臣肃立致敬，并命人以大礼厚葬之。

（资料来源：蒋亚魁等：《古人美德故事》，文字有改动。）

【学习《平"语"近人》】

学习习近平总书记多年来一系列重要讲话、文章、谈话中,所引用的中华古代经典名言和文籍警句,重温经史典章,重拾民族之根,重振复兴梦想,做推动传播和践行习近平新时代中国特色社会主义思想之青年先锋。

观、读、释、谈、问、诵,《平"语"近人》之《只留清气满乾坤》篇。

《平"语"近人》第六集:修身琢业,匠人匠心

学习心得:

午章
职场的道与术

道，即道理、道德、道义、公道、正道；术，指手段、方法、谋略、心计、技巧。古人论述"道"与"术"的关系时，曾告诫我们：精于术而以道为本，守于道而以术御事。有道而乏术，易招人陷害，且不能发挥其所长；精于术而乏于道，乃无本之源，亦不能长久；只有精于术而明道者，才能生生不息！术合于道，相得益彰；道术相离，各见其害；轻道重术，则智术滥用；轻术重道，则徒劳无功。老子有云："金玉满堂，莫之能守，富贵而骄，还自遗咎。功成名遂身退，天之道也。"

一、职场之道

早在两千多年前，在《论语》中，孔子就已经传授给了我们很多关于职场社会为人处事的思想和道理，这些思想对现今的人们依然有巨大的借鉴价值。故择其中之经典名言警句，以分享共勉。

孔子像

1. 小不忍则乱大谋

《论语·卫灵公》:"巧言乱德,小不忍则乱大谋。"

【译文】花言巧语能败坏德行。小事不能忍耐就会败坏大事情。

"小不忍则乱大谋",这句话在民间极为风行,甚至成为一些人用以告诫本人的座右铭。有抱负、有梦想的人,不应计较个人得失,更不应在小事上纠缠不清,而应有开阔的胸怀和弘远的抱负。只有如此,才能做成大事,从而实现自己的梦想。在职场中,往往有许多表面上看起来是吃亏的事情,比方工作的调动、环境的变迁等等。面对这些事情,我们应该做到泰然处之,"小不忍则乱大谋",心怀宽阔,眼光放远一些。看这些事件对自己的久远发展是否有利,而不去计一时的得失。

2. 众恶之,必察焉;众好之,必察焉

《论语·卫灵公》:"众恶之,必察焉;众好之,必察焉。"

【译文】众人都喜欢他,一定要仔细考察详情;众人都厌恶他,一定要仔细考察详情。

这句话含有两方面的意思,一是阐明了决不人云亦云,不因世人的长短标准影响自己的判定。要经由自己的独立思考和感性的断定,而后做出论断;二是一个人的好与坏不是绝对的,在不同的情势、不同的人们心目中,往往会有很大的差异,所以应该用自己的尺度去评判他。领导往往观赏的是有个性、有主意的年青人,这样的人能力独当一面,今后才能有更好的发展。

3. 工欲善其事,必先利其器

《论语·卫灵公》:"工欲善其事,必先利其器。"

【译文】工匠想要使他的工作做好,一定要先让工具锋利。比喻要做好一件事,准备工作非常重要。

"磨刀不误砍柴工"的道理早已被人们所熟知。在职场中,要想谋取一个更好的职位,你必须做充足的预备,把自己各方面的才能锤炼好,只待机会一到,立刻就能担负重担。"机会只垂青有准备的人。"

4. 人无远虑,必有近忧

《论语·卫灵公》:"人无远虑,必有近忧。"

【译文】没有长远的打算,那么近期的事情就会多有忧虑,可理解为,人一直没有长远的考虑,那忧患一定近在眼前。

身处信息时代,社会工作的一个特色就是各种节奏很快。知识与技术的更新速度之快,要求我们必须不断学习,按时"充电"。即便身处一个比较安适的环境,也应当"居安思危",规划自己未来的发展。如果不思进取、得过且过的话,总有一天会被淘汰。

5. 躬自厚而薄责于人,则远怨矣

《论语·卫灵公》:"躬自厚而薄责于人,则远怨矣。"

【译文】多责备自己而少责备别人,那就可以避免别人的怨恨了。薄:少;责:责备;

远：远离、防止。

　　人与人相处未免会有各种矛盾与纠纷，为人处事应该多替别人考虑，多从他人的角度对待问题。所以，一旦产生了抵触，应该多做自我批评，而不能一味责备他人的不是。责己严，待人宽，这是保持良好、协调的人际关系所不可缺乏的原则。职场中人与人相处需要以诚相待。同事之间产生了矛盾，不要唇枪舌剑、一味地去挑对方的毛病，那样只会损害同事之间的情感，无利于职场和气。首先应该检查自我一下，自己是否有什么错误，是否对对方造成了伤害，站在他人的角度审视自己。多一些宽容，少一些非难，对人对己都是有利的。

6. 君子成人之美，不成人之恶

《论语·颜渊》："君子成人之美，不成人之恶。"

【译文】有道德的人应该成全别人的好事，不应该促成别人的坏事。

　　这句话反映了我们古老淳朴的道德观念。在孔子看来，凡是别人的好事，均应竭力成全之，不管与自己有无关系；而决不能促使别人做坏事，走上犯法的道路。旧时多用以劝人做善事。

7. 不患寡而患不均，不患贫而患不安

《论语·季氏》："不患寡而患不均，不患贫而患不安。"

【译文】（治理国家）不怕归顺的人少，而怕财富分配不均；不怕老百姓暂时还贫困，而怕他们不能安居乐业。

　　这两句名言对我们的启迪是：政策对头，分配合理，社会安定，民能安心从事生产，国家就会大治，人民就会由少到多，由贫变富。反之，国家就会大乱。

8. 君子周急不继富

《论语·雍也》："君子周急不继富。"

【译文】君子应该帮助处境困窘的人，而不给富足的人再增加财富。周：周济，帮助；急：处境困窘；继：增加。

　　"周急"属于雪中送炭，若不给有急难的人以帮助，那人就很难生活下去，这样的帮助是急需的；而"继富"相对来说就可有可无，即便不给以帮助，对方的处境也不错，这样的帮助至多是"锦上添花"，并非必需。本句可用于说明助人要看对象，要帮助那些真正需要帮助的人。

9. 见贤思齐焉，见不贤而内自省也

《论语·里仁》："见贤思齐焉，见不贤而内自省也。"

【译文】看见贤人就希望向他看齐，看见不贤的人就应该在内心反省一下自己有没有和他一样的毛病。齐：看齐；内：内心；自省：自我检查，反省。

　　见贤思齐，就是自觉地树立榜样，督促自己不断地上进。见不贤而内自省，就是对照别人检查自己，吸取教训，使自己不犯同样的错误。正在成长中的青少年尤其应当牢记这个格言。人应该经常学习别人的长处，借鉴别人的失误。"见贤思齐"的成语使用率很高，用以形容虚心向有才德的人学习，注意自身修养。

10. 岁寒，然后知松柏之后凋也

《论语·子罕》："岁寒，然后知松柏之后凋也。"

【译文】到了岁末严寒季节，才知道松柏树是最后落叶凋零的。凋：凋零，零落。

这句话知名度很高，常比喻只有经过艰难困苦的严峻考验，才能看出一个人的品质。现在可引来赞美那些经得起严酷考验的英雄人物，或赞美坚贞不屈的高尚人格；也可用来勉励人要知难而进，不怕艰险，要经得住考验。

11. 仕而优则学，学而优则仕

《论语·子张》："仕而优则学，学而优则仕。"

【译文】做官了，有余力便去学习；学习了，有余力便去做官。仕：做官。优：有余力。

孔子的本意是强调学习、做官应兼而得之，学习不可"停止"。后世对此条的理解发生了一些变化。所谓"学而优"的"优"，不再作"有余力"解释，而把它诠释为"优异"，并且把学习优异就可以做官，明确地作为封建教育的指导思想之一，这一点与孔子的本意是有差别的。

12. 道听而途说，德之弃也

《论语·阳货》："道听而途说，德之弃也。"

【译文】从道路上听来的话，又在路上传播开去，有德之士是鄙弃这种行为的。

在孔子看来，有道德的人应该说话郑重而有证据。那种道听途说，讲话不负责任，挑拨是非，传播小道消息等行为，为君子所不齿。成语"道听途说"即由此得来，用以形容没有根据的传闻。

13. 人而无信，不知其可也

《论语·为政》："人而无信，不知其可也。"

【译文】人如果不守信用，那就不知道该怎样肯定他了！而：如果；可：认可，有"加以肯定"的意思。

信，在人为立身之本，在国为立国之本。人而无信，则无人与之交往；国而无信，则将失信于民，政策、法令很难行得通。孔子在这里以"不知其可"强调"知其不可"，表现了对"无信"者的否定，带有讽刺意味，可用以批判言而无信的人。此外，今天我们要否定一个人或一件事，仍可幽默地说"不知其可也"。

14. 德不孤，必有邻

《论语·里仁》："德不孤，必有邻。"

【译文】有道德的人是不会孤单的，一定有志同道合的人来和他相伴。

我们日常考虑问题，首先是要看我们自己是否努力，而不是旁人会以什么样的眼光来看待我们。我们知道，在现实生活中讲道德、讲原则，可能会使自己陷入某些困境里面。例如，由于放弃一些物质利益，讲道德、讲原则的人往往会被人讥笑，说他们迂腐甚至虚伪，从而给自己带来很大的思想压力。这时我们也许就会反问自己：为什么自己身边的人都不是这么做的？我们是不是做错了？我们是不是真的迂腐、虚伪？答案是否定的。在古人看来，只要真是道德君子，那么即便在短时间内或许没有互相呼应的伙伴，但是时间长了就总会有同样性情和抱负的人过来与他亲近。"德不孤，必有邻"，孔子在这里讲的，不仅仅是一种人生经验，更是一种社会生活的规律。

15. 中庸之为德也，其至矣乎

《论语·庸也》："中庸之为德也，其至矣乎"。

【译文】 做事守中，不偏不倚的品德，大概是最好的。中庸：指儒家思想的做事守中，不偏不倚；至：极、最。

中庸是孔子和儒家的主要思维，尤其作为一种道德观点，是孔子和儒家尤为倡导的。中庸属于道德行动的评估问题，也是一种德行，而且是最高的德行。宋儒说，中庸之道谓之中，平常谓庸。中庸就是不偏不倚的平凡的道理。中庸又被称为"中道"，"中道"就是不偏于对立双方的任何一方，使双方保持平衡状况；中庸还能够称为"中行"，"中行"是说人的举止、德行都不偏于任何一方，对峙的双方相互牵制，互相弥补。

总之，中庸是一种调和协调的思维。不偏不倚与没有原则、随声附和不同，这是一种必要的和谐、必不可少的关联。在职场中很多时候往往需要这种为人处世的立场，由于职场也是一个大家庭，假如一味地讲求个性，没有集体配合意识，会搞得一团糟，也不利于群体的发展。因而，在不违反准则的情形下，坚持一个中庸之道，确实是理智之举。

二、职场之术——程序和规则

常言道：国有国法，家有家规。规则始终与我们每个人相伴，特别是身在职场的人们，无论从事什么行业，做什么具体工作，都是尽量去熟悉和了解职场的规则和程序，否则一旦不小心触犯了它，后果难以预料。以下对职场常见程序和规则作简要介绍。

1. 学会尊敬和服从上级

有的人在工作中有时和领导的意见不一致，或者触及了个人、部门的利益，便和领导大声争吵、甚至拍桌子，这是严重违背职场规则的行为。事后，表面上领导会说，我能理解你，但心里总是会有些不舒服。上级考虑问题更多的要从一个团队或组织的整体角度，而很难兼顾到每一个人。上级要开展工作，是必须要掌握一定的资源和权力的。

对于一个下级来讲，主动配合上级共同完成集体和自己的工作是首先要考虑的。即使领导做错了，也要给他留情面，不要当场让领导下不了台。在一个团队或组织中，下级尊敬和服从上级也是确保一个团队或组织能够完成目标的重要条件。但是如果作为员工，不能站在团队或组织的高度来思考问题，而只是站在自己的角度、从自己的利益出发，不服从管理，那么这样的一个员工将很难在一个团队或组织里生存，更不要谈发展。

2. 及时与领导保持沟通

如果你的工作暂时还不能达到上级的要求，一定要及时和上级进行沟通，要让他知道你的工作进度以及努力方向。在实际工作中，有的工作需要一定的时间来保证，可能在一定时期内你的工作还没有让别人看到显著成绩。这时不要和你的上级距离太远，你要创造一定的条件去和他进行沟通，让他知道你是在努力工作，并要让他知道你的工作进度和计划以及就要取得的成绩。如果你这样做了，上级一般不会去责备你，而且他还会利用他所掌握的资源，给你提供一些帮助和建议，这样就会加快你工作的进度，使你提前取得工作成绩。

工作完成后一定要在第一时间内向上级汇报，时间一定不要超过四个小时，也就是国际上通用的"四小时复命制"。如果工作完成需要很长时间，就要分几次汇报，比如一个星期才能完成，则分别应在第一天晚上、第三天、第六天汇报一次，完成后再汇报一次。

3. 及时完成领导交给的任务

领导安排的任务，必须尽快完成。在职场之中，有时上级会安排一些临时性的工作给你，这些工作有时可能会非常紧急和重要，一定要尽快完成，完成后尽快汇报。如果领导安排有误，要马上向领导说明。说明时不要过于强硬，一定注意方法要委婉，提出自己的建议。可以这么说："××领导或××经理，刚才安排的事情我一定努力完成，但是有个地方我觉着有点疑问，您看看我这样理解对不对……"一定切记，下属对上司只有建议权。如果领导执意按照自己的意见去做，要努力执行，但在执行的过程中，尽量将损失降低到最低程度。

工作完成后，取得了优秀的成绩，总结或领奖的时候，在成绩面前不要贪功，不要忘记了给你自己支持和帮助的各级领导，不要忘了一起工作的同事，是大家共同努力的结果，要把他们的功劳都汇报上。

4. 满怀感恩之心

一个人的成长，要感谢父母的养育，感谢师长的教诲，感谢单位提供的工作机会，感谢领导和上司的栽培，感谢周围的人的帮助。没有父母养育，没有师长教诲，没有工作机会，没有大众助益，我们何能存于天地之间！

感恩不但是美德，而且是为人的基本条件！为什么我们能够原谅一个陌生人的过失，却对自己的领导耿耿于怀；为什么我们可以为一个陌生人的点滴恩惠而感激不尽，却无视朝夕相处的同事的种种帮助，视之为理所当然；如果我们在工作中能始终怀抱着一颗感恩的心，单位给予你的机会就会大不一样。

不懂得感恩的人，在单位里，难以成为称职的员工；不懂得感恩的人永远都得不到重用；不懂得感恩的人永远都不会成功的。不要忘了感谢你周围的人、你的同事，感谢给你提供机会的领导和上司。因为他们了解你、支持你。大声说出你的感谢，让他们知道你感激他们的信任和帮助。请注意，一定要说出来，并且要经常说！这样可以增强你的人际关系，增强公司的凝聚力。

5. 对组织或领导有意见采取正确的方法解决

作为一个员工，在一个团队或组织里，受到委屈甚至不公平的待遇都是经常发生的。在遇到委屈或不公正的待遇时，员工可以选择通过一定的程序和方式提出，按照公司反映问题的有关规定处理。如果公司没有相关的规定，一般情况下，可以找领导心平气和地进行沟通，说明自己的情况和用意。如果没有作用，可以找领导的上级逐级进行反映。如果还是没有任何作用，可以到人事部门或企管部门反映。

但是采取煽动闹事的方式或公开对抗的方式来解决问题，往往容易把自己推到一个更加不利的境地。因为这种方式，作为一个团队或组织是绝对不能容忍的，结果可能就会问题没有得到解决，自己已经被辞退。如果造成恶劣的影响或严重的后果，就会使自己面临法律的惩戒。切忌采取煽动同事公开与团队或组织进行对抗的方式来解决问题，如果你的行动影响到了一个组织的正常运转，甚至还可能触犯法律。

6. 完成上级安排的临时性工作，一定要及时反馈

在职场之中，有时上级会安排一些临时性的工作给你，这些工作有时可能会非常紧急和重要，有时会要求完成和反馈时限。在实际工作中，尽量要在完成工作后的第一时间内回复。

作为下级，在接到上级安排的临时性工作时，如果能够完成，则不要推托，而且不管上级是否要求完成和反馈时限，都应该按照工作的性质和紧急程度向上级及时进行反馈。不可工作安排后，就不管不顾或没有回复了。如果一旦是这样，不但可能使上级不敢再相信你，而且今后也可能丧失许多的机会。如果自己感到没有能力完成，也应在接到工作时向上级提出，以便上级能够找其他人来完成。

7. 帮助上级成功就是帮助自己成功

由于工作使大家走到了一起，所谓同事首先就是一种合作关系。而如何和上级合作好，对任何一个身在职场之中的人都是极其重要的。尤其上级手中所掌握的资源和影响力对一个人在职场的发展都会起到至关重要的作用。

帮助上级主要有以下的益处：第一，上级就会把一些更多的锻炼机会提供给他们，而且愿意去培养他们，把自己的一些经验传授给他们。第二，由于能够替上级去分担工作，他们自己就会逐步熟悉上级的工作内容和技巧，从上级那里学到职场上必备的工作方法和技能。第三，当上级由于工作出色得到进一步提升时，他首先会考虑把能够升迁的机会提供和推荐给优秀的下属。机会不是从天而降的，更多时候是要靠自己去争取和努力。

8. 建立正常和谐的人际关系，不要加入小团体

在单位中，一定要团结大多数的同事、工友，不要加入小团体。由于你与几位同事合作比较密切，又比较谈得来，于是你们几个人便经常聚在一起。久而久之，你们的情谊越来越深，工作上也只为几个人的利益考虑，把单位利益放在一边，甚至为了你们的小集体的利益而违反公司的规章制度。这样，在单位其他同事的眼中，你们形成了一个小团体。一旦领导把你当成小团体的一员打入黑名单，你就会得不偿失，因为领导对小团体总有不信任感，对

小团体里的人，会有很多顾虑。

三、职场禁忌

职场是人际交往的主战场。与领导和同事的相处都是一种学问。人们往往知道的是显性的"有所为"，而实际上，隐性的"有所不为"对每个职场人来说是更为必要的。以下推荐职场禁忌行为之主要，晓之以理，悟其精髓，以为步入职场前做准备与铺垫。

1. 与领导相处忌锋芒毕露

锋芒太露，必遭人忌。我们常见有一些人，稍有成就便得意忘形，以为自己绝顶聪明，别人算不得什么，妄自尊大，殊不知树敌太多，事事必受他人阻挠。

老子曾经说过："良贾深藏若虚，君子盛德，容貌若愚。"即善于做生意的人，总是隐藏其宝货，不叫人轻易看见；君子之人，品德高尚，容貌却显得愚笨拙劣。因此告诫世人，做人不可锋芒毕露。

一个人的成长和进步是离不开领导者的栽培和提携的。要获得领导的欣赏，与之相处之时首要一点就是维护他的权威，懂得他内心深处的需求。只有体察到他的行事意图，才能够成为领导工作中的得力助手，不会因不慎的言辞使自己的事业横生枝节。工作中所取得的成绩，会给你带来一定的荣耀。在荣耀到来时，要把这份荣誉归功于上司和同事，否则，独享荣耀的后果，会严重影响你在公司的人际关系。

如果不锋芒毕露，可能永远得不到重任；可是，锋芒太露又易招人嫉妒。锋芒毕露的人虽然取得了暂时成功，却为自己掘好了坟墓；虽然施展了自己的才华，却也埋下了危机的种子。所以，当你在工作上有特别表现而受到肯定时，千万记住不要锋芒毕露，否则这份锋芒会为你带来人际关系上的危机。

2. 不要替领导做决定

献策，而非决策。真正成为领导靠得住、信得过、离不开的得力助手，就必须把握职场工作的特点，找准自己的位置。和领导沟通最重要的一条是：不要代替领导做决定，而是在领导的同意下针对其工作习惯和时间对各种事务进行酌情处理。

领导才是决策者，无论事情的大小都有必要听取他的建议，这样才是对领导的尊重。员工的工作归根结底是为单位的利益，也完全围绕着企业管理者的意图展开，因此需要了解领导的工作风格、工作方式、工作重心及紧急程度，了解领导的人际网络，理解他的工作压力。

对待不同性格的老板，都要保持耐心与宽容，多倾听和征询老板的意见和建议，少做一些不容辩驳的决定和争论，即使你可能是对的。对待能力不强的上级，同样要保持尊重，不擅自行动和做决定。

3. 切勿在同事间议论上司

许多人都有一个通病，就是在闲暇的时候喜欢议论他人。但是千万要记住，议论也要分场合和对象。闲暇的时候与同事聊天，不注意说了关于上司和公司的坏话，结果传到了上司的耳中，上司对你的态度就会有很大的转变。这种事在现实生活中常见，这就是人们常说的"祸从口出"。所以，和同事不要议论上司，一定要注意这一点。

4. 不要有厌职情绪

厌职情绪使我们失去了工作的乐趣，还会严重地影响到我们的工作和生活，我们应该及早消除它。要消除厌职情绪，就要保持良好的工作心态，合理安排工作和生活，这样才能找回一个原本充满激情与活力的自己。

每个人在刚跨入职场之初，不但干劲十足、激情高涨，而且对自己的职业前途寄予厚望。但是过了不久，就会感觉到自己像机器人一样，这就是所谓的厌职情绪。厌职情绪会严重地影响到我们的工作和生活，我们应该及早消除厌职情绪，找回当初工作时的那个激情飞扬的自己。

当我们长时间地在某一环境下工作之后，很容易成为技术娴熟的工作骨干，但日复一日地重复相同而琐碎的事务，就有一种被掏空了的感觉，自己无法左右自己的工作。再加上很少得到上级的表扬，或者经常得到不好的评价，就很容易产生一种无助感，从而导致厌职情绪。

其实出现这种情绪，主要是因为这些人只知道单一工作，而没有明白自己工作的价值。只要在工作中树立起使命感，明确自己要实现一定的价值的话，就能在个人工作中产生前进的动力。要在工作中树立起使命感，就会主动地为自己出点儿难题，每天都有难题处理，你自然就会活得充实，坚持不懈下去，你就能发现自己每天都在进步，每天都会感到快乐。

要学会合理地调整自我。善于安排个人精力的人总是感觉到生活是轻松的，工作是愉快的。为了达到这种境界，你应该对所有的工作都作好计划，并在规定的时间内完成。工作结束后，要充分利用自己的闲暇时间，切忌将工作带回家做。对于个人的进展应该定期进行"标记"，以便让自己明白，目前已经完成了什么，还有什么工作没有完成；对没有完成的任务，应该规划好完成的时间，并在某段时间合理分配自己的精力，从而使工作、学习、生活、娱乐尽量做到更加有效，而且能够很好地自我循环，自我提升。

5. 不要占有他人功劳

在竞争激烈的工作环境中，有些人喜欢把别人的功劳占为己有。这样的人，不去创造业绩，而是偷偷地去占有别人的功劳，到最后只能是既损人又不利己。

做人就要坦坦荡荡，身在职场，不是自己的功劳，就不要挖空心思去占有。不抢功、不夺功，这样的人不仅人际关系好，而且会永立于不败之地。

古人云："不见己短，愚也，见而护之，愚之愚也；不见人长，恶也，见而掩之，恶之恶也。"因此我们要想在工作中获得真正的竞争优势，就应该在不断地完善和充实自己的同时坚守正确的职业道德。

6. 切勿独享荣耀

职场的黄金原则就是要与同事合作，有福同享，有难共当。当你在职场上小有成就时，当然值得庆幸。但是你要明白：如果这一成绩的取得是集体的功劳，离不开同事的帮助，那你就不能独占功劳，要与同事共同分享。

在职业生涯中，最恰当的处世之道就是当你的工作和事业有了成就时，千万记得不要独自享受。要让自己拥有团队意识，摒弃"自视清高"的作风，换之"众人拾柴火焰高"的职业意识。只要注意到这一点，你获得的荣耀就会助你更上一层楼，你的人际关系也将更进一步。

7. 勿传播同事的隐私

真正聪明的人，是懂得不要对别人的隐私抱有好奇心的，要知道有些事只能点到为止，才能给自己也给他人留下一片自由呼吸的空间和良好相处的空间。

每个人都有好奇心，但这种好奇心经常无意中成了制造矛盾的根源。大家在一起谈论其他同事，将他人隐私传播出去，就容易制造同事之间的矛盾，使办公室人人自危。

对同事的隐私的传播会造成很大的影响，会使该同事在办公室中轻者羞愧，重者颜面扫地。该同事会对你恨之入骨，你与他的友情会戛然而止，也许在工作中还会成为对头。同时办公室的同事会对你另眼相看，与你的距离将会变得遥远。这样做，不利于你与其他同事的相处，也不利于办公室的团结。

8. 不在其位，不谋其政

你必须明白，处于不同层次的人，决策权限是不一样的，有些决策你可以做，有些决策必须由上司做。每一个人都有属于自己的位子。

在我们的工作中，每一个人都有属于自己的位子。经常替别人做决定，难免不受到上司的戒备、同僚的排挤。知道什么事情该做，什么事情不该做，是一种智慧，更是一种气度。把本职工作做好，对于超出自己工作范围的工作，即使能力足够，也不要插手，如此才能不越位、不越权，才能走出一条平稳的发展之路。

在实际生活中，有作为的人应该找准自己的位置，知道哪些事该做，哪些事不该做，把握好适度的原则，而不要越位。这样，才能够与别人和谐相处，并得到他人的信任和赏识，在个人事业的发展上，也会少一些不必要的阻碍。

9. 不要把话说得太满

杯子留有空间，就不会因挪动而溢出来；气球留有空间，便不会轻易爆炸；人说话留有空间，便不会因为"意外"出现而下不了台，因而可以从容转身。

我们在工作中更应该注意，上级交办的事当然应接受，但不要说"保证没问题"，应代以"应该没问题，我全力以赴"之类的字眼。这是为了万一自己做不到所留的后路，而这样说事实上也无损你的诚意，反而更显出你的谨慎，别人会因此更信赖你，即便事情没做好，也不会责怪你。

说话不留余地等于不留退路，要么成功、要么失败的简单逻辑已不适合复杂多变的社会。为此付出的代价有时是你无法承受的，与其与自己较劲儿，不如多用一些缓和语气的说话方式给自己留有后路。

10. 与同事相处不要情绪化

凡事要三思而行，考虑任何问题，都要看到它的正面和负面，切忌片面性和情绪化。有忧患意识，才是做人成熟的表现。

每个人对事物的看法和观念都带有强烈的感情色彩，这种感情色彩带有非常明显的个性特征。人们之间的喜好有时候是无法相容的。但是在办公室，这种情况一定要控制，无论遇到什么事情，都要冷静理智，千万不要意气用事。

在工作中，什么样的情况都可能发生，什么样的事情都可能遇到，因此在处理工作和事务时，要学会控制自己的情绪，不要轻易地把自己的情绪表露出来，以免伤害别人。不加控制地直接流露自己的喜怒哀乐，也显示出自己本身修养不够。

小贴士

教化德治

教化德治主要是讲道德教育、道德修养的意义和方法，有教化、表率、家教、易俗、德治等几类，这里大体是按儒家八条目，即格物、致知、诚意、正心、修养、齐家、治国、平天下的顺序来编排的。这八条目中讲得最多的还是修齐治平这四条，这也就是先把自身的道德修养搞好，然后把家治好，再来治国，国家强盛后，就可以平天下。

教化德治强调的道德修养教化是由个人的修养开始直到平天下，一层一层逐步发展的过程。这里面最基本、最重要的是修身。儒家讲"自天子以至庶人，皆是以修身为本"，修身是本，修身之后才能齐家，即把家治好。齐家以后治国，治国只能用德治，也就是用道德来治理国家。用王道，不能用霸道，让老百姓心服口服，这样，国家才能长治久安。

（资料来源：翟振元、夏伟东：《中国传统道德讲义》，文字有改动。）

小知识

心态决定一切

最好的执行者，都是自动自发的人，他们自信自己极有能力完成任务。这样的人的个人价值和自尊是发自内心的，而不是来自他人。也就是说，他们不是凭一时冲动做事，也不是只为了上级的称赞，而是自动自发地、不断地追求完美。

一位心理学家在研究过程中，为了实地了解人们对于同一事情在心理上所反应出来的个体差异，来到一所正在建筑中的大教堂，对现场忙碌的敲石工人进行访问。

心理学家问他遇到的第一位工人："请问你在做什么？"

工人没好气地回答："在做什么？你没看到吗？我正在用着各种要命的铁锤，来敲碎这些该死的石头。而这些石头又特别的硬，害得我的手酸麻不已，这真不是人干的活。"

心理学家又找到第二位工人："请问你在做什么？"

第二位工人无奈答到："为了每天500美元的工资，我才会做这件工作，若不是为了一家人的温饱，谁愿意干这份敲石头的粗活？"

心理学家问第三位工人："请问你在做什么？"

第三位工人眼光中闪烁着喜悦的神采："我正参与兴建这座雄伟华丽的大教堂。落成之后，这里可以容纳许多人来做礼拜。虽然敲石头的工作并不轻松，但当我想到，将来会有无数的人来到这儿，再次接受上帝的爱，心中便常为这份工作献上感恩。"

同样的工作，同样的环境，却有如此截然不同的感受。

第一种工人，是完全无可救药的人。可以设想，在不久的将来，他将不会得到任何工作的眷顾，甚至可能是生活的弃儿。

第二种工人，是没有责任和荣誉感的人。他们抱着为薪水而工作的态度，为了工作而工作。他们肯定不是企业可依靠和老板可依赖的员工。

第三种工人，该用什么语言赞美呢？在他们身上，看不到丝毫抱怨和不耐烦的痕迹，相反，他们是具有高度责任感和创造力的人，他们充分享受着工作的乐趣和荣誉。同时，因为他们的努力，工作也带给他们足够的荣誉。他们就是老板想要的那种员工，他们是最优秀的员工。

或许在过去的岁月里，有的人时常怀有类似第一种或第二种工人那样的消极想法，每天常常批评、抱怨、四处发牢骚，对自己的工作没有丝毫激情，在生活的无奈和无尽的抱怨中平凡地生活着。

不论你过去对工作的态度究竟如何，都不重要，毕竟那是已经过去的了，重要的是，从现在起，你未来的态度将如何？

让我们像第三种工人那样，做最优秀的员工，并时常怀抱着一颗感恩的心。

小故事

乾隆与纪晓岚

俗话说："伴君如伴虎。"即使平时再得宠，一言不慎便会祸从口出。

乾隆年间，纪晓岚以过人的才智名扬全国，深得皇上赏识。有一天，乾隆皇帝宴请大臣。大臣们吃得很开心，饮得也很畅快。乾隆皇帝诗兴大发，他出了上联："玉帝行兵，风刀雨箭云旗雷鼓天为阵。"乾隆皇帝要求百官对下联，竟然没人能对得上。乾隆皇帝这下更来兴致了，他想显示自己的才华，便点名要纪晓岚答对，想出一下这位大才子的丑。不料，纪晓岚却把下联对上来了："龙王设宴，日灯月烛山肴海酒地当盘。"话音刚落，群臣齐声赞叹。

乾隆皇帝听后却不高兴了。他面有怒色，半日沉吟不语。群臣颇为纳闷，纪晓岚当然明白是自己得罪了皇上，便接着说："圣上为天子，所以风、雨、云、雷都归您调遣，威震天下；小臣酒囊饭袋，所以希望连日、月、山、海都能在酒席之中。可见，圣上是好大神威，而小臣我只不过是好大肚皮而已。"乾隆一听，立即笑逐颜开，连忙表扬纪晓岚，说："饭量虽好，但若无胸藏万卷之书，又哪有这么大的肚皮。"

乾隆皇帝出的上联显示了一代帝王的豪迈气概，不料纪晓岚下联一出，十分工整，显不出乾隆皇帝上联的才气。乾隆听了自然不快。幸好，纪晓岚及时发现并为自己开脱，有意抬高乾隆皇帝，贬低自己。自然，君臣一唱一和，皆大欢喜。

（资料来源：www.baidu.com，文字有改动。）

【学习《平"语"近人》】

学习习近平总书记多年来一系列重要讲话、文章、谈话中,所引用的中华古代经典名言和文籍警句,重温经史典章,重拾民族之根,重振复兴梦想,做推动传播和践行习近平新时代中国特色社会主义思想之青年先锋。

观、读、释、谈、问、诵,《平"语"近人》之《绝知此事要躬行》篇。

《平"语"近人》第七集:空谈没有希望,实干铸就辉煌

学习心得:

_____
_____
_____
_____
_____
_____
_____
_____
_____
_____
_____
_____
_____
_____
_____
_____
_____

丙篇　经世济国——会计职业道德

《抱朴子·审举》有云:"故披洪范而知箕子有经世之器,览九术而见范生怀治国之略。"经世治国,给才情于社稷;恭身行道,付青春于黎民。

末章
会计职业道德的产生与发展

一、会计职业与会计行为规范

会计行业作为市场经济活动的一个重要领域，主要提供会计信息服务，其服务质量的好坏直接影响着经营者、投资人和社会公众的利益，进而影响着整个社会的经济秩序。会计人员在提供会计信息服务过程中，除了必须将本职工作置于法律、法规的约束和规范之下，还必须具备与其职能相适应的职业道德水平。

1996年6月，财政部颁布的《会计基础工作规范》，首次较系统地提出了会计职业道德的具体要求。1999年10月，第九届全国人大常委会第十二次会议修订的《中华人民共和国会计法》（以下简称《会计法》）规定："会计人员应当遵守职业道德，提高业务素质。"首次将会计人员应当遵守职业道德的要求写进《会计法》。2017年11月，新修订的《会计法》，继续强调"会计人员应当遵守职业道德，提高业务素质。"，将遵守会计职业道德作为从事会计工作的基本条件。经过长期不懈努力，我国已经构建了与社会经济发展阶段相适应的会计职业道德体系。

随着改革开放的不断深入和社会经济的快速发展，我国会计职业活动的内容越来越广泛和丰富，会计在经济管理中的职能作用也在不断扩展和深化。会计职业活动从传统的记账、算账、报账、核账、查账等，逐步延伸到价值管理、资本运营、风险控制、决策支持等多个方面，会计工作对社会经济活动的影响越来越直接和明显。同时，社会经济发展也对承担更多责任的会计人员的职业道德提出了更高要求。

会计职业道德建设是我国社会主义职业道德体系建设的重要组成部分，是社会主义市场经济健康发展的根本要求。因此，要按照新时代我国社会主义职业道德建设的新要求和会计职业发展的新变化，建立健全我国会计职业道德规范体系，全面提升我国会计人员的道德素养，不断提高会计信息质量，促进会计工作更好地服务社会经济发展。

（一）会计职业特点

会计是以货币为主要计量单位，连续、系统、综合、全面地对企业及其他组织的经济活动进行核算与监督，并做出预测、参与决策、控制和分析，旨在提高经济效益的经济管理活动。简言之，会计的本质就在于它是一种经济管理活动。

会计职业特点包括：

1. 以提供真实的财务信息为主要职业责任

不同的职业有不同的职业责任，会计与其他职业不同，它是以为社会提供真实可靠的财务信息，履行会计核算和监督以及预测、分析、控制、决策为职业责任的。

2. 会计服务对象是多元化的

会计产生的早期，主要为记录会计主体的经济活动过程，服务对象是单一的，就是被它所反映的会计主体。随着社会发展和进步，会计的地位越来越重要，服务的领域越来越大，服务对象逐步超越了会计主体的范围，呈现出多元化态势。在现代经济社会，会计活动除了为本单位内部管理提供财务信息之外，还要为政府部门、社会经济组织、投资者等提供财务信息。

3. 会计职业是一种中介性的活动

现代会计是以现代企业为主体的，而现代企业存在金字塔式多层级委托代理关系。例如，我国实行的是以公有制为主体、多种经济成分并存的制度，国家将国有企业委托给经理阶层经营、管理。它们之间的关系是国家作为主要的委托人，经理作为代理人，会计人作为中介人。

会计处于现代企业体系中的中介环节，表现在以下几个方面：首先，会计人员处于委托人与代理人之间，处于中介地位。在这种中介关系中，会计受托于企业的代理人——企业管理者，为管理者服务。通过确认、记录、计量、报告企业的经营过程和结果，来反映企业受托责任的完成情况。其次，会计还间接受托于企业外部委托者，如股东、债权人和国家有关机构。会计提供信息的行为实际是企业行为的一个组成部分，也是企业受托责任的连带责任，会计是企业与外界联系的一个重要桥梁和中介。但是，一个单位的会计机构所提供的信息是否真实、客观，能否取信于委托者，需要对其进行鉴定。会计信息是由社会中介组织——会计师事务所及其注册会计师进行鉴证，由他们独立、公正地出具审计报告，并对审计报告承担法律责任。可见，作为会计职业重要部分的注册会计师业，其中介性特征更为明显。

4. 会计职业具有社会性和公共性

由于会计服务对象呈现多元化倾向，会计除保留传统的为会计主体内部服务以外，越来越多地为各种社会经济管理、决策机构提供服务，还有国家及各级政府决策部门的决策也更多地依赖于真实、客观的会计信息，如国家税收政策的制定，文化、教育、卫生、民政等社会公共事业发展政策的制定等，都无不有赖于会计信息，因此，会计就具有了公共性特征。会计行为不单是个体的选择，还关系到社会的其他方面。会计行为结果不仅仅影响到会计行为的主体，而且还影响到社会整体、广大公众、其他群体和个体。

（二）会计的职能

会计职能是指会计本身所固有的内在功能。会计的基本职能是核算和监督。现代会计还具有预测、决策、控制、分析的职能,它们是会计基本职能的延伸和扩展。

1. 会计的基本职能

会计职能是会计所具有的内在功能,它是会计本质特征的具体反映。会计的基本职能是核算和监督。

(1) 会计核算职能。会计核算是指会计工作中记账、算账、报账的总称。会计核算职能是指会计通过价值量对经济活动进行确认、计量、记录,并予以公正报告的功能。会计通过运用货币(在我国以人民币作为记账本位币)作为主要的计量单位,通过设置账簿、填制凭证、运用一定记账方法登记账簿、编制会计报表等,对经济活动进行确认、计量、记录,将资料系统化和汇总,形成一套系统而完整的会计信息资料,用以及时地反映经济活动的过程和成果。传统的会计核算,主要是对经济活动进行事后记账、算账和报账。而现代经济活动中,会计核算还包括了事前和事中的核算。

(2) 会计监督职能。会计监督主要指单位内部会计机构、会计人员通过会计核算、记录、计算、分析和检查等会计工作,对国家机关、社会团体、公司、企业、事业单位和其他组织的经济活动的合法性、合理性,会计资料的真实性、完整性及本单位内部预算执行情况所进行的监督。会计监督是会计的一项重要职能。会计监督职能是对经济活动进行事前、事中和事后的检查控制,使经济活动符合经济规律和有关规定的要求,以达到维护财经纪律,保护财产安全,防止浪费和减少损失的预期目标。

2. 会计职能的发展

会计职能是社会发展的一个方面,随着社会的前进,现代会计职能在原有的核算和监督两大基本职能的基础上进一步派生出包括预测、决策、控制和分析在内的新职能。其中,会计预测是指根据已有的会计信息和其他信息资料,对客观经济过程及其发展趋势进行预先估计、判断和推测,找出预定目标,作为下一个会计期间经济活动的指南。会计决策是指在会计预测的基础上,按照一定的目标从若干方案中选择最优方案的过程。会计控制是通过会计工作对经济活动进行干预或施加影响,使之符合经济规律的要求和符合国家经济方针、政策、制度的规定,保证资金和财产的完整并使其不断增值,达到宏观与微观经济效益的统一。会计分析是指以会计核算资料为基础,结合其他有关资料,运用专门的方法,对经济活动过程和财务成果进行分析,肯定成绩,发现问题,找出原因,总结经验,提出措施,以便改进经济管理工作。

3. 会计行为分析

(1) 会计行为的本质特征。会计行为,是会计行为主体按照会计行为目标的要求,遵循一定的行为规则,利用会计这门学科所特有的理论方法、手段,对会计主体因其经济活动而引发的交易、事项和情况,即会计事项进行处理,形成会计信息并传递给其使用者的一种实践活动。

会计行为的本质特征包括:

①主体性。即会计行为是由其主体所开展的有目的实践活动。主体是行为的发出者,在行为系统中处于主导和支配地位,不同的主体具有不同的目的、不同形式的行为。会计行为

主体应包括两个层次：其一，会计行为主体首先是会计所服务的单位管理者，因为他们是法定代表，他们的行为就代表了本单位的行为，从其在单位的地位和职责来看，他们有权指挥、控制甚至操纵单位内部各职能部门或人员的行为。会计行为中的政策选择，都直接或间接地受其控制或操纵，因而会计行为是管理者行为的一部分。其二，会计行为主体更为主要的是指会计行为的具体操作者，即会计人员或由其组成的会计组织机构。他们虽然受聘于管理者，但亦有独立的人格，他们的行为动机、目的和利益要求并不总是与管理当局的相一致。一般意义上的会计行为主体主要指会计人员和由其组成的会计组织。

从一般意义具体解释，会计行为主体就是指那些具有一定的会计专业知识和技能、具有会计行为能力，并获得权威机构认可，直接参与社会实践活动，能独立或与他人协作实现会计目标的会计人员以及由其组成的会计组织机构。

②目的性。因为行为具有主体性，而主体又是有目的、有动机和其他利益追求的人，会计行为主体也不例外。会计行为主体的动机、目的是会计行为的根本动因。会计行为目标是会计行为主体在一定的会计环境下，按照会计目标的要求，在行为动机的直接影响下，开展会计行为所要达到的结果和境界。

③技术性和程序性。会计是一门应用性很强的学科，会计行为更是如此，其技术特点主要体现在会计的技术、程序、方法选择和应用上。例如，如何对经济活动引起的财务信息进行确认、计量、记录、报告等，都有一定的方法和技术（如复式记账、货币计量、设置账户等等）。会计行为本身不仅具有技术性，而且如何选择这些方法也具有技术性，如对于同一笔会计事项选择不同的会计程序和方法，可能产生不同的会计信息；不同的会计信息对于不同的使用者可能产生不同的影响，甚至产生不同的社会利益分配格局。这主要取决于会计行为主体对会计程序和方法的偏好、选择的技术甚至会计人的职业道德水平。因而，会计行为的技术性也具有双重意义。

④依存性和受制约性。任何会计行为总是依存和受制于一定的会计行为目标的。会计行为目标是会计行为主体在一定的环境中，通过自身的会计行为活动所期望达到的结果和基本要求。如某个企业有隐瞒或制造虚假利润的动机时，在不良的会计环境下，就容易出现操纵利润行为，从而达到粉饰利润的目的。

（2）会计人的需求。

①职业技术需求。这是会计人区别于其他人的主要标志。由于会计职业具有很强的知识性和技术性，随着科学技术的高速发展，社会经济水平的日益提高，经济业务对会计技术的要求也越来越高，因而会计人内在地都有一种对职业技术精益求精的"求知需求"。只有不断更新知识、提高技术水平，才能更好地适应工作需要，满足变化多端、纷繁复杂的经济活动的要求。尤其是随着国际经济日趋一体化，各种新的组织形式层出不穷，出现了许多前所未有的新问题、新业务，而这些问题的处理恰当与否又将直接影响到各方面的经济利益，处理不好甚至可能引起国际争端。同时由于电脑和互联网技术已渗透到会计职业的各个领域，会计行为手段从人工走向了自动化、电脑化、智能化，会计技术手段日益显得复杂。为了胜任工作，会计人也必须对自身的知识技能不断提升，以应对瞬息万变的经济发展需要。会计人的职业技术需求满足程度、水平高低，将直接影响会计人的其他需求的满足程度。

②职业环境需求。会计人拥有了一定的会计职业技术和行为能力后，就有选择适合于自我发展的职业环境的需求。会计职业环境是指会计行为场所各种要素的有机组合。就企业会

计人而言，他们所选择的职业环境一般包括硬环境和软环境。硬环境如企业规模、生产设备、办公设备现代化程度，以及经济效益、福利待遇、会计机构设置、人员配备等；软环境则包括企业形象、知名度和美誉度、企业文化、管理者的领导艺术和偏好、业务分工和人际关系，以及组织精神、价值观、资金、技术、人才实力和管理水平、办事效率等。会计人在职业选择时往往倾向于能与自身价值观相一致的、能充分发挥自己潜能的企业或组织。

③职业成就需求。会计人在基本的生存、安全、归属需要得到满足后，总要谋求更高层次的需要——获得尊重和自我价值实现的满足，而这往往表现为职业成就感。这种职业成就感来源于职业贡献。职业贡献就是指会计人对所服务的对象所付出的努力与代价。它既是其实现自我价值的手段，也是实现自我价值的表现形式。职业贡献是获得尊重、重视、实现自我价值的必要条件，也是会计人的使命感和成就感的具体化。每个会计人都有向所服务的对象做出贡献并获得承认、尊重，以证明自己的能力和存在的价值的愿望。

凡有职业贡献需求的人，往往职业道德水准较高，能全心全意投入工作，比较容易获得职业成就感。例如，一些会计人，在本职工作中埋头苦干、不计报酬、不计名利，为管理者出谋划策，不遗余力地做好决策服务工作，就是职业成就需求驱使的结果；还有一些会计人，能够坚持原则，不随波逐流，即便面临各方面施加的压力，仍然能坚持公正、客观地反映企业的受托责任履行情况，不怕打击报复，甚至牺牲生命也在所不惜，表现出良好的职业道德水平。职业贡献不仅体现了自我价值的实现，而且还体现了会计人的责任感、良心等道德的要求。

④职业报酬需求。会计人的职业报酬是会计人的最基本的需求，也是其他各种职业需求的必然结果。职业报酬分为有形报酬和无形报酬。前者指货币化报酬，会计人的衣、食、住、行的"生理需求"，以及赡养家眷、繁衍生息等，都必须来自会计人的货币化职业报酬需求的满足。后者指会计人的职务、职称的晋升，社会地位、名誉的提高和受重视的需求，以及其他精神奖励等需求。

（3）会计行为动机。会计行为动机是会计人开展会计行为的内部驱动力，它是引发、指导、维持会计行为的力量源泉。会计人有什么样的需求，就必然有什么样的行为动机，尽管它们并不呈一一对应的关系。会计行为动机是会计行为千差万别的总根源，也是各种行为结果的总论释。例如，有的单位会计人员为了维护本单位的利益，可以选择对本单位有利而对社会、公众不利的方法，任意歪曲、篡改会计数据，提供虚假的信息等；注册会计师为了履行职业责任，依法鉴证会计信息，提供公正、客观的审计报告等。可见，不同的会计行为动机，可导致提供不同的会计信息。而不同的会计信息对不同的信息使用者具有不同的效用，因而会计行为动机不仅是会计人个人偏好、个人利益的问题，而且是一个涉及方方面面利益的社会问题。会计人的行为动机概括为如下三个方面：

①追逐经济利益的动机。这是从会计人对会计职业报酬需求转化而来的主要目标对象。在高度发达的商品经济社会中，这种追逐经济利益的动机主要表现在两个方面：其一是对货币收入量的追求动机，因为货币是满足任何经济需求的主要手段，货币收入量的多少，一定程度上标志着其经济利益需求的满足程度，而货币数量的满足程度，则主要依靠其在单位中获得的工薪、奖金等的多少。其二是福利待遇，如住房、劳动保障、社会保险等，而这些又主要取决于两个影响因素：一是单位的经济效益好坏。单位经济效益好，一般说来，货币收入量就多，福利待遇就好。从这一角度看，会计人的利益就与单位的利益具有相一致之处。

二是单位领导对会计人的重视。在单位经济利益一定的情况下，若单位领导对会计人较为重视，则其福利待遇将能获得较大的满足。从这一角度看，会计人利益与单位领导的利益亦有相一致之处。在现实生活中，后一因素对会计人福利待遇的影响往往大于前一因素。因而，一旦单位利益与国家利益、股东利益不相一致时，会计人往往可能会偏向于前者，主动或被动地听命于单位领导，甚至主动与其合谋，替其出谋划策，诸如在费用摊配、成本计算、折旧计提、存货计价、报表编制等方法的选择上，倾向于单位利益，从而偏离会计中介人的立场，导致会计信息失真，损害国家利益、投资者利益，扰乱经济秩序。

②追逐地位、名誉、友爱、受尊重的动机。这与会计人的归属和尊重需求相关。会计人不仅有追求经济利益的动机，还有对地位、名誉、友爱、受尊重、受重视的向往和追求。这些向往的实现不仅需要会计的职业技能、职业贡献，而且更需要其感情投资，需要同单位领导有融洽的关系。只有这样才能得到其好感、重视与尊重，进而才能得到赏识、提拔和重用，被给予各种奖励、名誉和地位。鉴于会计人的此种动机和依附性，会计行为一般都会倾向于单位领导，这样又往往使会计行为偏离会计法规、会计准则的要求，会计信息的真实性、公正性大大地打了折扣。

③追逐自我价值实现的动机。每个会计人的价值观不同，动机也不尽相同，对同一会计事项的处理也不可能一致。有的会计人对名利比较淡泊，能站在公正立场上，按照有关会计法规、职业道德规范的要求，排除一切干扰，客观、公正地反映经济活动的真实情况，追求自我价值的实现。这种动机是高尚的、美好的，受到社会的承认、赞扬。会计人这一动机及其行为，协调了集体与国家、经营者与所有者等方面的关系，使各方面利益趋于同向，这是最理想的状态。然而，很多情况下，这些不同的利益主体具有潜在的利益冲突。单位领导者有时会利用信息的不对称性开展利己行为，如截留利润、虚报盈亏、私分财产等等。这些行为都离不开会计人的参与。在此情况下，会计人自我价值实现的动机就难免与单位领导追逐私利的动机相冲突。有的会计人能坚持公正立场，忠于职守，不怕打击，客观反映；而有的会计人则经不起考验，妥协让步，或者离开原单位，另谋出路。会计人与单位领导的矛盾主要也就根源于此。

此外，会计行为动机还容易受到其他有关因素的影响。就会计人自身而言，主要是受其个性、价值观等影响。个性是人在特定的社会环境中形成的一种较为稳定的心理倾向和行为特征，是决定人的行为动机差异的主要原因之一。价值观则是人们对周围客观事物的意义、重要性的总的看法和评价。一个认为金钱最有价值的会计人，就会在工作中尽可能地追逐金钱而不惜损害他人利益；而一个把获得社会的尊重、肯定和荣誉作为人生追求的会计人，则能以国家利益、社会责任为重，具有高度的责任感和事业心，遵守职业道德规范，认真地履行职业义务。

4. 会计行为规范

（1）会计行为规范的意义。会计行为规范，是指约束会计行为的标准与典范。从广义上看，它涵盖了一切对会计运行具有影响的要求，包括了会计信息生成的一般技术规程的会计准则。而从狭义上看，会计行为规范特指直接针对会计行为主体做出约束和限制的有关规定和要求。从行为规范所具有的一般功能和意义的角度来看，会计行为规范的意义在于：

①提供了行为主体在从事会计活动时所应遵守、执行的标准。由于行为规范通常规定了

什么是应该做的、什么是不应该做的，什么有效、什么无效等，这就为行为人提供了一个事前的判断标准和行动指南，明确了其活动空间和界限。

②确立了对会计行为进行评价、监督的依据。行为规范不仅是行为人执行的事前标准，也是对其进行事后监督评价的尺度和依据，这两者实际上是密不可分的，并且，由于行为规范确立了行为的标准，明晰了当事人的权利义务，某种程度上可视作一种人所共悉的"公共规则"，这样可起到降低当事人与监督评价方的交易费用、节约监督成本的作用。

③提供了会计行为优化的一种激励机制。行为规范往往内设了一定的奖惩机制，为当事人对各种行为的结果提供了一种稳定的预期，他们据此计算风险值并权衡利弊，然后根据趋利避害原则做出选择。只要是一项设计合理的行为规范，将使得行为人违反的成本高于其收益，从而促使其行为趋向合理、优化。如《中华人民共和国会计法》（以下简称《会计法》）除对一系列违反行为规定了相关罚则和法律责任外，还规定"对认真执行本法，忠于职守，坚持原则，做出显著成绩的会计人员，给予精神或物质奖励。"

（2）会计行为规范的作用。会计行为规范的作用主要体现在以下三个方面：

①约束会计人的不良行为动机，防止会计人利己动机无限膨胀而危害社会利益。会计行为受其动机的驱使，有什么样的动机往往就有什么样的行为，并产生相应的行为结果。会计行为动机来自于个人的需求，由于"需求的无限性和不可同时满足性"，往往导致私欲膨胀，形成利己动机，产生不良行为。会计人在委托人和代理人之间充当中介人的角色，如果不对其加以规范，在利己动机的驱使下，加上有关方面的压力和引诱，往往会倾向某一方，产生机会主义行为，而失去中介人公平的本质。

如果会计人倾向于任何一方，都可能给另一方造成很大的经济损失。例如，在国有企业内部，由于会计人与企业代理人之间有着各种更为直接的利益关系，企业经理经不住"官出数字，数字出官"（即以虚假的数字反映虚假的政绩，欺上瞒下，谋求权位的升迁）的诱惑，指使、操纵会计人员提供失真的会计信息，达到"以数谋官""以数谋位""以数谋私"的目的。同时，还有不少企业制造虚假的会计信息，导致了国有资产贬值、税收流失、股市波动、投资者亏损等。这种种现象都同会计人的行为有关，因而只有对会计人加以严格的规范，才能保证其行为公正性，保护委托人的利益；只有通过建立规范机制才能限制会计人的不良动机，确保其行为的合理、合法性和符合社会公众利益性。

②使会计目标与会计行为目标趋于一致、协调。会计目标和会计行为目标，两者有着密切的联系，但也有区别。会计行为目标包含会计目标，会计目标仅是会计行为目标函数的一个因素。用公式表示就是：

会计行为目标 = f（会计目标，会计行为动机）

为了使会计目标在会计行为目标中成为主要矛盾，处于主导地位，就要限制会计人的不良动机，使其利益与社会利益、企业利益、委托人利益基本一致，二者的偏差缩小到最低程度。只有对会计行为进行规范，才能限制其不良行为的动机因素，使会计行为目标与会计目标趋于一致，即反映受托责任的履行情况，为各利害关系集团或个人策提供真实、有用的信息。

③协调会计人与各有关方面的关系。

其一，是与企业外部的关系，主要表现为会计人与投资者、债权人、政府机关及社会公众的关系。因为这些外部关系人并不能直接参与企业的管理，而只能通过会计提供的信息了解企业的动态和业绩水平。会计人与外界的关系，实质上也就是企业与外界的关系，这种关系从深层意义上看，实质上也是一种经济关系。

其二，是与企业内部的关系，主要表现为会计人与单位领导者的关系和与有关职能部门的关系等。这些关系反映的实质也是经济利益关系。会计人与这些方面的经济利益关系，只有通过规范会计行为，才能使这些关系达到协调，避免发生不必要的利益冲突，使各种委托代理关系得到巩固与发展。

（3）会计行为责任。会计行为规范对会计行为主体及会计人的约束作用，往往又具体体现在会计行为责任上。

任何一个从事某项活动的主体，之所以对其活动及结果负责，是由于社会赋予其特定的权利来完成特定的目标。权利与责任是统一的，社会同时要求该主体对行为结果负责。会计人员利用职权从事会计工作，也要承担一定的会计行为责任，保证实现会计目标。

会计行为责任，是指与会计目标相对应的会计活动应承担的责任，是为保证会计目标实现而设定的。会计作为一项管理活动，要对发生的经济业务进行记录、报告，并由审计证明其公正性，以提供给社会公众真实、公允的会计信息，从而使会计对公众负起财务责任。会计活动在对过去和现在进行记录的同时，提出预测性的指导方针用以影响未来经济活动，保护各种资源得到经济有效的利用，从而导致了会计的管理责任。

会计行为责任的划分可以按以下两类划分：

①以责任范围来划分，会计行为责任可以分为外部责任和内部责任。

外部责任：保证会计信息的真实、合法、完整，保护资产的安全与完整。

内部责任：建立、健全内部控制制度。

无论内部责任，还是外部责任，都是为了保证会计目标顺利完成。无论是从财务责任、管理责任角度，还是从内部责任、外部责任角度，会计行为责任都是会计作为管理活动应承担的。与会计行为责任对应的是一种会计权利。正因为从事会计工作的会计主体要向公众承担如此多的会计行为责任，才应比其他人更有权依据法律、法规以及职业判断，来对会计信息进行处理，从而使其具有真实完整性，更加有利于管理。

②从责任承担形式来划分，会计行为责任可以分为道德责任、法律责任、行政责任。会计是一项专业性、技术性很强的工作。为了规范会计行为，充分发挥会计核算、监督以及预测、决策、控制、分析等功能，国际会计协会以及各国会计管理部门都通过制定会计职业道德准则、会计法规、规章等来规范会计从业人员的职业行为，明确会计人员违反会计职业道德、会计法规、规章应当承担的道德责任、法律责任。法律是道德的底线，道德是执行法律的基础。会计业的职业道德实质上是"双重"责任——道德责任、法律责任，因此需要"双重"制约——道德制约、法律制约。法律不是"法力无边"的，道德同样也不是万能的，必须"双管齐下"，从以下三个方面入手：

道德责任：一般由会计职业道德准则和职业道德规范作出规定，主要有对社会的责任、对单位的责任、对雇主的责任、对客户的责任、对同行的责任等，如我国注册会计师职业道德规范就规定了对社会的责任是独立、客观、公正。道德责任的承担通常是通过运用道德舆论、道德习惯、道德评价等手段对会计活动中违反职业道德的行为进行批评、贬抑和谴责的形式来体现的。

法律责任：是指行为人违反法律规定的义务应当承担的法律后果。会计法律责任就是会计从业人员在会计职业活动中违反国家有关会计法律、法规、规章而应承担的法律后果。法律责任一般可以分为民事法律责任、刑事法律责任、行政法律责任。民事法律责任是指会计人员违反民事法律、法规所应承担的法律后果。如《中华人民共和国注册会计师法》第四十二条规定，会计师事务所违反本法规定，给委托人、其他利害关系人造成损失的，应当承担赔偿责任。刑事法律责任，是指行为人实施了刑法规定的犯罪行为应当承担的法律责任，即对犯罪分子依照刑事法律的规定追究的法律责任。行政法律责任则是指会计人员违反行政法律、法规所应当承担的行政法律后果，主要有行政处分和行政处罚。

行政责任：是指行为人违反会计职业道德及会计行政法规、规章、章程、条例、纪律等应承担的行政上的后果，主要是指行政处分，包括警告、记过、记大过、降级、降职、撤职、开除留用察看、开除等。

二、会计职业道德的历史沿革

（一）会计职业道德的形成

会计作为一项记录、计算和考核收支的工作，具有极强的专门技能特点，是一门历史悠久的职业。

我国真正有文字记录的会计起源，还要追溯到三皇五帝时期的大禹，这位会计的始祖。《史记·夏本纪》中记载道："自虞、夏时，贡赋备矣。或言禹会诸侯江南，计功而崩，因葬焉，命曰会稽。会稽者，会计也。"

而最先提出会计原则的是大教育家、大思想家孔子。青年时代的孔子，曾做过管会计、仓库、畜牧的小官。在《孟子·万章》中有云："孔子尝为委吏矣，曰：会计当而已矣。尝为乘田矣，曰：牛羊茁壮长而已矣。"

但是，最初会计只是作为"生产职能的附带部分"，即由生产者在"生产实践之外附带地把收支、支付日等记载下来"。当生产力发展到一定水平，出现剩余产品之后，会计才逐渐从生产职能中分离出来，成为独立的职能，并由专职人员从事这项工作。

12—13 世纪，随着商业信贷和合伙经营的出现，在地中海的意大利热那亚、威尼斯等城市开始出现了借贷复式簿记。近代会计一般认为起始于 15 世纪末，意大利数学家卢卡·巴乔立有关复式记账论著的出版，标志着近代会计的开始。从历史上看，会计是从经济主体的个别行为逐渐发展成为具有普遍性的社会行为的。在这个过程中，伴随着会计技术方法的发展和走向成熟（体现在会计准则体系和审计准则体系的建立和完善上），逐渐形成了一整套约束会计人员（包括营利或非营利组织内部的会计人员、独立的注册会计师）的行为道德规范——会计职业道德。

（二）会计职业道德的发展

会计职业道德不是一成不变的，而是一个不断发展的变化过程。随着经济市场化的加快和科学技术的飞速发展，经济利益更加多方位地影响着每一位社会成员。同时，会计的职能也得到了进一步的扩展和延伸，会计工作方式和手段都发生了深刻的变化，现代化的计算机和互联网日益广泛地应用到会计职业的各种工作岗位上。近年来,大数据、人工智能、云技术、区块链和物联网等高端技术也逐渐被应用到会计行业。

会计领域的变化是非常显著的,一方面对于促进和提高会计职业的科学性、准确性、合理性等具有重要作用;另一方面又对会计职业的从业人员的素质提出了更高的要求,并对强化会计职业道德与责任带来了许多新的问题与挑战。特别是随着高新技术的推广使用和市场运行机制的变革,会计环境也变得日趋复杂化。这种变化不但对会计核算、会计报告和会计监督提出了更高的要求,而且势必引起会计理念、会计技术方法等方面的变革,从而推动会计职业道德的发展。

三、会计职业道德的概念、特点及作用

(一) 会计职业道德的概念

会计职业道德是指在会计职业活动中应当遵循的、体现会计职业特征的、调整会计职业关系的职业行为准则和规范。其含义主要包括以下几方面:
(1) 会计职业道德是调整会计职业活动中各种利益关系的手段。
(2) 会计职业道德具有相对稳定性。
(3) 会计职业道德具有广泛的社会性。

会计职业道德就是从事会计职业的工作人员在职业活动中应当遵守的各类行为规范的总和。它体现了社会主义经济利益对会计工作的要求,是会计人员在长期实践中形成的。加强会计职业道德建设,提高会计人员的道德素质,对于正确贯彻国家有关政策法令,加强企业管理,提高经济效益,具有十分重要的意义。

(二) 会计职业道德的特点

现代市场经济条件下的社会经济环境已经发生了巨大的变化,国际市场经济一体化的快速发展要求会计职业道德必须适应这种变化,从而使会计职业道德呈现出新的特点。

1. 强调公共性

现代市场经济条件下的会计更多履行的是公共性会计职责,从而决定和突出了会计职业道德公共性的特征。其基本要求是:会计人员必须奉公守法、清正廉洁,以国民公共利益的最大化为工作目标。

2. 核心内容是服务社会

现代市场经济条件下的经济运行,一方面要求尊重经济主体必须按照市场需求的基本规律进行决策,充分发挥市场配置资源的作用;另一方面则要求充分运用公共会计的理论不断地拓展科技的职能。随着会计理论认识的提高和会计制度的不断完善,会计职业道德的内容也在发生着变化,会计职业道德的核心内容是更好地服务社会。

3. 相互借鉴与兼容性

现代市场经济是开放性的经济，伴随着经济全球化步伐的加快，会计职业道德必然也在变化之中。真实、客观、公正、独立和专业胜任的会计职业道德规范，以及权利和义务对应，公平与效率兼顾，民主、自由、平等、尊重人权和科学等道德基本规范成为世界各个国家相互借鉴和公认的会计职业道德标准。

（三）会计职业道德的作用

会计职业道德对于调整会计职业的各种内外关系、规范会计人员的职业行为、提高会计人员的职业素养和执业水平都具有非常重要的作用。

1. 调整会计职业活动中人与人之间的各种关系

会计要为保全资产、增进效益负责；为投资者、决策人、债权人提供正确决策依据负责。为了履行上述职责，就必须实行财务控制。而实施财务控制的根本则是对人的行为的控制。所以，会计活动往往涉及人与人之间的关系，而这种人与人之间的关系很多都涉及道德问题。会计职业道德功能主要体现在两个方面：

第一，调整同一职业内部人与人之间的相互关系。职业内部关系，如职业劳动者相互之间的关系，与组织内部各个职能部门及其成员的关系等。虽然组织内部成员在根本利益上是一致的，但由于职业劳动的复杂性，总会产生这样那样的矛盾。员工往往有自己的利益要求，有些可能会与组织的总体利益发生冲突，如员工付出与所得的关系，控制目标与员工自身要求的关系等；同时，会计还要经常面对管理者与被管理者在道德上的两难问题。会计职业道德有助于调节和改善职业劳动中人与人的关系，增进劳动者之间的团结与协作。

第二，调整职业外部的各种关系。一般来说，每个法人组织都会涉及本组织与其外部相关当事人之间的利益关系，即职业外部关系。组织外部相关当事人通常包括组织的资产所有者、债权人、股东、业务往来的各方等。各种关系与组织之间常常会发生矛盾冲突，这就需要职业道德来加以调整。

2. 规范职业行为，提高工作效率

会计职业道德规范了会计人员的职业行为，它可以帮助会计人员对本职工作准确定位，以限制和引导会计人员的越轨行为。会计人员通过了解职业道德规范内容，有助于树立正确的职业观，按照道德规范来从事这项工作，可以提高工作效率，少走弯路。

3. 帮助会计人员正确履行自己的职责

会计职业道德是一定社会公德在会计职业的具体化，它既反映一定社会道德规范和社会公德的一般要求，又具有鲜明的会计工作特点，同时还体现了会计职业责任的要求。强调会计人员遵守职业道德，就是要求广大会计人员按照社会道德规范原则和社会公德的一般要求，结合会计工作实际，把会计职业责任变成自觉的职业道德行为，从而自觉地履行会计职业义务，实现会计管理的目的，使会计工作达到一个新的水平。会计人员只有遵循职业道德要求，才能更好地履行自己的职责，做好本职工作。

4. 会计职业道德是会计人员自我完善的必要条件

每个从事一定职业的人的社会活动都是多方面的，但职业活动始终是主要的活动，职业人员对社会的贡献也不是单一的，但主要还是通过职业工作表现出来的。因此，会计人员高尚品质的形成，主要依靠职业活动中的学习和锻炼。正是职业生活为个体道德品质的形成和完善提供了主要的实践时间和场所，人们才往往通过职业活动认识到自己对社会所承担的职责和义务，从而深刻地理解人生的意义，巩固确立人生的目标，从而去追求人生的真正价值。会计人员通过职业活动具体化、经常化的反复培养和熏陶，把高尚的道德要求变为内心信念，逐渐养成良好的道德习惯，形成优良的道德品质，从而不断提高自身素质。会计职业道德的评价内容及对会计自身素质的要求，为会计人员不断提高自身素质确立了目标。会计人员可以对照检查自身的不足，以完善自身，做一名合格的会计人员。

小贴士

刚愎自用的危害

有知识的人如果刚愎自用，凡事都过分深思熟虑、权衡利弊、犹豫不决、当断不断，那么，知识就会成为行动的绊脚石。

沙夫茨伯里一世伯爵在和洛克的一次谈话中，阐明了自己关于品质和行动的观点。他认为智慧存在于人的心灵深处而不存在于人的头脑之中。人类采取愚蠢的行动，生活毫无规律，不是由于他缺乏知识，而是在于他刚愎自用的意志。这样的人太过于理性。对任何事情，他或许会深思熟虑，权衡每一种可能性，但是却做不出任何决定，不采取任何行动。这样，知识就成了行动的绊脚石。意志必须是鉴于一种精神和理解的力量才会采取行动，因为，精神导致人的行动，使人生活充实。

（资料来源：[英] 塞廖尔·斯迈尔斯：《人生的职责》，文字有改动。）

小知识

中国现代会计之父——潘序伦先生的会计职业道德思想

1933年，潘序伦先生在为《立信会计季刊》撰稿"中国之会计师职业"一文中，从多方面论述了会计师的职业道德："夫学识经验及才能，在会计师固无一项可缺，然根本上究不若道德之重要性。因社会环境千变万化，利诱威胁无所不极。会计师苟无强固人道德观念，则在执行职务之际，存在可以代人舞弊，存在可以为已舞弊。然会计师之为职业，实为工商企业保障信用而设，苟有不道德行为，而自丧其信用，则此项职业，即失去根本存在之理由，违背国家社会期望之愿意，可不慎哉。"并集中归纳为四条："一曰公正，二曰诚信，三曰廉洁，四曰勤奋。"

潘序伦先生倡导的立信会计精神：爱国主义精神、无私奉献精神、大胆革新精神、艰苦创业精神、实事求是精神、敬业守信精神。

（资料来源：www.baidu.com，文字有改动。）

小故事

申商论法

"申"是指韩申,"商"是指商鞅,两人都是中国古代法家之集大成者。商鞅说:"法令是人的生命,是治国的根本,一只兔子在前面跑,后面可能有百个人追逐,不是一只兔子可以分为百只,而是这只兔子属于谁的名分还没有定,因而谁都可以据为己有。卖兔子的满街都是,盗贼不敢去拿,那是因为这些兔子所属的名分已定。所以,名分未时,即使尧、舜、禹、汤也都可能去追逐;名分已定,就是再凶的盗贼也不敢去拾取。因此,圣人制定法令,安置官吏,就是定名分。名分确定以后,就是盗贼骗子也必须变得规矩,这样他们就可以安分守己了。"申子说:"君如身,臣如手,君设置根本国策,臣子操持其日常事务。作为人君,就是要拿着法律条文来核查人臣,看看是否名实相符。名分就像是天地之网,就像圣人的灵符。张开天地之网,镇上圣人的灵符,那么天下事物就无处可逃而掌握在手中了,事情自然会安定下来。所以有道的人,用名来纠正那些不正的现象,并随事情来定名分。"

(资料来源:张南:《智慧书》,文字有改动。)

【学习《平"语"近人》】

学习习近平总书记多年来一系列重要讲话、文章、谈话中,所引用的中华古代经典名言和文籍警句,重温经史典章,重拾民族之根,重振复兴梦想,做推动传播和践行习近平新时代中国特色社会主义思想之青年先锋。

观、读、释、谈、问、诵,《平"语"近人》之《腹有诗书气自华》篇。

《平"语"近人》第八集:勤学才能进步,成长没有止境

学习心得:

_____
_____
_____
_____
_____
_____
_____
_____
_____
_____
_____
_____
_____
_____
_____

申章
会计职业道德规范的主要内容

会计职业道德规范，是指一定社会经济条件下，对会计职业行为及职业活动的系统要求或明文规定。我国《会计基础工作规范》中，对会计职业道德的内容概括为：

爱岗敬业，诚实守信，廉洁自律，客观公正，坚持准则，提高技能，参与管理和强化服务。

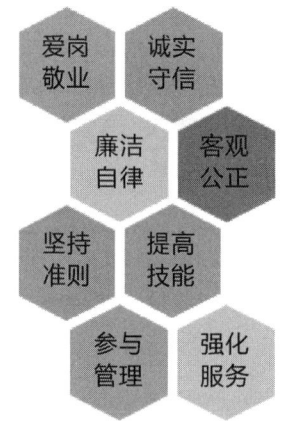

一、爱岗敬业

（一）爱岗敬业的含义

爱岗，就是会计人员热爱本职工作，安心本职岗位，并为做好本职工作尽心尽力、尽职尽责。具体表现为会计人员对自己应承担责任和义务所表现出的一种责任感和义务感。

敬业，是指人们对其所从事的会计职业或行业的正确认识和恭敬态度，并用这种严肃恭敬的态度，认真地对待本职工作，将身心与本职工作融为一体。

（二）爱岗敬业的基本要求

作为一位社会公民，必须遵守公民道德规范；同时，作为一名会计人员，还必须遵守会计职业道德规范，热爱本职工作。因此，爱岗敬业是会计人员干好本职工作的基础和条件，是其应具备的基本道德素质。

1. 正确认识会计职业，树立爱岗敬业的精神

只有正确地认识会计本质、会计工作的重要性，树立热爱会计工作、敬重职业的精神，才能克服"懒""惰""拖"的不良习惯和作风，这是爱岗敬业的最基本要求，也是首要要求。

2. 热爱会计工作，敬重会计职业

只有热爱会计职业，才会有职业乐趣，才会刻苦钻研会计业务技能，才会努力学习会计业务知识，才会全身心地投入会计事业。

3. 安心工作，任劳任怨

只有安心本职工作，才能潜下心来"勤学多思，勤问多练"，才能真正做到敬业，才能成为真正的行家里手。任劳任怨，要求会计人员具有不怕吃苦、不计较个人得失的思想境界。

4. 严肃认真，一丝不苟

会计工作是一项严肃细致的工作，没有严肃认真的工作态度和一丝不苟的工作作风，就可能出偏差。对一些损失浪费、违法乱纪的行为和一切不合法不合理的业务开支，要严肃认真地对待，把好关，守好口。

5. 忠于职守，尽职尽责

忠于职守主要表现为三个方面，即忠实于服务主体、忠实于社会公众、忠实于国家。首先，单位会计人员要忠实于所服务的主体，不仅要客观真实地记录反映服务主体的经济活动状况，负责其财产安全，还应负责其资金的有效运作，积极参与经营和决策。其次，要忠实于社会公众，正确真实地对外提供有关服务主体的会计信息，以便让投资者、债权人及其他社会公众获取客观真实的财务信息，进行正确判断和经济决策。再次，要忠实于国家，实际上是对社会整体利益负责。

小贴士

爱岗敬业

爱岗。说声"我爱你"真的很难。死生契阔，与子成说。执子之手，与之携老。数字人生，从零开始。一路走来，枯燥单调，死板乏味，不是爱你，怎么会发现其精彩。

没有相敬如宾，怎么会千年老二，名归实至。当许多会计被问及为什么从事会计工作或学习会计时，大多回答，为了当作一种谋生的手段，一种技艺，为找工作，方便就业。再被问及是否热爱这个职业、喜欢这项工作时，有很多人摇着头苦笑着说：这样单调枯燥的工作，整天和数字打交道，了无趣味，还谈什么热爱和喜欢？要不是为了谋生和生存，怎么也不会选择这项职业。

这种思想和观念存在一定的普遍性，不解决这个问题，是很难窥其门径，走进会计这个高深的殿堂并有所作为的。俗话说，三百六十行，行行出状元。试想一个对自己所从事的职业心生厌倦的，能在他所从事的行业有所成就吗？如果有这种思想，永远不可能成为这个行业的佼佼者。民间有许多木匠、泥瓦匠。他们从事这项技艺的同时也是心生厌倦的，甚至说儿子儿孙再也不要做木匠、泥瓦匠了。可以想见，他们谈不上有任何成就。可照样是木匠、泥瓦匠出身的鲁班，却在这个其他人厌倦的行业取得了令世人瞩目的成就，被民间艺人奉为一代宗师。为什么呢？因为他喜欢，他热爱，他有浓厚的兴趣。对会计这个领域没有兴趣，没有理想和奋斗的目标，便不能成为佼佼者。不想当将军的士兵不是好士兵，不想当冠军的运动员也是没有理想的运动员。

中国古代的婚姻，讲究的是父母之命，媒妁之言。许多人没有在婚前相爱，却在婚后白头偕老，相濡以沫。即使你最初没有爱上会计，但既然你选择了它，那么爱它吧。爱上它后，你就会发现它的精彩，从单调枯燥中体味到它也可以生动形象的乐趣，从死板乏味中感受到它也可以给你带来鲜活灵动的愉悦。你会像一条在流水中游动的鱼一样，享受到它所给你带来的快感，你甚至会生出与之相见恨晚的感觉，原来它是如此之美！刚开始，你觉得做人难，做会计人更难，可一旦你真正爱上它之后，你会发现，做会计人挺好！

敬业。只有爱岗，才能敬业。财务工作在许多人眼中是轻松的，风不吹雨不淋，太阳不晒，天天坐办公室，殊不知财务工作也是艰辛的。数成于三，积千累万。他们每天都在数字堆里摸爬滚打，理解的人说其不容易，不理解的人说会计就是死板，像机器。四四方方，会计园田，他们要在会计园田里辛勤地耕耘，这里照样有水患有旱灾，这里也有蝗灾和虫灾，这里也要经常除草和施肥，这里也要播种和收割，不敬业是不能坚持下来的，更不能在会计园田里收获丰登的五谷。在数字堆里摸爬滚打，在会计园田里辛勤耕耘时还要眼观六路。前途是光明的，道路是曲折的。会计的道路上一样充满了艰辛和坎坷，一样布满了荆棘和陷阱。你随时都可能跌倒，也只有哪里跌倒就在哪里爬起来，你才能继续前行，也只有敬业你才能走上会计通途。会计人生，五味俱全，经过七分打拼，体味到了会计人生的咸酸苦辣甜后，你才能成就大器，这都需要你有敬业精神。知之为知之，不知为不知，不知便不耻下问，谦虚谨慎也是你的敬业精神之一。会计高山，山高九仞，你要不畏艰险，勇往攀登，才能到达无限风光的险峰。精益求精，才能让你会当凌绝顶，一览众山小，这也是你的敬业精神之一。

爱岗敬业。一个爱，一个敬，苦口婆心，说得好辛苦。真正做到爱岗敬业后，曾经沧海难为水，除却巫山不是云，你便会体味到其中的深意。

（资料来源：杨良成：《中国会计报》，文字有改动。）

二、诚实守信

（一）诚实守信的含义

诚实是指言行跟内心思想一致，不弄虚作假、不欺上瞒下，做老实人、说老实话、办老实事。

（二）诚实守信的基本要求

1. 做老实人，说老实话，办老实事，不搞虚假

会计人员应言行一致，实事求是，工作中尽量减少和避免各种失误；不为了个人和小集团利益伪造账目，弄虚作假，损害国家和社会公众利益。会计人员诚实守信的道德观念如何，将直接影响会计信息的真实性和完整性。

2. 保密守信，不为利益所诱惑

会计人员因职业特点经常接触到单位和客户的一些秘密。因而，会计人员应依法保守单位秘密，这也是诚实守信的具体体现。

3. 执业谨慎，信誉至上

注册会计师在执业中应始终保持谨慎的态度，对客户和社会公众尽职尽责，以维护职业

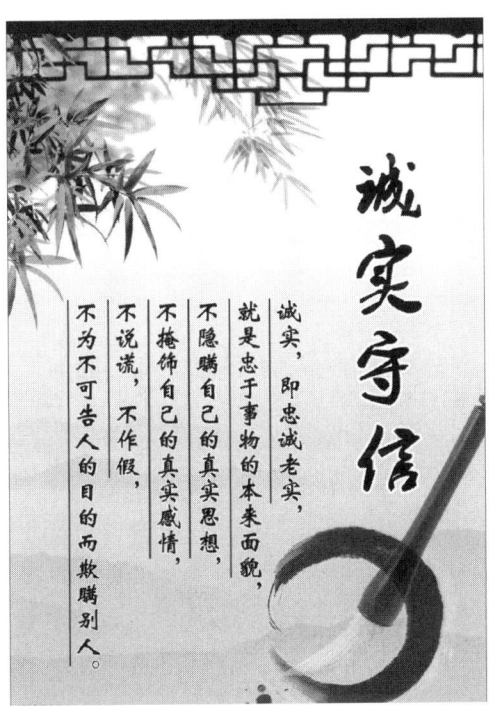

信誉。第一，注册会计师在选择客户时应谨慎，不要一味地追求营业收入，迎合客户不正当要求。第二，注意评估自身的业务能力，正确判断自身的知识、经验和专业能力能否胜任所承担的委托业务。第三，严格按照独立审计准则和执业规范、程序实施审计，对审计中发现的违反国家统一的会计制度及国家相关法律制度的经济业务事项，应当按照规定在审计报告中予以充分反映。第四，在接受委托业务后，应积极完成所委托的业务，认真履行合同，维护委托人的合法权益。

小贴士

诚实守信

当会计，做财务，选择这个职业，说声爱你不容易，爱岗之后才能敬业，这成了你作为会计的首要条件、必备条件。爱岗敬业后，你开始注重自己的会计操守，诚实守信是你首先要注重的，它将时刻陪伴你的会计人生。

孟子说："诚者，天之道也；诚之者，人之道也。"说的是遵守承诺，言行一致，因为言能成诺方为"诚"。会计人不仅要口诚，还要心诚、意诚。诚实是前提，是因，守信是果，是具体表现。会计人一般处事比较严谨，从举手投足和言谈之中可以看出。你比一般人要沉稳，不张扬，也不夸夸其谈，要谈也是有理有据地谈，有数字、有依据地谈。这种沉稳，是在你说什么或做什么的时候，都在心中进行了思索和考量，因为你知道你要为你所说的或所做的负责。

实，是实事求是的实，是不掺杂任何水分的真实。因为实，你也许在外人的眼中，可能是木讷、呆板、花岗岩的代名词。这既是从你的形象上说的，也是从你的为人处事上说的。你做账要求实，你做事也求实，你做人更求实。先做诚实的人，再做诚实的事。你做的每一件实事，是你记录的每一笔会计分录。朴实、踏实、扎实，为人实诚，都是别人给你出的总结性会计报表。

《说文》云："信，诚也，从人言。"也就是说人言为信，信用也。它和诚是紧密相联的。《论语·为政》说："人而无信，不知其可也"，《论语·颜渊》说："民无信不立"。中国现代会计之父潘序伦先生说："立信，乃会计之本，没有信用，也就没有会计。"他在上海创办立信会计高等专科学校时所题校训为："信以立志、信以守身、信以处事、信以待人、毋忘立信、当必有成。"可见信对于会计之重要。作为会计人，你要做的就是守信。

诚实方能守信。禅宗六祖慧能说："犹如灯光，有灯即光，无灯即暗。灯是光之体，光是灯之用。名虽有二，体本同一。"诚实守信亦如灯光一样。诚实是灯，守信为光。不能诚实，何谈守信？诚实是守信之体，守信是诚实之用。诚实守信实为一体。诚实守信不是摆在案头看的花瓶，也不是口是心非的舌灿莲花。诚实守信是你的无形资产，是你的长期投资，是你发自内心自律性的道德范畴，是你的一种软实力。

也许别人引诱你，阿Q摸尼姑的头说"别人摸得，我摸不得？"是的，你摸不得，这就是你区别于别人的地方。如果人人去摸，那么我们这个行业就成了一个诚信缺失的行业，必然会成为道德败坏的标志性行业。正因为了你我的坚守，我们才有了这份来之不易的荣誉，它不能毁于你我这手。所以你要经受得住诱惑，炼就"坐怀不乱"的本领，要有"金刚不坏"之身。

也许有人混淆视听，说谁谁谁怎样怎样赚了大钱。但你知道，说得天花乱坠，那也只是一时的，不是一世的。你牢记"不要光看强盗吃肉，看不到强盗挨打"的古训，法网恢恢，疏而不漏。从国外的安然事件、世通事件到国内的银广夏、蓝田股份，再到虚增业务的胜景山河、客户名单造假的紫鑫药业以及绿大地等，哪一个长久了？如果诚信缺失，那你的会计人生就可能会和同样诚信缺失的会计主体一起成为断代史，随时可能"清零"或"归零"，随时可能被踢出去，从这个行业中"滚蛋"。

会计人在一起的时候，总是很亲热，说"人不亲，算盘亲"，我们是一家人。还说"一家人不说两家话"。这个"家"，就是会计这个大家族，现在可以说是会计行业。作为会计这个大家族的人，你不能为这个大家族丢脸出丑。这是行业文化的一种认同和共识。也有的说，我们是"同道中人"。这也是会计人的一种群体意识。孔夫子说"朝闻道，夕死可矣。"这个"道"，说的是会计之道，志同方能道合。这里的"志"，就是诚实守信，这里的"道"就是会计的职业道德。俗云"厚德载物"，同理，厚德方能理财，缺德、缺道，不能诚实守信的人是不能当会计的。正如民谚所说"三个秀才谈书，三个屠夫谈猪"。物以类聚，人以群分，志同道合的人才有共同语言，会计人在一起谈的也应该是会计之道。否则道不同，则不相为谋，肯定会分道扬镳。周敦颐在《爱莲说》中写莲"中通外直，不蔓不枝"，我想这正是我们会计人诚实守信的写照。上海国家会计学院正式成立，朱镕基总理为该学院题写了校训："诚信为本，操守为重，遵循准则，不做假账。"什么是会计人之本？诚信为本，这就是我们会计人的本。那么，爱岗敬业的会计人士们，让我们怀揣诚实守信之本，一起前行吧。

(资料来源：杨良成：《中国会计报》，文字有改动。)

三、廉洁自律

(一) 廉洁自律的含义

自律的核心就是用道德观念自觉地抵制自己的不良欲望。廉洁自律是会计职业道德的前提，是会计职业道德的内在要求。

会计职业自律包括两层含意：会计人员自律和会计行业自律。

会计人员自律，是一个个体概念，是会计职业自律的基础和保证。

会计行业自律，是一个群体概念，是会计职业组织对整个会计职业的会计行为进行自我约束、自我控制的过程。

会计职业组织和会计人员的廉洁是会计职业道德自律的基础，而自律是廉洁的保证。

（二）廉洁自律的基本要求

1. 树立正确的人生观和价值观

树立正确的人生观和价值观，自觉抵制享乐主义、个人主义、拜金主义等错误的思想，这是在会计工作中做到廉洁自律的思想基础。

2. 公私分明，不贪不占

公私分明，是指严格划分公私界线，公是公、私是私。不贪不占，是指会计人员不贪、不沾、不收礼、不同流合污。

3. 遵纪守法，尽职尽责

遵纪守法，正确处理会计职业权利与职业义务的关系，增强抵制行业不正之风的能力，是会计人员廉洁自律的又一个基本要求。会计人员不仅要遵纪守法、不违法乱纪，而且要敢于、善于运用法律法规赋予的职业权利，尽职尽责，勇于承担职业责任，履行职业义务。

> **小贴士**
>
> **廉洁自律**
>
> 既能爱岗，又能敬业，同时还是诚实守信的会计人，应该很优秀了，但这还不是会计人优良素质的全部。滚滚红尘之中，你还要能经受住各种各样的诱惑，廉洁自律。
>
> 俗话说"没有规矩，不成方圆"。各种会计法律法规以及规章制度对会计都有严格的要求，严格划分公私界限，做到不贪不占，遵纪守法，清正廉洁等等，这是硬性的规定，是会计人的规矩，是"他律"。其实这跟孙悟空的紧箍咒一样，在孙悟空还未成佛以前，紧箍咒是一定要念的，而当他真正成了佛后，就没有必要了。会计人的成佛，就是充分做到"自律"。而"自律"完全是一种自我要求，是柔性的，是正确的人生观和价值观在会计人职业道德中的体现，是会计人内在素质的充分展示，是一种软实力。
>
> 廉洁自律，说起来容易，做起来难。怎样正确处理会计职业权利与职业义务的关系，抵制行业不正之风，做到"常在河边走，就是不湿鞋"，甚至要做到"出淤泥而不染"，对你是一种严峻的考验。在会计"进京赶考"的路上，你能否经受住糖衣炮弹的攻击，这对于你来说，是一场真正的考试，而且考试不是一次两次，它将会伴随你会计人生的始终。
>
> 警示教育作为会计职业道德培训的一个重要手段，对提高会计人的廉洁自律素质是必不可少的。古往今来，这样的事例数不胜数。我国明朝是对贪污腐化惩治是最严厉的，皇帝将贪腐之人处死后，剥了皮，皮中再用草填满，像个真人一样，放在新任的旁边进行警示。清朝的大贪官和珅，据籍没其家产的清单所载，其拥有赤金580万两，元宝银940万两。当铺70个，银号60个，地产8000余顷，另有珠宝、玉器不可甚计，大体计算其家资财，共折银223809万两之多。根据乾嘉年间的财政收支实况推算，没收和珅的财产，几乎相当于清朝20年的财政收入，25年的财政支出，60多年的财政盈余。但他

最终也是人财两空。

　　风口浪尖中的会计人，也许有的就动摇了，抱着一种侥幸的心态，认为"他律"律不到自己，也许还认为自己是其中的高手，做得天衣无缝，自己一个跟斗十万八千里，紧箍咒念不到自己。这便大错而特错了。天网恢恢，疏而不漏。别忘了陈毅说的"手莫伸，伸手必被捉"。有的也许一次两次未被发现，成了鼓皮上的麻雀，吓大了胆，其实不知道这不是不报，只是时辰未到。你的每一次行为，都是你会计人生中的会计分录，都是有迹可循的，别忘了"要想人不知，除非己莫为"。佛经有云"要知前世因，今生受者是，要知未来果，今生作者是。"说的也是一样的道理。

　　也许你在100元，1000元、1万元面前坚守住了，但当你面对100万元，1000万元时，你便不能淡定了，抵挡不住了，动摇了。这便是质和量的问题，是"他律"和"自律"相结合的问题。只要你的质是好的，只要你有自律，你便会"任尔东南西北风，我自岿然不动"。也许你自己坚守住了，但领导开了口，你为难了。《三国演义》中的曹操，有次在军粮紧张的情况下，让手下的仓库保管员王垕以小斛发放，最后却让这个仓库小会计当了替罪羊，让他背了黑锅。所以你千万不要当这样的替罪羊，以为到时候会有领导给你挡着，即使有领导挡着，还有硬性的"他律"在等着你呢。

　　"鱼，我所欲也；熊掌，亦我所欲也，二者不可得兼，舍鱼而取熊掌者也。生，亦我所欲也；义，亦我所欲也，二者不可得兼，舍生而取义者也。"滚滚红尘中，我们面临的诱惑是多方面的，必须学会取舍。生是重要的，但为了义，连生都可以舍弃，利在生的面前就显得不那么重要了，我们肯定应该舍利而取义了。这里的义，就是我们会计人的廉洁自律。会计人要能抵制诱惑，战胜自我，回归原本。原本的会计人是什么？人之初，性本善。会计也不例外。

　　《大学》中有这样一段话"物格而后知致，知致而后意诚，意诚而后心正，心正而后身修；身修而后家齐，家齐而后国治，国治而后天下平。"这是说平天下先要治国，治国先要齐家，齐家先要修身。修身又重在心正和意诚。我们会计人要治国平天下，也要修身，也要心正和意诚。这里的修身是苦练内功，会计的技能是我们的外功，职业道德是我们的内功，我们要内外兼修，才能刚柔相济，才能练就不坏之身。

　　于谦在《石灰吟》中说"粉身碎骨浑不怕，要留清白在人间。"我想这也应该是我们会计人廉洁自律的心声。会计人应该将自己的清白记录到会计分录之中，装订到会计凭证之中，汇总到会计报表之中。

（资料来源：杨良成：《中国会计报》，文字有改动。）

四、客观公正

（一）客观公正的含义

对于会计职业和会计工作而言，客观主要包括以下含义：

一是真实性，即以客观事实为依据，真实地记录和反映实际经济业务事项。

二是可靠性,即会计核算要准确,记录要可靠,凭证要合法。

对于会计职业和会计工作而言,公正主要包括以下含义:

一是国家统一的会计制度,即会计准则、制度要公正。

二是执行会计准则、制度的人,即公司、企业单位管理层和会计人员不仅应当具备诚实的品质,而且应当公正地开展会计核算和会计监督工作,即在履行会计职能时,摒弃单位、个人私利,公平公正,不偏不倚地对待相关利益各方。

三是注册会计师在进行审计鉴证时,应以超然独立的姿态,进行公平公正的判断和评价,出具客观、适当的审计意见。

客观是公正的基础,公正是客观的反映。

(二) 客观公正的基本要求

(1) 端正态度。坚持客观公正原则的基础是会计人员的态度、专业知识和专业技能。

(2) 依法办事。依法办事,认真遵守法律法规,是会计工作保证客观公正的前提。

(3) 实事求是,不偏不倚。

客观公正贯穿于会计活动的整个过程:

一是会计核算过程的客观公正,即指会计人员在具体进行业务处理时,或需要进行职业判断时,应保持客观公正的态度,实事求是、不偏不倚。

二是最终结果公正,是指会计人员对经济业务的处理结果是公正的。

小贴士

客观公正

客观,是指会计人员开展会计工作时,要端正态度,依法办事,实事求是,以客观事实为依据,如实地记录和反映经济业务事项,会计核算要准确,记录要可靠,凭证要合法。公正,是指会计人员在履行会计职能时,要做到公平公正、不偏不倚,保持应有的独立性,以维护会计主体和社会公众的利益。

客观是经济事项反映到会计人神经系统中的事项本质,公正是会计人神经系统对客观经济事项所作判断然后下达的反馈指令。客观公正是会计行业的精神支柱和灵魂之所在,是会计职业道德的重要组成部分。客观而后才能公正,主观臆断是做不到公正的。客观是前提,是因;公正是处理的具体表现,是果。通俗地说,客观公正就是一是一,二是二,是什么就是什么,不带任何感情色彩,不用任何修辞手法,不偏不倚,不带观点,不带私心,不带杂念。

随着经济的发展,经济事项越来越具有多样性、复杂性、可变性等。作为会计人,我们时刻要透过现象看本质,不被表面现象所迷惑。世上没有无缘无故的爱,也没有无缘无故的恨,有因必有果,有借必有贷。只有看通看透看懂,也就是客观的分析后,我们才能用数字来说话,赋予数字以生命和情感,让数字开口说话,用事实说话,用真相说话,也就是公正处理。爱岗敬业是态度问题,态度坚定一切。诚实守信是品质问题,会计人必须要有好的人品。廉洁自律是社会对会计的要求和会计人自身对自己的要求。而客观公正即涉及会计人的专业素质也涉及会计人的内在品质，是会计人专业素质和内在品质的升华。客观公正赋予了会计人太多的职责与职能。会计人要当好守门员、守夜人、值班员，看好会计主体的资产，还要时刻睁大雪亮的眼睛进行巡查。会计人是会计主体的眼睛、耳朵、嘴巴，要时刻看着、听着、询问着。你还是管家婆、内当家，同时你还是防盗门和防火墙。你必须做到有法可依，有法必依，执法必严，违法必究。你不能装瞎子、装聋子、装哑巴，更不能事不关己，高高挂起。你必须清白做人，公正做事。

和尚神秀说："身是菩提树，心如明镜台。时时勤拂拭，莫使染尘埃。"这已经够客观的了，可和尚慧能说："菩提本无树，明镜亦无台。本来无一物，何处染尘埃。"这就更加客观了。自古邪不压正，天地之间有正气，只要你的心是正的，是客观的，邪恶的尘埃怎么会进来呢？正所谓"苍蝇不叮无缝的蛋"，正是有了不客观的尘埃进来，你才需要时时勤拂拭。客观公正是会计人修成正果的必由之路。

会计人不是神，也是红尘中人，客观公正赋予了你太多神圣的职责与使命，让你有种不能承受之重的感觉，感叹做会计人真难，做好会计人更难，难就难在客观公正。其实正如慧能所说，本来无一物，何处染尘埃。我们心灵的本原是纯洁的，只不过受到了外界环境的污染而有了尘埃，如果我们能够返璞归真，守住原本纯洁的那根定海神针，我们便会发现"巧诈不如拙诚，惟诚可得人心。"你便能做到客观公正。也只有做到了客观，才能公正，公正之后才能得人心。

客观公正是一个比较抽象的概念，怎样衡量我们会计人的客观公正呢？注册会计师是会计人中一个较高的层次，注册会计师的行业会徽上有一个天平，也就是一杆秤，这就是衡量我们会计人客观公正的一个天平、一杆秤。我们会计人在处理经济事项时，就是一个法官，你要时刻在心中掂量这个天平这杆秤的份量，做出公正的判决。在你做出判决的时候，这个天平这杆秤不仅在秤量经济事项，它也无时无刻不在秤量着你这个法官。只要你客观公正、不偏不倚，你在秤量经济事项经济人的同时，经济事项和经济人甚至于社会公众也在秤量着你，对你进行评判。如果你是客观公正的，你就是一名称职的会计，一个合格的会计；否则，你不配"会计人"这个光荣的名称。

爱岗敬业、诚实守信、廉洁自律的会计人，会计的客观公正之路，漫漫而修远，让我们一起上下而求索吧。

（资料来源：杨良成：《中国会计报》，文字有改动。）

五、坚持准则

（一）坚持准则的含义

坚持准则，要求会计人员在处理业务过程中，严格按照会计法律制度办事，不为主观或他人意志左右。这里所说的"准则"不仅指会计准则，而且包括会计法律、国家统一的会计制度以及与会计工作相关的法律制度。

会计人员在进行核算和监督的过程中，只有坚持准则，才能以准则作为自己的行动指南。在发生道德冲突时，坚持准则，以维护国家利益、社会公众利益和正常的经济秩序。注册会计师在进行审计业务时，应严格按照独立审计准则的有关要求和国家统一会计制度的规定，出具客观公正的审计报告。

（二）坚持准则的基本要求

1. 熟悉准则

熟悉准则是指会计人员应了解和掌握《会计法》和国家统一的会计制度及与会计相关的法律制度、单位内部的会计制度和其他相关制度，这是遵循准则、坚持准则的前提。

2. 遵循准则

遵循准则即执行准则。会计人员在会计核算和监督时，要自觉地严格遵守各项准则，自律在先，同时也要求他人遵守准则，坚决抵制违法行为。

3. 坚持准则

会计人员应认真执行国家统一的会计制度，依法履行会计监督职责。发生道德冲突时，应坚持准则，排除阻力，顶住压力，对法律负责，对国家和社会公众负责，敢于同违反会计法律法规和财务制度的现象做斗争，确保会计信息的真实性和完整性。

小贴士

坚持准则

俗话说"没有规矩，不成方圆"，会计人的规矩就是财经法律、法规和国家统一的会计制度。会计人员在处理经济业务的过程中，要不为主观或他人意志所左右，始终坚持按照会计法律、法规和国家统一的会计制度的要求来进行会计核算，实施会计监督，确保所提供的会计信息真实、完整，维护国家利益、社会公众利益、企业利益和正常的经济秩序。

任何人做人都有准则，会计人做人也有准则。会计人坚守的准则，是会计人坚守的底线，是会计人不能超越的红线，不能越过的雷池。一旦超越了红线，就会带来恶果，到时便悔之晚矣。三国中的蜀公司董事长刘备，因不坚守"东和孙吴，北拒曹操"的准则，带头违反"联吴抗曹"的既定战略，被火烧连营七百里，从此蜀国国力大伤。蜀公司的总经理诸葛亮也未坚持准则，阻止刘备出兵，只能感叹："若法正在，则不会有此悲剧"。可惜坚持准则的法正已经去世了。

坚持准则是要有勇气的。皇帝穿着新衣，自欺的同时，还在欺人，可大家都畏惧皇帝的权力，而不敢去揭穿谎言。会计人就要做那个勇敢揭穿谎言的小孩。现实经济社会中，你也许会面临许多这样的场景，或是权力或是金钱的幌子下，他们穿着自欺欺人的新衣，要你放弃准则，同声附和。这时，你便不能为他人意志所左右，你要做法正、做包拯，不要忘了你"守门员"的神圣职责。生命诚可贵，道义价更高。面对道义、准则和真相，你不能屈服，应该义无反顾地选择坚持准则，坚持道义和公理。柔弱女子刘姝威在生命受到威胁之时,还能发表经典文章《蓝田之谜》,揭露蓝田股份做假之事,当称楷模。

也许你有一种侥幸的心态,这是领导指使授意的,我只是执行者。《三国演义》中魏国的董事长兼总经理曹操,在一次军粮告急之时,命手下管仓库的小会计王垕以小斛发放,结果群怨沸腾,曹操斩了这个小会计,让其当替罪羊。我们现在的许多小金库也是领导授意的,而会计大多是知情的,正是因为没有坚持准则,才让小金库得以生存。而一旦出了事,会计一般都要当替罪羊。所以这种侥幸的心态是千万不能有的,到时要害死自己的。也许你认为,出了事有领导给顶着,这也大错特错了。自古以来就有"王子犯法,与庶民同罪"的古训,千万不要以为"刑不上大夫",现在是法律面前,人人平等。君不见建国初期的刘青山、张子善,君不见当今的刘志军、李春城,天网恢恢,疏而不漏,不是一个个被绳之以法了吗?黄庭坚手书于快阁的箴言"尔俸尔禄,民膏民脂,下民易虐,上天难欺。"至今还在警示着后人,难道这不也是对我们会计人的警示吗?

职业道德中的廉洁自律是一种自我的、内在的素质要求,而坚持准则是对会计人一种外在的要求,是对会计人行为处事的一种约束。也许你认为我虽然同流了,但没有合污,我的良心已经过得去了,我只不过当了一个老好人。不是说"和为贵,忍为高"吗?还有"得饶人处且饶人"呢?或者干脆"多一事不如少一事",我没看见,我没听见,装瞎子,装聋子,装哑巴。其实你这是严重的失职,是在纵容犯罪,你没有尽到守门员的职责,没有守住会计阵地这片净土。

当你坚守了准则之后,你便能去伪存真,扫除阴霾与污秽,还会计一片洁净的天空,你也会因此感受到正义的力量,你也才会有威信有地位,不然别人会将你当成"聋子的耳朵——摆设"。也许别有用心的人会污蔑你,也许有人会不理解你,但只要你"身正不怕影子斜",行的端,立的正,谣言和污蔑必然会不攻自破。天将降大任于斯人的时候,是要苦其心志,劳其筋骨,饿其体肤,只要你有铮铮铁骨、凛然正气,你不仅会立得正,而且会立得稳,自然你也能担此大任。

随着经济的发展和利益的驱动,我们现在面临诸多危机,比如食品安全危机、环境污染危机、经济诚信危机等等。会计领域,我们也面临着诸多造假所带来的危机,这都是没有坚持准则带来的恶果。危难时刻,应该由我们会计人挺身而出了,拿起我们的准则武器,担负我们的守土之责,当好会计的守护神吧!

(资料来源:杨良成:《中国会计报》文字有改动。)

六、提高技能

(一) 提高技能的含义

会计是一门不断发展变化、专业性很强的学科,它与经济发展有密切的联系。近年来,随着市场经济的发展和经济全球化进程的加快,特别是我国加入世界贸易组织后,会计改革不断深入,会计专业性和技术性日趋复杂,对会计人员所应具备的职业技能要求也越来越高。一些新经济事物不断涌现,也给会计服务提出了更高的要求。

会计人员的技能水平是会计人员职业道德水平的保证。没有娴熟的会计技能,再好的个人道德品行,也无法干好会计工作。会计工作是一门专业性和技术性很强的工作,从业人员必须"具备一定的会计专业知识和技能",才能胜任会计工作。

提高技能,要求会计人员提高职业技能和专业胜任能力,以适应工作需要。职业技能,也可称为职业能力,是人们进行职业活动、承担职业责任的能力和手段。就会计职业而言,它包括会计理论水平、会计实务能力、职业判断能力、自动更新知识能力、提供会计信息的能力、沟通交流能力以及职业经验等。

提高技能,是指会计人员通过学习、培训和实践等途径,持续提高上述职业技能,以达到和维持足够的专业胜任能力的活动。

(二)提高技能的基本要求

1. 具有不断提高会计专业技能的意识和愿望

会计人员要适应时代发展的步伐,就要有危机感、紧迫感,要有不断提高专业技能的愿望和要求。只有具备不断提高会计专业技能的意识和愿望,才能不断进取,主动求知。

2. 具有勤学苦练的精神和科学的学习方法

只有具备锲而不舍的"勤学"精神,才能不断地提高自己的业务水平、理论水平、操作技能和职业判断能力,才能推动会计工作和会计职业的发展,以适应不断变化的新形势和新情况的需要。同时,要掌握科学的学习方法,必须积极参加社会实践活动,在实践中锤炼提高职业技能。

小贴士

提高技能

生命的过程是一个生与死的过程,社会的历史也是一个生与死的历史,发展就是一个生与死的过程,正如企业每天都有关门或是破产清算,而同时每天都有开业,都有送花篮放鞭炮一样。会计也要与时俱进,不断提高技能,否则便会跟不上时代的步伐,会因循守旧而被时代无情地淘汰。你是选择慢慢死去,还是选择永葆青春?要想永葆青春,就要提高技能,正所谓适者才能生存。

会计人只爱岗敬业、诚实守信、廉洁自律、客观公正、坚持准则是远远不够的。没有技能,你怎样客观公正,你又怎样去坚持准则?这些都需要提高技能作支撑。可见提高技能是会计人的必由之路。《礼记·大学》中说:"苟日新,日日新,又日新。"我们会计人,要像上面所说的,每天要有新的,天天要有新的,新了之后还要新。这就需要你不断通过学习、培训和实践等途径,不断提高会计理论水平、会计实务能力、职业判断能力、自动更新知识能力、提供会计信息能力、沟通交流能力以及职业经验等等,并运用所掌握的知识、技能和经验,开展会计工作,履行会计职责。因为只有提高了技能,你才不会老是步别人的后尘,或是永远落后;也因为只有提高了技能你才会站到会计行业的前沿,引领会计风骚。

庄子在《逍遥游》里说大鹏"水击三千里，抟扶摇而上者九万里"，然后"御风而行"。要想做会计世界里的大鹏逍遥而游，没有广博的本领是不行的，那只会飞得越高跌得越痛。而这广博的本领也不是一朝一夕能够形成的，它需要一点一滴的日积月累，你不可能一锹挖一口井，一口吃成一个胖子。正所谓心急吃不得热豆腐；冰冻三尺，非一日之寒。你只有脚踏实地，一步一个脚印，才能聚沙成塔。

韩愈在《进学解》中说："业精于勤，荒于嬉；行成于思，而毁于随"，他说提高技能要靠勤奋。孔子说："学而时习之，不亦说乎?"这里的"时"，可以是"在一定的时候"，也可以是"在适当的时候"或是"时常"，对会计而言则是每时每刻；这里的"习"，可以是演习、复习、温习、实习，也可以是练习，对会计而言则是活学活用。满招损，谦受益；干一行，爱一行，精一行，专一行；活到老，学到老，说的都是怎样提高我们的职业技能。

提高技能的学习，不是死学，不能简单地剪切复制粘贴，不能光是克隆，不能成为一个模具里面生产出来的流水线上的产品，不能简单地日复一日、年复一年地重复。我们中国的会计注重群体意识、领导意识、服从意识，这里面有许多的优点，但也不全部是优点。美国的会计注重个性，提倡创新，强调个人的职业判断，我们也可以学习。我国新安理学的著名人物朱熹提出了"理一分殊"的道理，他用"月印万川"的比喻来进行说明：天上的月亮只有一个，但倒映在江湖河川里的千万个月亮各不相同，但都不是这个月亮的部分，而是这个月亮的全部。正如不管是哪个行业的会计制度，其原理都是一样的。我们会计人一样也可以"理一分殊"，成为万川中不同之月亮。

提高技能不能坐井观天当井底之蛙。你要从你的企业中走出去，要从你固有的会计之井中跳出来，到会计广博的天空中去，将你关着的门窗打开，让清新的风吹进来。他山之石，可以攻玉。三人行，有我师。海纳百川，有容乃大。只有站在巨人的肩膀上你才能看得更高更远，你的境界才能得到提升。

腰缠万贯，不如一技在手。会计技能不仅仅是会计生存的基本本领，它还是会计生活每天必用的必需品，当它融入会计的生活之后，也许你会发现，它还成了你的精神必需品。

（资料来源：杨良成：《中国会计报》，文字有改动。）

七、参与管理

（一）参与管理的含义

参与管理，简单地讲就是间接参加管理活动，为管理者当参谋，为管理活动服务。

（二）参与管理的基本要求

会计人员要树立参与管理的意识，积极主动地做好参谋。经常主动地向领导反映经营管理活动中的情况和存在的问题，主动提出合理化建议，协助领导决策，参与经营管理活动。

具体说，应积极主动做好以下几方面的工作：

（1）努力钻研业务，熟悉财经法规和相关制度，提高业务技能，为参与管理打下坚实的基础。

（2）熟悉服务对象的经营活动和业务流程，使参与管理的决策更具针对性和有效性。

小贴士

参与管理

一个企业从采购付款到生产经营再到销售回款，每个环节都离不开会计的参与。如果会计只参与而不管理，那会计只能是低层次的记账会计而不是高层次的管理会计。作为职业道德的重要一条参与管理，就是要求会计在做好本职工作的同时，树立参与管理的意识，努力钻研相关业务，全面熟悉本单位经营活动和业务流程，主动向领导反映经营管理活动中的情况和存在的问题，主动提出合理化建议，协助领导决策，参与经营管理活动，当好领导的参谋。没有参与管理，会计只能是"小会计"，参与管理之后，会计才有可能成为"大会计"。

会计参与管理，古已有之。清朝时，知县最得力的助手是"幕友三席"，即：刑名师爷，管一县之刑事狱；钱谷师爷，掌一县之税收；账房师爷，掌管会计、出纳之事。这三职分别相当于现在的公安局长、税务局长和财政局长。而账房师爷一般都由知县的亲信担任，视为心腹，知其机密，并为其出谋划策，其作用不可小觑。现在的会计参与管理，与当初的师爷已不可同日而语。现代会计服务的对象和主体与当初的师爷为知县个人服务大相径庭，现在的会计是为企业和政府、债权人以及社会公众服务，更要当好管家和参谋。

会计参与管理，需要钻研与单位相关的业务知识，否则一问三不知，一窍不通是谈不上管理的。同时也要熟悉单位的业务流程，了解行业情况，否则情况不明，只能是两眼一抹黑，即使出谋划策，也是出的昏招、出馊主意，对单位有害无益。这需要会计不耻下问，问领导、问同事、问下级、问同行，这是横向的学习。还要纵向学习，学习研究单位过去的历史数据以及行业资料、关注单位现在的情况以及行业的现状，预测单位未来发展状况和行业发展趋势。即使不能达到横贯中西纵越古今，至少也要心中有数，才能参与管理。

会计参与管理，需要博学。梁山好汉智多星吴用，是水泊梁山称职的军师和参谋，《水浒传》里赞他是"万卷经书曾读过，平生机巧心灵。六韬三略究来精。胸中藏战将，腹内隐雄兵。"正因为他博学，所以对内他能协助宋江给梁山好汉排座次，将这帮杀人放火天不怕地不怕专捅娄子的好汉管得服服帖帖，对外他能布四斗五方旗，排九宫八卦阵，屡出奇谋，屡破官兵。《三国演义》中蜀国军师诸葛亮更是博学多才，天文地理、医卜星相、奇门八卦、排兵布阵等等，无不精通，所以他演绎出了许多诸如"草船借箭""巧借东风""木牛流马""七擒孟获"等脍炙人口的智慧故事。周瑜无奈之下感叹：既生瑜，何生亮！会计人也只有博学多才，才能参与管理，才能内管企业、外布市场，使企业立于不败之地。

会计人参与管理，对内要有主人翁的精神。会计人要站在当家人的立场上看问题，要站在企业的高度思考问题,要能全方位地谋划问题。会计人因为职业习惯,容易形成对细节过于认真而忽略宏观的固有思维。会计人只有冲破这种束缚,才能真正像大鹏一样自由自在地在会计这片广袤的天空翱翔。

会计人参与管理,要学会预测。凡事预见则立,不预则废。这跟看病一样,会计人要把好企业的脉搏、市场的脉搏。扁鹊就是一个预测的神医。扁鹊首见蔡桓公曰:"君有疾在腠理,不治将恐深。"居十日,扁鹊复见,曰:"君之病在肌肤,不治将益深。"又居十日,扁鹊复见,曰:"君之病在肠胃,不治将益深。"再居十日,扁鹊望桓侯而还走。桓侯故使人问之,扁鹊曰:"疾在腠理,汤熨之所及也;在肌肤,针石之所及也;在肠胃,火齐之所及也;在骨髓,司命之所属,无奈何也。今在骨髓,臣是以无请也。"桓侯遂死。扁鹊不仅预测到了问题之所在,还提出了具体的解决方法。会计人不仅要主动反映企业的问题,预测企业的问题,同时还要针对具体情况,提出具体的合理化建议和解决方案,供领导参考。

会计参与管理,还要参与决策。决策失误,是最大的失误,反之就能获得成功。田忌赛马就是一个很好的例子。孙膑作为田忌的参谋,建议他以己之长,克人之短,一举扭转按常理必输的比赛。会计人要参与决策管理,就要当好像孙膑这样的参谋。

会计参与管理,责任重大,一着不慎,便会满盘皆输。参与管理,作为会计的职业道德内容之一,任重而道远。

(资料来源:杨良成:《中国会计报》,文字有改动。)

八、强化服务

(一) 强化服务的含义

强化服务要求会计人员具有文明的服务态度、强烈的服务意识和优良的服务质量。

首先,服务态度是服务者的行为表现,要求礼貌服务,以礼待人,服务周到。

其次,强化服务的关键是提高服务质量。强化单位会计人员的服务就是真实、客观地记账、算账和报账,积极主动地向上级领导者反映经营活动情况和存在的问题,提出合理化建议,协助领导决策,参与经营管理活动。强化注册会计师的服务就是以客观、公正的态度正确评价委托单位的经济财务状况,为社会公众及信息使用者服好务。

会计职业强化服务的结果,就是奉献社会。如果说爱岗敬业是会计职业道德的出发点,那么,强化服务、奉献社会就是会计职业道德的归宿点。

(二) 强化服务的基本要求

强化会计职业服务的基本要求就是会计人员要有强烈的服务意识,服务要文明,质量要上乘。

1. 强化服务意识

会计人员要树立强烈的服务意识，不论是为经济主体服务，还是为社会公众服务，都要摆正自己的工作位置。要在内心深处树立服务意识，为管理者服务、为所有者服务、为社会公众服务、为人民服务。

2. 提高服务质量

服务是社会发展的必然产物，从事会计工作，也就是为他人服务。所以要树立全心全意为人民服务信念，保持乐于助人、积极向上的心态，使用规范的会计职业服务用语，同时还要结合会计职业特点，在坚持原则、坚持会计准则的基础上，尽量满足用户或服务主体的需要，进而提高会计服务质量。

小贴士

强化服务

服务是指为他人做事，并使他人从中受益的一种有偿或无偿的活动。服务不以实物形式而以提供活劳动的形式满足他人某种特殊需要。作为会计职业道德的内容之一，强化服务强调的是会计的职业形象。它要求会计人员要有强烈的服务意识、文明的服务态度和优良的服务质量。会计人员在从业过程之中，要做到讲文明、讲礼貌、讲信誉、讲诚信，努力维护和提升会计职业的良好社会形象。

明代冯梦龙的《警世通言》中就有一个关于会计服务的小故事。其中卷二十二"宋小官团圆破毡笠"中写宋金从幼学得一件本事，会写会算。他"辛勤做活，并不偷懒，兼之写算精通，凡客货在船，都是他记账，出入分毫不爽。别船上交易，也多有央他去拿算盘，登账簿。客人无不敬而爱之。"从这里可以看出，宋小官这个专职的会计人士，具有良好的职业服务态度：辛勤做活，并不偷懒，写算精通，分毫不爽。从"客人无不敬而爱之"就可以看出，由于宋小官良好的服务态度，受到了人们的敬重。

金庸先生在《天龙八部》里面塑造了一个形象猥琐的会计人物——金算盘崔百泉。他因害怕"以彼之道，还施彼身"的慕容家族，在大理段王爷府中躲避。整日蓬头垢面，以酒为友，醉得稀里糊涂，以忘却心中之痛和身体之痛。但是他的服务质量是好的，他真实、客观地核算了段王爷府中的收入支出，没有出过丝毫差错，而且在大义方面也最终体现出了良好的素质，听到师兄伏牛派的掌门人被害之后，明知敌不过慕容家族，却毅然和师侄过彦之去报仇。应该说他这是在坚持做人的准则，也是会计的一种形象的体现。

强化服务是会计内在品质的充分展现。我们首先要强化的是服务意识和服务态度。我们不求"投之以木桃，报之以琼瑶"，但我们知道"赠人玫瑰"，也会"手留余香"。会计服务，不只为会计主体服务，还要为社会公众服务。万事开头难，做什么事都有第一次，也许你第一次觉得难为情，犹如销售时不敢吆喝出第一声一样，但只要你抛开了虚荣，你便会洒脱自如了。一旦你融入其中，你便会如鱼得水，在维护和提升自身会计职业良好社会形象的同时，展现自己的职业气质与魅力。

新中国成立以后，为了正面宣传会计优良的服务意识和服务态度，涌现出了一批讴歌会计的文学作品和文艺作品。如连环画《信用社的女会计》、故事书《小队会计》、电影《会计姑娘》、独幕话剧《小会计》、戏剧《女会计》、秦腔《好会计》等等，将一个个优良的会计形象从幕后推到了台前，进行广泛的宣传，起到了正能量的带动作用。

进入新世纪后，郭道扬教授精心策划并主持、《财会通讯》编辑部推出了"中国会计学界20世纪星河图"。图中列出了中国20世纪（1900—1999年）的五代会计学人共428人名录。潘序伦、谢霖、安绍芸、杨时展、杨纪琬、顾准、葛家澍、阎达五、毛伯林、吴水澎、郭道扬、程仕军等群星闪耀在中国会计的天空，照耀着我们后来的会计人，引领着我们后来的会计人。他们是舵手，是旗帜，是指南针。榜样的力量是无穷的。他们孜孜以求的职业精神，他们近乎完美的职业形象，他们严谨求实的职业态度，必然会化成源源不断的精神力量，激励我们后来的会计人。

强化服务，还要强化会计的服务形象。会计人的举手投足、言谈举止、衣着外貌等等都是会计的服务形象。俗话说"魅力来自于礼仪"，会计人要注重礼仪，讲文明，讲礼貌，讲信誉，讲诚信。细致入微的服务必如春风化雨，甜美微笑的服务犹如灿烂阳光，百问不烦的解答必能雪释疑云。当你做到这些之后，你会发现，因为你注重礼仪，尊重了别人，你也得到了别人的尊重。一如宋小官一样，人人敬而爱之。

雷锋说"人的生命是有限的，可是，为人民服务是无限的，我要把有限的生命，投入到无限的为人民服务之中去。"我们会计人对社会公众的服务，就是在为人民服务。让我们从细节做起，从点滴做起，从你我做起，从微笑做起，将有限的会计生命，投入到无限的会计服务中去。

（资料来源：杨良成：《中国会计报》，文字有改动。）

会计人还应该具备"工匠精神"。当下，"工匠精神"成了热门名词，各行各业都在讨论"工匠精神"，会计行业也不例外。在众多讨论中，不做急功近利的"毛毛匠"，而是"慢工出细活"的能工巧匠，基本形成了大家的共识，意思就是在制造初级粗坯产品的基础上，出精品；在粗放经营的基础上精益求精，提质量，创品牌等等。这些都是理所应当的。会计人的"工匠精神"，除此之外，还应具备以下方面的精神：

第一，创新精神。

众所周知，鲁班被民间工匠们奉为一代宗师，一直传承至今。为什么他会被工匠们一直传承并奉为一代宗师呢？这和他的创造精神是分不开的。鲁班为了更好、更快、更优质地工作，他发明创造了许多工具和技艺。如锯子、墨斗等都是他在劳作之中通过细心的观察与揣摩，反复试验后发明创造出来的。有些技艺，如他在楚国创造性地提出的"土堆亭""鱼梁柱"在当时低下的生产力条件下解决了在常人想来无法解决的难题。

也许有人会问，会计这门科学，讲究的就是严谨，一定要遵守各项法律法规，怎么还可能创新呢？其实严谨与守法并不代表不能创新，并不是说一定要墨守成规因循守旧。随着社会经济的发展，会计也在发展。例如随着信息社会的日益发展，会计信息化的发展就必须与时俱进，否则就会被时代所淘汰。社会分工越来越细，资源会计学、环境会计学等等会计学科里面的新兴学科也是会计人创造性地提出来并被运用到了实践中的。

"大匠能与人规矩，不能使人巧"，说的是即使是大师，他也只能传授学生规矩与方法，而不能让他变得机巧。这说明我们在学习前人的基础上，只有充分发挥主观能动性，才能在技能上有所提高，有所创新，有所突破。

第二，"匠心"精神。

匠心独运、独具匠心、匠心巧妙等等成语，其中都有一个词"匠心"。如何理解匠心，匠心是有别于其他心思的。在现代化生产条件下，以模具和流水作业线作为典型代表，很难做到有别于其他；甚至现代办公条件下，剪切、复制、粘贴被广泛运用，已很难见到有别于其他；更有甚者，动物都开始进行了克隆！这一切，来源于心，心思。

因为只有有了这种流水线的心思、复制的心思、克隆的心思，才能制造出这样的生产线，才能复制出这样的文本，也才能克隆出这样的动物。而我们现在说的这种"匠心"，就是和上述种种心思相反的一种心思。这种心思，正因为其独到、独运，才显得巧妙，才显得别具一格。

也许有人会说，会计实行的是统一的会计法律法规与准则，怎么可能去别具一格呢？明朝理学家朱熹的理论"理一分殊"能够很好地解释这一问题。他用"月印万川"这一通俗易懂的现象进行解释。天上的月亮只有一个，可是倒映在江河湖海中的月亮却有一万个，而且一万个都不相同。是不是天上的月亮本来就不同呢？不是的，天上的月亮只有一个，只不过江河湖海各自的形状特征等不一样，导致了月亮的不一样。而且它们都反映了月亮的全部，而不是月亮的部分。同理，会计人可以运用统一的会计法律法规与会计准则，但是在会计分析、会计处理、方式方法的选择与运用方面，都可以根据的实际情况有自己的选择，这就是匠心。

这种匠心，体现在审计方面就是审计人员的职业敏感性与职业判断，体现在会计方面就是会计人的职业判断与独特的会计个性。每个企业的情况都是千差万别的，每个企业不同时期的情况又是各不相同的，会计人员在处理会计业务时，不会两次踏入同一条河流，也不会处理两片相同的叶子。这就是匠心在会计中的运用。

第三，合作精神。

俗话说：三个臭皮匠，赛过诸葛亮。这里面也有一种工匠精神、合作精神。三个臭皮匠，都是平凡普通的匠人，没有丝毫的突出之处，没有奇特之才，但他们彼此合作，取长补短，形成合力，便能众人划大桨，开动大帆船。

会计人也是平凡普通的工作人员，但他们在工作中，不能将自己与其他的业务部门隔离开来。只有当会计人融入业务部门，和业务人员进行了充分的沟通后，他所处理的会计事项才会符合企业的业务实质，业务信息才能及时转化为财务信息，财务信息反过来又迅速为业务服务，达到企业效益的最大化。这个时候，会计人的合作精神的价值便全部体现出来。

一带一路，互联互通，合作共赢是合作精神体现出来的大格局，会计人既可以实现企业内部的互联互通，也可以实现企业与企业之间的互联互通，既可以实现企业内部的合作共赢，也可以实现企业与企业之间的合作共赢。会计人的合作精神肯定有助于企业效益的最大化，为企业的发展营造更加和谐的氛围。

小贴士

公民品格是民族之魂

19世纪英国著名的大众道德学家塞廖尔·斯迈尔斯认为，公民的品格是一个国家、一个民族的精神灵魂。他认为："制度的稳固必须以稳固的品格为基础。任何堕落的个体的联合不能形成一个伟大的民族。这样的民族表面上看来是高度文明的，但是只要一面对逆境就立即会四分五裂。缺乏正直诚实的个人品格，他们就不会有真正的力量、一致或公正。他们或许会富裕、有礼貌和有贵族派头，但是他们却濒临毁灭的边缘。如果他们仅仅为自己而活着，仅仅把感官快乐当做生活目的——每个人都只为自己的私利打算——这样的民族是注定要灭亡的。"

他还说："如果哪一个民族缺少了品格的支撑，那么就可以认定它是下一个要灭亡的民族。哪一个民族如果不崇尚和奉行忠诚、诚实、正直和公正的美德，它就失去了生存的理由。一旦一个国家的人民如此热衷于对财富的追求、对感官快乐的追求和如此热衷于宗派活动，以至于荣誉、秩序、忠诚、美德和服从似乎都已成了过去的东西，那么在这种堕落的社会风气之中，就只有等到那些诚实的人——如果幸运的话，还会剩下一些这样的人——到处摸索并且让每个人都有了深刻的认识之后，这个民族才有希望。使失去的品格得以恢复，使每个个体的品格得到升华，只有这样，这个民族才能够得到拯救；而如果那些良好的品格已经无可挽回地损失了，那么这个民族也就没有什么可以值得拯救的了。"

（资料来源：[英]塞廖尔·斯迈尔斯：《人生的职责》。）

小知识

会计败德行为的十种表现

第一种：在会计业务中，不敢坚持原则、政策和法制，怕得罪人，当老好人。

第二种：唯领导意图是从，怕穿小鞋。明知不对，少说为佳；既不抵制，也不解释，照抄照办，放弃原则。

第三种：事不关己，高高挂起；有法不依，执法不严，违法不究。

第四种：办事圆滑，讨好群众；慷公家之慨，不执行费用开支标准，扩大成本开支范围，乱挤成本。

第五种：对违反财经纪律的人和事，采取睁只眼、闭只眼的办法，助长了不正之风的滋长和蔓延。

第六种：财权在手，搞亲疏关系，对亲朋好友高抬贵手，对一般员工群众有意刁难。

第七种：不热爱本职工作，做一天和尚撞一天钟，账目混乱，家底不清，情况不明，心中无数。

第八种：无视法纪，挖国家，肥集体，化大公为小公，实际上也是一种损公肥私的行为。

第九种：想歪点子，出馊主意，弄虚作假，瞒天过海；只要不装个人腰包，便泰然处之。

第十种：从小团体利益出发，逃税截利；突击花钱，滥发钱物。

（资料来源：www.baidu.com，文字有改动。）

小故事

古代有个姓富的人家，家里没有水井，很不方便，常要跑到老远的地方去打水，家里甚至需要有一个人专门负责挑水的工作。因此，他请人在家中打了一口井，这样便省了一个人力。他非常高兴有了一口井，逢人便说："这下可好了，我家打了一口井，等于添了一个人。"有人听了就加油添醋："富家从打的那口井里挖出个人来。"这话越传越远，全国都知道了，后来传到宋王的耳中，宋王觉得不可思议，就派人来富家询问，富家的人诧异地说："这是哪儿的话，我们是说挖了一口井，省了一个人的劳动，就像是添了一个人，并没有说打井挖出一个人来。"

（资料来源：www.baidu.com，文字已作修改。）

【学习《平"语"近人》】

学习习近平总书记多年来一系列重要讲话、文章、谈话中，所引用的中华古代经典名言和文籍警句，重温经史典章，重拾民族之根，重振复兴梦想，做推动传播和践行习近平新时代中国特色社会主义思想之青年先锋。

观、读、释、谈、问、诵，《平"语"近人》之《恶竹应须斩万竿》篇。

《平"语"近人》第九集：利诱心不动，色惑目不眩

学习心得：

酉章
会计职业道德修养与自律机制

一、会计职业道德修养

（一）会计职业道德修养的含义和内容

1. 会计职业道德修养的含义

会计职业道德修养，是指会计人员在会计工作岗位上对自己的思想品质、思想意识方面的自我锻炼和自我改造，以及所要达到的水平和境界。它包含两层含义：一是会计人员根据会计职业道德的基本要求而进行的反省、检查、自我批评和自我剖析；二是会计人员在会计岗位上形成的举止、风貌、仪表、情操以及应达到的境界。

会计职业道德修养是会计职业道德原则和规范在会计职业道德行为上的反映。所谓会计职业道德行为，是指会计人员有意识地处理个人与他人、个人与社会的关系时所表现出来的，可以从会计职业道德的角度做出善恶评价的那些行为。一个人偶然做了一件或几件好事，并不能因此而认为他已具备了某种良好的道德品质，因为道德品质是道德行为长期积累的结果。因此，会计职业道德品质修养，也是坚持不懈地以会计职业道德原则、规范指导自己的行为，自觉接受道德教育，在实践中进行刻苦的自我完善的过程。

会计人员的道德品质并非先天固有的，而是后天形成的。会计人员要形成良好的道德品质，就要把会计职业道德原则和规范变成自己的内心信念，变成良好的道德行为和习惯。而良好的道德行为和习惯需要经过自觉的锻炼、刻苦的学习和长期的修养才能形成。

会计职业道德修养的任务，就是通过对会计职业道德原则、规范的认识和体验，使会计人员形成稳定的、能区别职业行为中的善良与丑恶、光荣与耻辱、高尚与卑鄙、诚实与虚伪等方面的内心信念，并将内心信念运用于工作实践，在实践中自觉调节个人的行为，使之符合会计职业道德的一般要求和特殊要求。无论在有人或无人监督的情况下，都能自觉地按照会计职业道德原则、规范行事，成为一个职业道德高尚的公民。

2. 会计职业道德修养的意义

（1）会计职业道德修养是市场经济发展对会计职业的要求。市场经济是一个不断前进和发展的经济。随着社会经济信息化步伐的加快，会计与社会经济的其他领域一样将产生根本性的变革，会计职业将因此而出现两大趋势：专家化和中介化。其中，专家化是指随着高度自动化的会计信息系统的建立，从事传统的簿记工作和基本会计事务的会计人员将大量减少，会计人员将在经营管理中发挥越来越重要的作用；中介化则是指随着会计业务信息化和会计人员的专业化，使得独立、客观、公正的中介机构蓬勃发展。展望未来，21世纪的优秀会计人员应该具有较高的政治、道德、业务、文化素质。

从道德素质看，首先，优秀会计人员必须具有良好的道德品质和道德修养，必须堂堂正正地做人，德才兼备。其次，优秀会计人员还应具有强烈的责任心，对本职工作态度严谨，一丝不苟。另外，优秀会计人员还应具有服从领导，积极与相关部门沟通的良好意识。随着会计人员中介化的发展，职业道德标准的地位必将日益提高，因此，加强会计职业道德修养是适应现代市场经济和新形势的要求，对不断提高会计队伍工作水平和综合素质，具有非常重要的理论意义和现实意义。进行会计职业道德修养的目的，在于使会计人员不断追求崇高的道德观念，达到更高的道德境界，锤炼出高尚的道德品质。为了推动会计人员积极进行会计职业道德的实践，充分发挥会计职业道德的社会作用，我们应该从建设社会主义精神文明对促进建立和发展市场经济重要意义的高度，来认识会计职业道德修养的重要性，从而不断提高会计职业道德修养的自觉性。

（2）有助于树立会计行业新风。提高会计职业道德修养，对于加强精神文明建设，树立全新的会计行业作风，对于培养会计人员的优秀职业品德，造就德才兼备的会计人才，对于提高会计人员的政治素质、业务素质，维护会计职业威信，都具有十分重要的意义。

通过加强会计人员职业道德修养，可以培养会计人员浓厚的会计职业道德感情，形成良好的会计职业行为、习惯，有利于提高会计工作责任心，增强会计职业荣誉感，并将它们转化为高度的思想觉悟和精神境界，使之产生特殊的力量来推动会计职业活动，这就具体体现了会计行业在开展社会主义精神文明建设活动中，关于提高会计人员思想道德素质的要求。由此可见，加强会计职业道德修养，是会计行业建设社会主义精神文明的客观需要，也是树立全新的行业风气的要求。

（3）有助于培养和造就德才兼备的会计人才。会计职业道德的培养和形成离不开社会舆论的力量，离不开社会对人们的教育，离不开良好社会环境和社会氛围的形成，尤其是离不开社会根本制度和经济政治体制的优化。但是，社会教育的作用如果离开了人的自觉性的发挥，同样也不能得到真正的实现。因为，职业道德作为一定社会人们的行为规范，其实不是通过社会的强制力量来保证的，而是要通过把客观的外在要求转化为内在的主观要求，把社会舆论转化为人们内心的信念来保证的。人的自觉性越高，内心焕发的驱动力就越强。因此，只有当人们通过自我修养树立了职业道德理想，并将它变为自己的内心信念和义务感、职业荣誉感，形成高度的思想觉悟和精神境界时，人们才能以主人翁的态度去工作，积极性和创造性才能充分发挥出来，优秀的职业品德也才能够形成与完善。

会计职业道德的形成与完善过程也是会计人员刻苦学习、自我反省、提高认识、不断用正确的职业道德观念战胜错误观念的过程，即高尚职业道德的形成离不开道德上的自我修养。加强会计职业道德修养，就能为国家造就出大批的德才兼备的会计人才。

（4）有助于维护会计职业的威信。会计职业负有依照法律规定独立行使会计监督的使命和责任，会计职业的威信如何，直接影响到会计工作的严肃性、权威性。在实际生活中，人们往往通过会计人员的言行来评价会计行业。会计人员具有高尚的职业道德风貌，人们就会更加信任会计行业，更加热情地支持、配合会计人员的工作。同时，会计人员树立良好的职业道德，本身就是一种巨大的感染力量，能够影响和教育人们增强守法的自觉性，从而使经济秩序得到加强。

会计人员要树立良好的职业道德就必须自觉加强职业道德修养，不断提高自己的政治素质和业务素质。当前，会计队伍的素质同会计工作的要求还不相适应，会计人员更需要结合自己的实际，自觉进行会计职业道德修养。

进行会计职业道德修养，有助于增强会计人员的职业责任感，从而产生做好本职工作，更好地为社会公众服务的热情。会计工作是加强管理和监督的一个不可缺少的重要方面，市场经济的发展，要求会计工作有一个与之相适应的发展。这就要求会计人员热爱本职，勤奋工作，具有高度的工作责任感。

当前会计队伍的状况是：一方面，多数人都能达到职业道德的基本要求，即尽职尽责，勤勤恳恳，努力完成本职的工作任务，努力为人民多做贡献。但另一方面，仍然存在着缺乏职业道德修养，与"全心全意为人民服务"的道德准则相背离的现象。例如，对本职工作缺乏应有的事业心、责任感，认为"权大谋大利，权小谋小利""有权不使，过期作废"。不老实、不诚恳、弄虚作假、欺上瞒下、畏权势、徇私情等，都是与缺乏职业道德修养相关联的，也是与为人民服务的宗旨相悖的。改变上述不良现象的途径之一，就是加强会计职业道德修养，使会计人员自觉按照职业道德准则履行对社会应尽的道德责任和道德义务，增强自豪感和责任感，自觉克服不道德的行为，解决为什么人服务的问题。

会计职业道德修养不是通过外部强迫或灌输的，而是通过"内心信念的力量"在起作用，因此，它必须是十分自觉的。而且，任何道德的社会作用都是以个人的实践为基础，也总是通过个人的行动来实现的。会计职业道德规范只有变成会计人员的道德品质，才能被自觉遵守，才能形成强大的社会舆论，也才能对某些不遵守会计职业道德规范的人进行有效的监督。

同时，会计人员要把会计职业道德规范变成自己的职业道德品质，就必须对它有一个认识和实践的过程，也就是自我道德修养的过程。离开了会计人员的会计职业道德修养，就不能把会计职业道德规范变成会计人员的职业道德品质，会计职业道德规范就不能发挥它应有的作用。一般地讲，会计人员个人职业道德水平的高低，很大程度上取决于职业道德修养的自觉程度。判定一个会计人员职业道德水平的高低，不仅看他表面上是否遵守了某些会计职业道德规范，更重要的是看他是否能把这些职业道德规范变成自己的内心信念，从而转化为道德品质，并且自觉地遵守。一个人做一两件好事并不难，难的是一辈子做好事、不做坏事。所以，离开了自觉的会计职业道德修养，会计人员就不可能做好本职工作，为祖国繁荣富强顽强拼搏、扎实工作就会变成一句空话。

3. 会计职业道德修养的内容

会计职业道德修养围绕影响会计职业行为的内在因素展开，它包含提高会计职业道德认识、激发道德情感、磨炼道德意志、坚定道德信念、养成道德行为习惯等方面。

(1) 提高会计职业道德认识。会计职业道德认识主要是指对会计职业行为、准则及意义的认识和掌握。它包含两个方面：

一是使人们掌握会计职业道德的概念和规范，了解职业道德的有关知识，掌握会计职业道德的要求。

二是进行会计职业道德评价，即运用已有的职业道德认识，对已经发生的会计职业行为做出是非善恶等道德判断。

通过道德评价，可以巩固和提高自身的道德认识，增加新的认识和纠正错误的认识，从而提高会计人员对职业行为的分析判断能力，加深对会计职业道德的认识和理解。

在会计职业道德修养的活动中，会计人员对自己所从事的工作的社会价值和道德价值的认识，是会计职业道德转化为个人职业品德的首要条件，也是形成自己的职业品德的基础。没有职业道德认识，就不可能有职业道德情感和养成职业道德行为习惯，会计职业道德修养也就无法自觉地进行下去。

(2) 养成高尚的会计职业道德情感。会计职业道德情感是指会计工作人员在职业生活中对职业行为进行善恶评判所引起的内心体验。它是对职业道德要求和道德义务好恶的感情，是会计人员在职业道德认识的基础上，在处理人们的相互关系、评价某种行为时，对会计职业道德的要求、义务所产生的内心体验和心理感受。会计人员的会计职业道德情感包括：职业义务感、责任感、正义感、荣誉感、幸福感和自尊心等。这些情感是与会计职业道德范畴的要素相一致的。但是从范畴的意义上说，这些要素体现在道德的各个方面，带有规范性的要求。而从道德修养的角度看，它们则属于情感范围，带有明显的个性色彩。高尚的会计职业道德情感，是使会计人员个人的精神世界得以完善起来的必要的、不可替代的因素。缺乏高尚的会计职业道德情感，就不可能形成良好的会计职业品德。有了这些情感，会计人员在履行会计职业道德义务的过程中，才能时时处处想人民之所想，通过自己的努力工作，最大限度地满足人民的需要，杜绝以权易钱的现象，否则，履行职业道德义务就会显得很勉强，会"情不自禁"地做出与职业道德认识相反的事。

对于会计人员来说，高尚的会计职业道德情感不是一日生成的，而是通过长期的会计工作的实践体验，通过自身不断地进行职业道德陶冶和修养而逐渐形成的。

(3) 磨炼坚强的会计职业道德意志。道德意志主要有三个特点：一是有明确的目的性；二是与克服困难相联系；三是对行动具有直接的支配作用。

道德意志中所指的困难有外部和内部两种困难。所谓内部困难，主要是指存在于思想中的困难，往往表现为思想中的矛盾斗争。所谓外部困难，指人们在行动中遇到的客观条件的障碍，如缺乏必要的学习、工作条件，或直接来自他人的讽刺、打击等。

道德意志对行动具有直接的支配作用，包括激励和克制两个方面。会计职业道德意志就是会计人员按照会计道德的原则和规范，在履行其义务的过程中表现出来的自觉克服困难和障碍的能力和毅力。有没有自制、独立、顽强的职业道德意志是衡量会计工作人员职业道德素质高低的重要标志。

为什么会计人员应当具有职业道德意志呢？这是因为会计人员在执行公务过程中并不是一帆风顺的。从客观方面来说，需要克服来自外部社会条件的制约，错误舆论的非难，亲友的责备和埋怨等。从主观方面来看，由于履行职业道德义务包含着或大或小的自我利益牺性,当个人欲念上升或情绪状态紊乱时,自己也会出现犹豫、彷徨,发生矛盾和冲突。每当面临主客观情况,如果没有会计职业道德意志,就可能在行为选择时放弃正确的初衷,在行为过程中畏惧不前,或者弃义变节,因而需要会计人员磨炼自己坚强的职业意志。职业意志坚强的人,能够战胜各种困难,始终不渝地为实现自己的职业理想和奋斗目标而顽强拼搏,而一个意志薄弱者,一旦遇到一点困难和挫折就会临阵脱逃。

磨炼坚强的职业意志包括一般磨炼和特殊磨炼两个方面。一般磨炼是指会计人员要树立科学的人生观,不断激发正确、积极的职业道德情感,确定健康的人生目标。特殊磨炼包括逆境和顺境两种境遇下的意志磨炼。

(4) 树立坚定的会计职业道德信念。在会计职业道德修养过程中,会计人员对于会计职业道德义务有了充分的认识并付诸实践,锲而不舍,始终如一,就会形成坚定的会计职业道德信念。会计职业道德信念是会计人员发自内心地对会计道德义务所具有的坚定信心和强烈的道德责任感,是深刻的会计职业道德认识、炽热的会计职业道德情感和顽强的会计职业道德意志的有机统一。相对会计职业道德修养的前几个过程来说,会计职业道德信念具有综合性、稳定性和持久性的特点。会计人员一旦树立了坚定的会计职业道德信念,就能自觉地选择自己的行为,评价他人和自己的职业行为,而且能以坚强的毅力,排除艰难险阻,坚持正义的行为,取得良好的社会效果。要有坚定的会计职业道德信念,首先要努力学习,认真掌握革命的人生观和价值观;其次要以此激发正义的情感,效法会计战线上的模范人物,自觉将会计道德信念看做是自己职业工作的精神支柱,指导自己的职业道德实践。

(5) 培养良好的会计职业道德行为和习惯。在道德品质的构成中,会计职业道德认识、会计职业道德情感、会计职业道德意志、会计职业道德信念均属意识范畴,如果到此为止而不去付诸行动,不去履行职业道德义务,承担起道德责任,则会计职业道德品质就没有形成。因为,对于会计职业道德品质来说,一个非常重要的方面,就是把会计职业道德意识转化为实际表现出来的相应的会计职业道德行为,并经过日积月累转化成人们日常的工作习惯。总之,会计职业道德行为是会计职业道德品质的载体。或者说,道德品质以道德行为为内容。某种道德行为反复多次,便形成相应的道德品质。

(二) 会计职业道德修养的途径和方法

1. 会计职业道德修养的途径

(1) 社会实践是会计职业道德修养的根本途径。要达到会计职业道德修养的目的,需要借助正确的修养途径和方法。道德修养的途径和方法虽然很多,但是最根本的途径则是社会实践。因为:

首先,只有亲自参加实践,才能深刻理解和接受会计职业道德的原则和规范。"社会存在决定社会意识,人们的正确认识从社会实践中来",这是人们从长期社会实践经验中总结出来的真理。人们只有在改造客观世界的实践中,才能改造自己的主观世界。离开社会实践,人们的行为就无所谓善恶,自然也就谈不上道德修养了。会计职业道德原则、规范不是理论家杜撰的,它是对会计工作实践中形成的精神关系的正确反映。

我们只有置身于会计工作实践,才能把理论与实践有机地结合起来,才能认识这些关系的本质,了解会计职业道德的原则和规范的必要性、合理性,从而才有可能接受它。在理解和接受会计职业道德的原则和规范的基础上,才能培养出相应的职业道德情感、意志和信念，形成相应的职业道德行为和习惯。

其次，只有亲身参加实践，才能检验会计人员的职业道德品质。会计职业道德从本质上说是一种实践的道德，它要求人们严格遵守言行一致的原则。会计职业道德品质修养的程度拿什么标准来衡量呢？当然是会计人员自身的实践。判断一个人当然不是看他的声明，而是看他的行动；不是看他自称如何如何，而是看他做些什么和实际是怎样一个人。古人说，不能只听其言而信其行，应当是听其言而观其行。在现实生活中，有的人说得很漂亮，而做得却很差；或者只是用道德原则对别人进行道德说教，而自己却根本不准备去实行。这种人只把道德修养停留在口头上，人们把他们称为"言论的巨人，行动的矮子"。道德本身具有知行统一的特点，这一特点决定了道德修养必须深入实践。

最后，只有亲身参加实践，才能不断地提高会计职业道德修养水平。客观事物是不断发展变化的，会计工作实践也是不断发展变化的，会计人员在实践过程中所遇到的诸多关系也是发展变化的。新情况、新问题不断涌现，要求会计人员及时做出新的、科学的、全面的回答。这样，也就相应推动会计人员在职业道德修养方面永不满足、永不停步，随着实践的发展而发展。人们在从事会计实践活动的过程中，不断地进行道德修养，不断地提高自己的道德认识，再付诸于行动，在行动中又不断地提高道德认识，这样的循环往复，不停顿地学习和锻炼，会计人员的职业道德修养就会由一个境界升华到另一个更高的境界。

（2）加强理论学习是会计职业道德修养的重要途径。会计人员的职业道德修养，除了"从实践中来，到实践中去"以外，还必须坚持"学习、学习、再学习"。离开了二者的统一，会计人员的职业道德修养就将偏离方向，达不到修养的目的。

每一名合格的会计人员，都必须培养活到老、学到老的精神。因为会计是一门专业性、技术性要求很高的职业，会计理论、会计实践的发展非常快，如果不加强学习，就会赶不上形势发展的需要，就难以胜任会计工作。比如，计算机和互联网技术今天已被广泛地应用于会计领域，我国会计理论也借鉴了西方会计学部分理论成果，会计准则基本与国际接轨。这就要求会计人员自觉地学习一切新的知识，掌握新的会计职业技能，以适应会计职业发展的要求。另外，还要学习有关的会计法律、法规和会计制度、会计准则，使自己在职业活动中知法、守法、护法，并做守法、护法的模范。

2. 会计职业道德修养的方法

在会计职业道德修养与会计职业实践相结合这个根本前提下，我们应当继承和发扬古人的一些好的做法，不断地总结和探索新的会计职业道德修养的方法。我们认为下列方法对于培养和造就会计人的职业道德修养是常用而行之有效的：

（1）克己自律。所谓克己自律，就是要求广大会计人员时时处处严格要求自己，防止各种私心杂念和不道德行为的产生。会计工作的性质决定了会计人员总是要直接或间接地与金钱打交道，与各种占有商品物资的部门打交道。从这一点来看，会计领域是充满各种"诱惑"的地方。某些人为了非法地谋求一己私利，往往把会计人员作为进攻的目标。因此，每一个会计人员都应保持清醒的头脑，不被各种"香风毒雾"所迷惑，努力做到自我警戒、自我克制。有一个刚刚大学毕业走上工作岗位的会计干部，不到半年就开始作案，在半年时间里就贪污公款数千元，以致被开除公职。其违法乱纪的原因当然是多方面的，但从职业道德修养的角度来看，不能克己自律是一个重要因素。要做一个具有高尚的职业道德品质的会计人员，就必须随时随地防止各种自私欲望的萌发，时刻警惕各种不道德行为的发生，这便是克己自律的要求。

（2）反躬内省。这就是人们常说的自我批评、自我剖析，是一种旨在发挥去恶主动精神的方法。它要求广大会计人员用会计职业道德标准在自己内心深处进行检查、反省，找出错误思想和行为之所在，并加以克服。历史上儒家讲的"吾日三省吾身"就有相近的意思。"人非圣贤，孰能无过"，由于种种原因，每一个会计人员不可避免地存在这样那样的弱点、缺点和错误，而且，社会上种种不良观念和现象也会通过各种渠道影响会计人员的道德思想和行为，因此，时常会造成会计人员激烈的思想斗争，自己跟自己"开战"，自己与自己"打官司"。在这场"官司"中，"原告"是自己所了解的会计职业道德原则和规范，以及自己身上的优良品质；"被告"是自己受消极道德观念影响所产生的错误职业道德观念、品质和行为；"法官"则是自己内在的职业道德责任感和良心。"原告""被告"和"法官"集于进行职业道德修养的会计人员一身。这一特点决定了会计人员在进行道德修养时一定要严肃认真、自觉主动，只有这样，才能做到严格剖析和纠正自己的错误，才能再接再厉，坚持不懈地改造自己；反之，必然得过且过，因循苟且，容忍恶德。会计人员必须结合工作实际，经常进行反省检查，用会计道德原则和规范严格剖析自己，从剖析中找到自己在职业道德上的不足和问题，并努力加以克服，逐步提高自己的会计职业道德水平。

（3）谦虚谨慎、闻过则改。会计人员为了更好地反躬内省，除了进行自我批评和自我剖析外，还需有虚心听取意见、闻过则喜的精神。这就要听得进别人对自己的批评意见。会计人员要使自己在道德上不断进步，就不能没有勇于接受批评的精神。古人说："凡改我之失者，皆我师也。"人们往往不容易发现自己身上的缺点、错误，有时虽有发现，但认识也不一定深刻。这就需要他人——领导、同事或别的普通群众的批评和监督，虚心、诚恳而又冷静地考虑别人的意见，并举一反三，做到有则改之，无则加勉。这些实为会计职业道德修养的良方。

（4）脚踏实地、从我做起。脚踏实地就是要在会计职业活动中严格遵守职业道德的原则和规范，同时要精心地保持自己的善心和善行，使其积聚起来，并发扬光大。荀况曾说："积土成山，风雨兴焉；积水成渊，蛟龙生焉；积善成德，而神明自得，圣心备焉。故不积跬步，无以至千里；不积小流，无以成江海。"高尚的会计职业道德品质，不是一年半载就能够养成的，它需要一个长期的积善过程。只有不弃小善，从大处着眼，从小处着手，才能积成大善。倘若平时在工作和生活中不积善、不修德，却幻想有朝一日突然成为英雄模范，是根本不可能的。

（三）"慎独"是加强会计职业道德修养的优良传统和方法

1. "慎独"的含义

"慎独"一词来自儒家《礼记·中庸》："莫见乎隐，莫见乎微，故君子慎其独也。"意思是在独立工作、无人监督或做了坏事也难以被人发现时，仍能坚持自己的道德信念，依据一定的道德原则去行事，而不做任何坏事。所谓"慎独"，用现代语言来表述，是指在没有外界监督或独自一个人的情况下，自觉地严格要求自己，不做任何对国家、对社会、对他人不道德的事情。

据说我国东汉时期，有个叫杨震的人，被朝廷任命为太守，赴任途中路过昌邑县，该县县令王密想得到提拔,深夜只身送上黄金10斤。杨震拒收,王密说:"深更半夜没人知道。"杨震生气地训斥道:"天知、神知、我知、你知,怎么能说没人知道呢?"

可见,"慎独"既是一种道德修养方法,又是一种很高的道德境界。说它是一种道德修养方法,是因为通过自我约束、自我监督,可以更好地培养、锻炼坚强的职业道德信念和意志;说它是一种很高的道德境界,是因为它标志着一个人的职业道德品质修养已达到高度的自觉程度。

人的行为受思想支配,是内心活动的外露,因此,衡量一个人品质的好坏主要要看他的行为。但是,在纷繁复杂的现实社会中,人们的行为往往会因外部环境的影响,出现思想和行为不一致或不完全一致的情况。一个品质不好的人,可能在大庭广众之下做几件好事,而在无人知晓时便什么坏事都干出来。因此,衡量一个人好坏的主要标志,要注重看他在独处无人时的表现,即"慎独"的功夫。

充分发挥自觉性在道德修养中的作用是"慎独"最基本的特征。其主要表现一是以高度自觉性为前提,对高尚道德情操热烈追求,处理事情包括对待最隐秘、最细微的事情都要按道德准则行事;二是要求人们在独立工作、无人监督的环境下,也能够严格按照道德原则和道德规范行事。要达到这个境界,不仅要求对道德的原则、规范要熟知,而且要自觉地接受,使其成为自己的内心信念,并用这种信念支配和约束自己的行动。

2. 在会计工作实践中坚持"慎独"

"慎独"是会计道德修养的一种重要方法,是会计道德修养中的一类更高境界,它标志着会计人的职业道德修养已经达到了高度自觉的程度。会计工作点多、面广,又是与钱财打交道,单独外出工作、单独处理问题的机会比较多,而且有些工作专业性、技术性强,光靠法律、法规、制度和领导、同事、舆论的监督是不够的,必须有一种内在道德意志来约束自己。在改革开放的新形势下,我们有许多会计人员,不为金钱所诱惑,自觉地抵制不正之风,坚持了"慎独"精神。但也有少数人,甚至某些领导干部,利用工作便利,利用手中的权力,利用社会各种关系网络,置国家、集体和人民利益于不顾,私欲膨胀,贪赃枉法,这些都是与"慎独"精神格格不入的。"慎独"是在实践中实现的,是在明确职业道德目的、意义和自己应承担的道德义务基础上逐步发展而形成的。没有职业实践的反复进行,没有内心世界的思想斗争,没有意志的磨炼,"慎独"的境界是达不到的。我们每个会计人员都应具有"慎独"的精神和自律能力,不管有无纪律约束,不管有无监督,都能自觉地遵守会计职业道德规范,不干违背职业道德的事情。

那么,如何培养"慎独"精神呢?要做到以下几点:

(1) 在职业道德修养中应坚持自觉性。自觉地按职业道德的要求,持之以恒地进行修养锻炼。

(2) 在职业道德修养中应当从大处着眼,从细微处着手。古人云:"勿以善小而不为,勿以恶小而为之。"要成为具有崇高道德境界的人,并不是一朝一夕、一两件事就能成就的,而是要从一件件具体而平凡的小事做起,点滴陶冶。只有从现在做起,从点滴做起,从每一个细小的环节做起,才能在平凡的工作岗位上培养出良好的职业道德品质。

(3) 在职业道德修养中要坚持高标准、严要求。会计人员应以职业道德规范时刻检查自己,以自觉的内心信念去约束和克制自己,无论遇到什么情况,都能严格按照会计职业道德的要求行事,坚决不做坏事,真正做到"慎独",要对自己的行动提出高标准,并努力克服各种各样的困难,付诸实践。

道德修养由实践到认识,又从认识到实践,循环往复,不断提高,永无止境。一个人在自己短暂的一生中,总要不断地选择自己的行为。一个人能够达到的道德水平,并不能完全保证他在一切问题上都能做出符合道德原则和规范的选择。同时,由于社会的发展总是不断地向人们提出新问题,这样,依照人们原有的道德水平,就难以做出正确的判断和选择。这就要求人们的道德修养也要不断深化,永不停顿。而要做到这一点,很重要的一条就是要加强学习,学习马列主义、毛泽东思想和邓小平理论,学习我们党在长期的革命和建设中总结的基本经验,通过学习,不断提高政治素质与业务素质,使自己的道德修养实践沿着正确的方向前进。

二、会计职业道德自律机制

(一)会计职业道德自律的含义

自律与修养是两个意思相近且有着密切联系的不同概念。自律从狭义上讲是指自律主体按照一定的标准,自己约束和控制自己延续和行为的过程。其与修养的共同之处在于最终目的都是使自己的言行至善至美。两者的主要区别是:自律强调的是"律",是由外向内的求,是将一定的具体标准作为具体行为的参照物进行的自我约束、自我控制,并使具体的言行达到至善至美;而"修养"强调的则是"养",是由内向外的求,在于"心灵"的修炼,它的参照标准并不具体,行为也较抽象,难以用规范的语言进行描述。而广义的自律就是包含着修养在内的自律。

自律按其动因可以分为"外律"和"内律"两种。外律就是以外在的规定(如会计职业道德准则)作为参照物,通过外力的推动作用而进行的自我约束和控制,是一种被动和不自觉的行为过程;内律是指没有具体的规定作为参照物,通过加强自身修养产生的内在需求,自觉自愿地自我约束和控制的行为过程。外律是自律的初级阶段,内律是自律的高级阶段。

需要指出的是:外律和他律是有区别的。他律虽然也是"以外在规定作为参照物"的,但是它是在外力的强制推动力作用下的一种被动进行的自我约束和控制;而外律则不具有这种被动的强制性,它是一种被动的自觉性。外律、内律和他律之间的关系是:他律是自律的基础阶段,外律是自律的初级阶段,内律则是自律的高级阶段。

会计职业道德自律是指职业会计人员在会计职业生活中,在履行对他人和社会的会计义务的过程中形成的一类会计职业道德意识。它既是职业会计人员的一种强烈的职业道德责任感,又是职业会计人员依据一定的会计职业道德标准进行自我评价的能力素质。会计职业道德自律作为会计职业道德的一类情感,是职业会计人员对他人和社会义务责任的强烈感情表现,而作为一种自我评价能力素质,会计职业道德自律又是一定社会道德原则和规范在职业会计人员意识中形成的相对稳定的会计信念和意志的表现。会计职业道德自律的核心是会计职业的良心,它是对会计职业责任的一种自觉意识,是职业会计人员认识、情感和信念三意识的统一。因此,会计职业良心在职业会计人员的道德生活中就不仅仅是能使职业会计人员依据一定的职业道德原则和规范自觉地选择与决定行为的发自内心的巨大精神力量,而且在职业会计人员的行为过程中起着重要的主导作用。

同样需要指出的是:会计职业道德自律与他律是相辅相成的,是法治与德治相得益彰的统一和相互补充。因此,在强调会计职业道德自律的同时,不能忽视作为他律的会计职业义务,这是建立会计职业道德自律机制必不可少的。

(二) 会计职业道德自律机制

会计职业道德自律机制是指会计职业道德自律的结构和活动原理,是会计职业道德规范的具体要求、标准和内容转化为职业会计人员自身的内在目标、准则和需要,是职业会计人员自觉承担的职业行为选择结果。在这种机制下,会计职业道德规范的执行不是受制于外力的作用,而是通过会计人员的自我调节、约束、判断和自我"守法"来实现的,是一种自觉遵守会计职业道德规范内容及要求的制度安排。

1. 会计职业道德自律机制的本质

会计职业道德自律机制从本质上讲是对职业会计人员集体意志和责任的具体要求。它不是某一职业会计人员个体的行为和意志的要求,而是以或多或少地牺牲职业会计人个体利益为前提的、以体现整体利益原则和规范为善恶标准,来调节会计职业人个人利益和职业整体利益矛盾的;是通过会计职业道德自律管理体制的设置、法律及制度安排、职业良心的建立和约束、职业职责规范及自我评价等手段来实现会计整体利益要求的一种运转形式。

需要建立会计职业道德自律机制的一个重要原因是:自律是以职业良心为核心的,但是在个体职业道德没有完全达到十分成熟的条件下,就有必要要求职业团体以职业价值为目标、为前导,将职业道德的自律与他律有机地结合起来,建立职业团队的自我约束、自我控制机制,也就是说,会计职业道德自律机制是一种尽可能发挥他律职能作用的自律机制。

2. 会计职业道德自律机制的特征

会计职业道德自律机制的特征是会计职业道德自律机制本质的外在表现。会计职业道德自律机制的主要特征是:

(1) 外在组织、制度安排与内在体验、意志的和谐统一。这是因为会计职业道德自律机制以外在的管理体制、法律、制度等的安排为运行方式,同时它又是以会计职业良心体验、职业意志约束、职业责任限制为主要内容的一种职员道德运行形式。如果没有外在组织、制度安排与内在体验、意志的和谐统一,而仅仅依靠职业良心、意志,则会计职业道德自律机制的作用将十分有限。

(2) 经济目标与道德目标的统一。会计职业道德自律机制的基本目标是经济目标和道德目标,前者追求的是经济效益,后者追求的是职业信念和职业理想行为。这里的经济效益是指社会经济效益和会计职业集体经济地位及经济利益在内的效益,它规定了会计职业道德自律机制的最高评价标准是有用性和有效性;规定了会计职业道德自律机制追求的职业信念和职业理想行为的最高职业标准是公正无私。只有达到实事求是、客观公正的境界,会计职业道德自律才能取得相应的社会经济地位,实现提高经济效益的目标。

(3) 认识与调节功能的统一。会计职业道德自律机制的基本功能是认识功能,而调节功能是建立在认识功能之上的功能。但是认识功能毕竟不能完全实现会计职业道德自律机制的最终目标,因此调节是会计职业道德自律机制中最重要、最突出的功能,两者相辅相成、和谐统一地共同发挥作用,实现自律机制的目的。

(三) 会计职业道德自律机制的构成要素

会计职业道德自律机制的构成要素是指保证会计职业道德自律机制正常运行,充分发挥其职能的基本构成要件。尽管由于按不同的标准划分的会计职业道德自律机制在内容结构上存在着一定的差别,但是任何一种会计职业道德自律机制一般都由以下基本的要素构成:目标、约束、法规、功能、环境和能力。

1. 会计职业道德自律机制的目标

会计职业道德自律机制的基本运行目标,就是完善整体的会计职业道德和职业会计人员个体的道德,并使两者有机地结合和统一。前者包括整体会计职业道德自律机制的结构层面、要件以及整体的最佳状态,会计职业道德自律机制的反映功能的最优化和由此显现的会计职业道德关系的协调,会计职业道德风尚的健康与淳朴;后者则以高度的道德责任感为核心,包括自我职业道德认识、道德选择、道德控制和评价等能力的完善,以及会计职业道德行为和品质水平应达到的最高境界。

由于会计职业道德自律目标是受不同历史时期、不同地区或单位会计主体价值取向影响的,因此,会计职业道德自律机制目标需要解决的核心问题,就是正确地处理和解决因为不同价值取向而造成的较高与较低级次目标之间的矛盾问题,以实现最佳的自律机制目标。

2. 会计职业道德自律机制的约束

会计职业道德失范的根本原因在于"心"和"欲",而会计职业道德自律的最高境界则在于"制心""养心"。"心不修养没有德,树不修剪难成木",道德自律的根本方法就是"约束"。自律机制的一个核心就是"约束",自律者只有按照自律的一定标准和原则时时进行自我约束,行所必行,止所必止,才能最终达到"制心"的作用和目的。

在实践中,我国会计工作者总结出的"会计十戒"就是行之有效的约束方法和评价指标。这十戒是:

一戒贪污公款,要廉洁奉公,一尘不染;
二戒弄虚作假,要合理开支,实事求是;
三戒铺张浪费,要精打细算,节约开支;
四戒办事拖拉,要及时结账,按时报账;
五戒厚此薄彼,要秉公办事,一视同仁;
六戒乱开乱支,要先收后支,量入为出;
七戒唯命是从,要坚持原则,遵纪守法;
八戒闭门算账,要深入调查,民主理财;
九戒我行我素,要热情待人,优质服务;
十戒只干不学,要钻研技术,提高水平。

会计人员在平时的工作和生活中应当高标准、严要求地不断修炼自己,提高自己的自控和自律能力。

3. 会计职业道德自律机制的法规

会计职业道德自律机制是建立在一定的规章制度之上的，是以一定的法规作保证的。这些规章制度以及法规包括的基本内容有：会计职业道德自律规范和要求、自律组织建设规章制度、自律检查规章制度等。会计职业道德自律机制规范力的强弱取决于规范自身在多大程度上反映了客观规律的要求，是否有助于会计人员及自律组织达到预期目标和会计人员素质高低与修养水平两个方面。一般而言，在满足了上述两个方面条件的前提下，会计人员就更能够自觉地遵守规范的要求。

4. 会计职业道德自律机制的功能

功能是事物内在所具有的基本能力。会计职业道德自律机制的基本功能有两个，即反映和调节的功能。它们在会计工作中表现为会计人员及其组织的自律能力和方法。这种能力和方法来源于会计人员长期实践经验的总结、积累和升华，而它的传播则是通过教育或个人经验和习惯的直接传授。会计职业道德自律机制功能的发挥主要表现在以下四个方面：

一是目标决策，即保证会计职业道德自律机制运行目标对各个不同取向目标的决定支配和主导作用。

二是目标控制，即通过自律机制的基本目标的分解和具体化，保证这些目标的最终实现。

三是目标协调，即在某种具体目标因为过度膨胀或冲动而有悖于总体目标时，适时地施加影响和干扰。

四是目标的应变，即保证预定的自律目标实现值，能够顺应外部条件的变化和自律运行过程中自身的变化得到有效的校正。

5. 会计职业道德自律机制环境

如果说会计工作是一种社会经济管理工作，会计资料是一种社会资源，那么会计人员则是社会经济群体的一个重要组成部分。换句话说，会计人员只有在会计职业环境中，才能从事工作，他（她）才是从事会计职业的人。因此，会计职业道德自律机制的建立一方面应当尽可能地适应会计这个特定环境的要求，另一方面社会要尽量地为会计职业道德自律的形成提供更适宜的内外部环境条件。按照《会计法》的要求，在发挥会计人员以及组织职业道德自律主导作用的同时，还应当充分发挥业务主管部门、政府财政部门以及其他管理部门的监督作用，动员全社会都来支持、关心和理解会计工作，营造一种良好的社会氛围，才能使会计职业道德自律机制真正发挥其应有的作用。

6. 会计职业道德自律机制能力

这里的会计职业道德自律机制能力是指它的运行能力，主要表现为以下三个方面：

（1）自己选择能力。自己选择能力包括自律运行目标的自己选择能力和自律运行方式的自己选择能力。前者是指在若干可行目标并存的情况下，会计职业道德自律运行系统仅基于自身固有的内部机理来选择某一运行目标，同时摒弃其他运行目标，如果人为地强加有悖于其内部机理的目标，那么它就会以扭曲或偏离的形式来加以"报复"，运行目标的自我选择能力强弱的评价标准是目标的实现值和预期值的相当或偏差;后者是指在若干可行自律方式并存的情况下,自律运行系统基于其内部机理会选用某种特定的运行方式,而拒绝选用其他的运行方式,如果人为地强加同其内部机理相悖的运行方式,那么它势必会以延缓或中止其运行来"报复",运行方式的自己选择能力强弱的评价标准是运行方式的效率高低。

(2)自我组织能力。自我组织能力主要表现为三种情况:一是由自律的无序状态过渡到有序状态,即通过会计职业道德自律的组织作用,使会计职业道德自律由无序状态逐渐或突然地转变为有序的运行状态;二是由自律的不稳定状态转变为相对稳定的状态;三是由自律的已有的有序和稳定的状态转化为一种新的有序和稳定的状态,实现自律的升华或更新。

(3)自己控制能力。自己控制能力是指会计职业道德自律机制依赖内部机理,排除各种环境变化等的干扰并最终实现预定目标的能力,主要包括预先自控能力和随机自控能力两种。前者是指依赖其内部机理和经验以及预测而形成的具有预先抗干扰的能力;后者是指在自律运行过程中或结束时,随时根据反馈信息适时检查并修正因外来或内部干扰而引起的偏差,最终实现最佳目标效果的能力。会计职业道德自律机制的自控能力评价标准是自律过程抗干扰及修正干扰差异能力的强弱。

小贴士

水和人心

巩固土质,使其不至于松懈的无疑是水分。因此,水分一缺,土壤马上就会四分五裂,这个时候,只要风一吹,地面就立刻沙舞尘扬,变成毫无生机的沙漠。

在社会上,沟通人与人之间情感的无疑是一颗体谅的心。虽然是件微不足道的事,但只要有颗互相体谅对方的心,就是荒漠里的甘泉。当人与人之间失去了这种互相滋润的泉水时,就会产生干裂。此时,社会上的每一分子就变成了一粒粒的尘沙,失去了联系,犹如乌合之众。只要有些不如意的琐事,就各自飞散起来。

上善若水,联结土壤的是水,维持人类社会的和谐与安康的是互相体谅的心。

世事多变,但愿社会上的每一个人都不要干涸了滋润的泉水——体谅的心。

(资料来源:王忠明:《经营人生——松下幸之助经营之道》,文字有改动。)

小知识

革命根据地会计职业道德

1. 把收钱、管钱、支配的各个机关分开;
2. 把各级收入、开支划给各系统管理,使各项收支有章可循;
3. 确定会计科目,规定各项目的名称和范围,使之一目了然,彼此相符;
4. 规定预算规划,无预算者不给钱;
5. 统一簿记、单据,确定计价方法,账目要有凭证,账簿格式或大小一致;
6. 规定交接制度,防止交卸接管中间的舞弊和损失。

(资料来源:www.baidu.com,文字已作修改。)

小故事

唯善是举

春秋时，晋国大夫祁黄羊才识超群，备受晋平公的重用，朝中官员的任免，常与他磋商。

有一次，晋平公召祁黄羊进宫议事。平公问祁黄羊道："南阳县令疏忽职守，现已将其免职，寡人想委派一位能干的官员去接任，你看谁合适？"祁黄羊想了想，回答道："解狐。"晋平公感到非常诧异，问道："寡人曾听人言，解狐是你的仇人，你怎么推荐他呢？"祁黄羊严肃地回答说："是的，解狐与老臣有仇。但是，现在大王并没有问谁是臣的仇人，而是问谁能胜任南阳县的县令啊！"晋平公闻言，十分高兴地说："爱卿真是个无私的人，好！寡人就委派解狐。"解狐做了南阳县令后，励精图治，一扫弊政，南阳百姓有口皆碑。

过了一段时间，晋平公又召祁黄羊进宫议事。平公道："朝中现在缺少一位精明正直的法官，你看谁人可以担任此职？"祁黄羊不假思索地回答说："祁午。"平公很不高兴地问："祁午不是你的儿子吗，你怎么向寡人推荐自己的儿子呢，难道你不怕别人说你徇私吗？"祁黄羊正色回答道："祁午是老臣的儿子，但现在大王问的是谁能担任法官，并没有问祁午是不是臣的儿子啊！"晋平公想了想，觉得很有道理，于是立刻下诏让祁午当了法官。祁午到任后，刚正不阿，执法如山，举国上下，一致赞扬。

后来孔子知道了这件事，赞叹祁黄羊是外举不避仇，内举不避亲的典范。

（资料来源：蒋亚魁等：《古人美德故事》，文字已作修改。）

酉章 会计职业道德修养与自律机制

【学习《平"语"近人》】

学习习近平总书记多年来一系列重要讲话、文章、谈话中，所引用的中华古代经典名言和文籍警句，重温经史典章，重拾民族之根，重振复兴梦想，做推动传播和践行习近平新时代中国特色社会主义思想之青年先锋。

观、读、释、谈、问、诵，《平"语"近人》之《天下之治在人才》篇。

《平"语"近人》第十集：德才兼备 以德为先

学习心得：

会计职业道德

戌章
会计职业道德评价

一、会计职业道德评价的实质和作用

（一）会计职业道德评价的实质

道德评价，是指人们在社会实践活动中依据一定社会或阶级的道德规范、准则，通过社会舆论或个人心理活动等形式，对社会中群体和个体的行为、品质进行褒贬扬抑的价值判断。

在现实生活中，人们常常用一定的道德原则和规范去衡量他人的行为和自身的行为，做出肯定或否定的回答，并以之指导自己的实践活动。这种特殊的道德活动形式，就是我们所要讲的道德评价。

道德评价的对象是人的道德行为。对他人行为的道德评价，是为认识别人的道德行为服务的；对自己行为的道德评价，是为认识自己的道德行为服务的。这种评价活动一般有两个层次：首先是按照一定道德的评判标准去判断某一行为是善或恶；其次是肯定善的，鞭挞恶的。

在道德评价的具体过程中，凡是认为符合一定道德标准的行为就应该加以肯定和赞扬，形成一股支持、鼓励的精神力量，使那些符合道德原则和规范的行为被人们接受并得到发扬，促进人们养成良好的道德习惯；凡是认为是不符合道德的行为，就要加以反对和批评，形成一种抵制和否定的精神力量，制约这种不道德行为的发生。同样，个人在一定道德观念的支配下，也会用一定的道德标准来检查、判断自己的行为是否符合道德要求，做出肯定或否定的结论，通过自我评价，不断提高自己的道德水平。

会计职业道德评价，是以会计职业道德原则和规范为标准对会计人员和从事会计业务的行为实体的职业行为进行道德或不道德的价值评价，以达到褒正贬邪、抑恶扬善的目的。会计职业道德评价的实质是会计行为道德规范这种"软"约束付诸实施的必要方式，借助于道德评价，会计道德规范才可能发挥潜在的裁判和激励效力。

会计职业道德评价有两种形式：一是社会评价，即会计行为当事者之外的组织或个人对会计人员（或会计行为实体）的职业行为的道德性评价。其具体分为同行业评价、本单位内部评价、用户评价及社会公众评价等。通过评价，对评价的结果或借助于行律、行规和单位组织的奖惩，或借助于社会舆论、大众传媒的宣传、谴责，形成一种他律环境，使会计人员的行为符合社会期望的职业道德规范。二是自我评价，即会计人员对自身职业行为所进行的道德评价。会计人员通过运用会计道德理论、会计道德规范以及会计法令、法规来对照检查自己的职业行为，认识哪些职业行为是符合职业道德的，哪些行为是不道德的，从而弃恶从善，自觉履行自己的社会责任。自我评价可以形成一种自律环境，使会计人员形成符合社会要求的行为方式和职业道德观念，努力成为一个道德品质高尚和道德信誉好的行为主体。

（二）会计职业道德评价的作用

道德评价是一定社会用以调整人们的关系，维护社会秩序的重要形式。凡是在个人与他人、个人与社会发生道德关系的地方，就存在着道德评价。如果没有这种道德评价，人们的行为就分不清是与非，分不出善与恶，思想意识就会混乱一团，行为就无所适从，那就没有什么道德可言了。道德评价是一种客观存在着的，人人都能体察到的巨大的精神力量，它主要是对人们的道德思想和道德行为起着裁判、激励、示范和调节的作用。

通过道德评价，可以对道德行为的是与非、善与恶发挥裁判作用。道德裁判存在于强大的社会舆论之中，建立在人们的内心信念、良心之中。其特点是深入到人们的精神世界，作用于人的情感。道德评价的这种裁判作用是法律裁定、纪律制裁所不能代替的。法纪的裁判只说明某个行为允不允许，而道德裁判则诉诸应不应该，它是以唤起人们的自觉心理和自觉行为为前提的。一种不道德行为若受到道德的裁判，而行为者可能没有受到法律、纪律的制裁，但他会受到社会舆论的谴责，使之感到良心不安，以致引咎自责。道德在一个人采取行动之前对其行为的动机发生作用；而法纪只对行动的后果有效。所以说，道德是一种鼓励人们向上的积极力量，而法纪则是对侵犯别人利益行为的消极制裁。

通过道德评价，裁决和批判不道德行为，褒奖和提倡符合道德的行为，就能发挥道德评价的激励作用。它鼓励人们行为从善，以达到更高的精神境界。道德评价的裁决作用和激励作用是辩证统一的，都同样深入到人们的精神世界，作用于人的道德情感，而且往往同道德行为的榜样、同一定阶级理想人格的典范结合起来，形成一种优化社会环境的巨大精神力量。

通过道德评价，可以给人们树立好的道德典范和道德榜样，使人们有所模仿，有所遵从。道德评价会对好的做法、好的人物给以及时的肯定，在一个单位或群体中树立起各种典范和榜样。如工作扎扎实实、兢兢业业的人，模范遵守纪律的人，敢于开拓创新的人，诚实守信、办事公道、廉洁奉公的人等等，这些人是人们在长期的工作实践中经过持续的道德评价予以公认的，就在我们身边，他们的事迹令人信服。因为道德评价是一种公众评价，这种评价方式本身就保证了评价结果的相对公平可信，它可以避免那种简单地由权力来确定典型所存在的片面性和人为拔高的情形，其形成的氛围也就更加真实、更有影响力。道德评价树立榜样和典范的功能是道德评价的重要功能，也使得道德评价在形成健康向上、积极进取的道德氛围中承担着重要的角色。

通过道德评价，人们能很清楚地认识到哪些行为是符合道德原则和规范的，应该提倡；哪些行为是不道德的，应该纠正。这样，在未来的道德实践活动中，人们就会自觉调节自己的道德行为，坚持善的、摒弃恶的，经过长期努力，逐步形成优良的道德品质。这就是道德评价的调节作用。

会计职业道德评价同样具有裁判、激励、示范和调节作用。在会计职业道德实践活动中，它具体体现为如下三个方面：

1. 促使会计职业道德意识转化为道德行为

如前所述，会计职业道德评价是依据会计职业道德原则和规范去判断会计道德行为的。这种评价的结果，是要求未来的道德行为符合道德意识，而这种道德意识是对客观的道德关系和道德要求的正确反映，也是以往道德活动的结果。所以，会计职业道德评价对已经发生的会计职业道德行为起到裁决作用，对未来的会计职业道德行为起到调节作用。这种裁判和调节的结果，就促使会计职业道德意识转化为道德行为。未来的道德行为变成现实以后，又利用职业道德意识去评价。由此可见，会计职业道德评价就是从道德意识向道德行为不断转化的媒介，它推动会计职业道德活动的深化。

2. 保证会计职业道德原则和规范的实现

对一切职业道德行为进行评价时，都应以职业道德原则和规范为尺度去加以衡量。不符合道德原则和规范的行为被裁定为不道德行为，受到谴责，要求纠正，使其纳入规范的体系；而符合道德原则和规范的行为，就得到肯定、赞许，要求发扬。不道德行为经过纠正已纳入道德规范的体系，道德的行为原已在道德规范体系之中得以继承发扬。这样，整个会计职业道德行为都按会计职业道德规范体系的要求来进行，会计职业道德的原则和规范就在会计行业的实践活动中得以实现。通过不断地对会计职业道德评价和对行为的规范，加深了对会计职业道德规范体系和内容的理解，促使我们更好地进一步去评价、规范会计职业道德行为。经过这种循环往复，使会计职业道德原则、规范更广泛深入地在会计事业实践活动中实现。

3. 促进良好的会计道德品质和职业道德风尚的形成

会计职业道德评价的一个重要目的，就是要培养会计人员强烈的道德责任感，对于善的行为应有道德上的满足，对于恶的行为能够在道德上进行批判，从而形成一种深入人们内心世界的精神力量，并以此作为评价和选择自己行为的指南。

无论是社会道德评价还是自我道德评价，对会计人员来说，在对他们的行为和品质进行分析和议论中，都会明确地将会计工作中的善恶标准传达给其他会计人员，而会计人员也正是在这种反复的评价活动中获得了关于什么是道德、什么是不道德、什么是善、什么是恶的道德观念和道德意识，了解哪些事应该做、哪些事不应该做。如果没有道德行为评价，人们就不知道自己和他人的道德行为中哪些体现了优良的品德、哪些表现了职业的恶习，就不知道哪些应该发扬、哪些应该克服。因此，道德评价既能激励人、激发人积极进取的上进心，也能规劝人、帮助人划清善恶界限，改正自己的缺点和错误，坚持正确的人生目标。同时，它还能深入会计人员的内心，引起良心内省，产生光荣与耻辱、正义与邪恶等感觉，从而唤醒会计人员的道德良心和觉悟，激起会计人员的道德责任心、自尊感，使会计人员在自己的工作中自觉规范自己的职业道德行为，逐步培养自己的高尚品德，形成高尚的人格，使自己成为一个更有益于会计事业的人。

会计职业道德评价在会计职业道德的建设中有着十分重要的作用，所以我们在会计职业道德建设时，需要很好地发挥道德评价的作用，有目标地引导人们在实际工作中树立正确的职业道德准则，掌握道德评价的方法，形成一种有利于培养人们好的道德情操的整体氛围，使道德评价更好地发挥作用。

二、会计职业道德评价的标准和依据

（一）会计职业道德评价的标准

进行道德评价，在具体操作层面，首先遇到的就是评价的标准和依据。搞清楚评价的标准和依据并正确地掌握运用它，是做好道德评价的前提。

1. "善"或"恶"是评价人们会计职业行为道德与否的基本标准

会计职业道德评价的标准是指人们对会计人员道德行为进行评价时的尺度。道德评价是对人的行为及相关行为实体的道德价值的衡量和判断。衡量或判断就必须有准绳。

人们常以善与恶、崇高与卑贱、光荣与耻辱、公正与偏私、诚实与虚伪、正义与非正义等道德范畴来表达对人们行为的评价。其中善与恶是这些范畴中最一般、最基本的道德范畴，比较广泛地包含着其他范畴的内容。因此，善与恶就成为道德评价的标准，同样也是会计职业道德评价的标准。

伦理学上所说的"善"，是指符合一定道德原则和规范所要求的行为或事件；所说的"恶"，是指某一行为或事迹违背了一定道德原则和规范所表达的要求。需要说明的是，善和恶作为一种伦理范畴具有非常广泛的含义，它指的是行为是否正当，是否符合社会进步的要求，不是我们在特定意义上理解的狭义的善和恶。从这点上来说，一切不良道德行为都应该被归属于恶，如工作不尽职、说谎话、占小便宜、不遵守公共秩序等等，并不一定要干出十恶不赦的事来才是恶。善自然也是如此。

善与恶作为在会计职业领域中对人们的行为进行评价的最一般的概念，是衡量会计人员及相关行为实体与社会之间的复杂道德关系的最一般准则。然而，会计作为一个独立的职业，有其特有的职业道德原则和规范。从我国会计工作的性质和任务来分析，会计职业道德评价的具体标准可以归纳为以下几点：

（1）是否有利于社会生产力的发展。会计作为经济管理的工具，生产力标准是根本性的标准，因而会计职业行为是否促进了社会整体生产力的提高就成为衡量其行为道德性的根本标准。

（2）是否有利于国家财经法律、法规及国家统一会计制度的贯彻落实。这是最基本的评价标准，也是会计职业行为是与非的基本界限。

（3）是否有利于保证各项会计业务工作的正常秩序和单位的发展。会计作为单位经济管理工作的重要组成部分，首先要在遵循国家有关规定的前提下为本单位的发展服务，这也是生产力标准的具体化。

（4）是否有利于充分调动员工的积极性，促进其工作效率的提高。会计在处理单位与员工利益关系上发挥重要作用，处理得是否得当，直接影响着广大员工的工作积极性。

判断会计人员及相关实体行为善恶的科学标准，只能是合乎历史必然性的从一定社会利益中引申出来的会计道德原则和规范，它必须是以追求社会生产力的发展和人民群众根本的长远的利益为自己的最高功利原则。这样的善恶标准，是社会性和客观性、相对性和绝对性、理想性与现实性的统一。只有按照这样规定的善恶标准去评价会计人员及行为实体的职业道德行为，才是客观公正和有现实意义的。

2. 善恶标准的客观性

善恶标准是具有客观性的。善、恶作为道德评价标准，其内涵并不是哪个人主观臆造的，而是一种客观存在。这种客观性具体体现在，凡是有利于推动社会进步和发展的行为就是善的，否则就是恶的。

3. 善恶标准的相对性

随着历史的发展变化，善恶观念也是不断地发展变化的，永恒的、绝对不变的善恶观是不存在的。因为首先，人们对客观世界运动、变化、发展的规律性的认识是有限的。如当人们不能能动地认识和改造世界，甚至产生违背客观规律的盲动时，这些行为就不能叫作善。只有当客观规律被人们所认识，并运用科学的认识去指导去改造客观世界时，这些实践活动才有可能是善的。其次，善恶观念总是受到时代的制约，特别是社会文明和科学技术进步对职业道德善恶观念有深刻的影响。随着生产的不断发展和科学技术的不断进步，随着社会精神文明程度的不断提高，有可能使一些科学技术的新成就和精神文明的新要求转化为职业道德的要求，不断地给职业道德提出新的内容，那么作为评价职业道德标准的善恶范畴，其内涵必然也会发生变化。因此，必须遵循"一切以时间地点和条件为转移"的方法论原则，重新审视评价所依据的标准，使善恶标准具有相对性。

4. 善恶标准的绝对性

善恶标准的内涵虽然会随着时代发展和科学进步的不断发展而发生变化，但它作为一种评判是非的道德标准，和任何事物一样都具有质的稳定性。从本质上看，善恶有其相对不变的客观标准。例如，作为会计职业道德评价的标准，为人民群众的根本利益服务是评价基准，是一条根本不变的原则，它体现了评价标准的绝对性。所以，一切有利于社会公众事业发展的行为（如科学理财、勤俭节约、廉洁奉公、诚实守信、忠于职守、客观公正、求实高效、刻苦钻研等）都是善的；反之（如违法乱纪、以权谋私、失职渎职、欺诈作伪等）则都是恶的。

（二）会计职业道德评价的依据

1. 对会计职业道德评价依据的不同认识

会计职业道德评价标准的重要性，在于为会计职业道德评价提供了基本的前提。而要进行会计职业道德评价，不仅要有科学的评价标准，还必须解决好会计职业道德评价的依据。会计职业道德评价的依据是指评价对象（会计人员的职业行为）提供给评价主体与标准对照的根据。会计职业道德评价的标准对于会计人员的行为来说是外在的，而评价的依据则是内在于会计人员的行为之中，是构成行为的要素即会计人员行为的动机与效果。

会计职业道德评价的对象是会计人员所从事的工作。人的活动是受自己意志支配的，会计人员从事的会计工作是在会计人员意志支配下的活动，它表现为一个从行为的动机到某种效果的过程。所以，我们要对会计人员及其工作进行评价，就要涉及会计人员的行为动机和行为的效果。所谓行为动机，是指促使会计人员去实施行为的主观原因；所谓效果，是指会计人员行为完成之后产生的客观后果和结果。动机和效果是会计人员工作中的两个重要环节和因素，也是我们在道德评价中必然碰到的两个决定评判结果的环节和因素。

在道德评价中，究竟以主观动机作为评价依据，还是以客观效果作为评价依据，这个问题常常成为困扰人们的一个症结。会计工作是和钱打交道的，稍有不慎就会造成直接的经济损失，所以主观上要求工作中要格外地谨慎，不能有丝毫的大意，要非常有原则性，不能随意灵活，但工作中过分地谨慎和原则性，又有可能给人造成一种缺乏开拓创新精神和不能从实际出发灵活处理问题的印象。这中间的度是很难掌握的，掌握不好，就会出现好心办坏事的情况，本来是要维护国家利益，但却在实际中造成了并不理想的结果。这类问题，在评价时就牵扯到动机与效果的关系问题。不问动机，一概否定，会伤害会计人员的积极性，也会在周围人群中形成不好的影响；只看动机，不看效果，一概肯定，会误导人们的行为，也难以引起当事人的注意和帮助当事人改进工作。

2. 坚持把动机和效果的辩证统一作为会计职业道德评价的依据

会计职业道德评价，应以行为的动机和效果的辩证统一作为判断善恶的依据。尽管动机和效果是一种非常复杂的关系，而且两者经常处于对立的矛盾状态，但是，在会计工作中做到动机和效果的辩证统一则是完全可能的。这是因为：

首先，动机包含对一定效果的追求，它是从实践中产生的，并指导行为产生一定效果，而效果又是一定行为动机的体现。任何一个人的行为动机，都不是超越实际需要的空洞的意向或愿望，而是由一定的目的和效果所决定的。会计人员在职业活动中产生的为人民理财的动机，驱使他们在实践中忠于职守、秉公办事、坚持原则、不谋私利，从而在自己的岗位上取得良好的工作成绩。在行为的整个过程中，为人民理财的动机指导一系列的理财行为，从而取得良好的工作成绩，这个客观效果又体现了为人民理财的动机。由此可见，动机和效果相互包含、相互依存，紧密结合在一起，贯穿于整个行为过程的始终。

其次，动机和效果的统一，还表现在两者是相互转化的。动机一定要转化为相应的效果才能实现动机的作用。动机是主观的东西，必须转化为客观的效果，否则，动机只是一个无效的空想。人类如果只是空想，人类社会也就不可能进步。此外，人的行为是有历史性和连续性的。人们总是吸取上一代或同一代人的经验而行动的，上一代或同一代人在实践活动中取得的效果又成为新的动机产生的基础。

再次，动机和效果的统一，在道德评价中，还表现在它的善恶价值是统一而不可分。一般来说，好的动机产生好的工作效果，坏的动机引导出坏的工作效果。比如，一个优秀的会计人员，本着为国家为人民负责的高度责任感，总是力求做到账目清楚、核算准确、收支相符、监督严格、反映真实；而一个借工作之便贪污公款的人，就会千方百计地搞乱账目，乱中渔利。动机和效果达到完全的统一，判断行为的善恶就比较容易了。

最后，动机和效果的统一，是矛盾的对立统一。动机是主观的，效果是客观的，两者存在着矛盾。这种矛盾具体表现为：好的动机可能产生坏的效果，或者坏的动机可能产生好的效果，这类现象时有发生。我们在总体上承认动机和效果之间的统一时，又要看到在统一中包含着某种差异和矛盾。动机和效果不一致时，判断善恶的难度较大。在这种情况下，应该在整个实践过程中全面考察会计人员的动机。在具体评价会计人员的职业行为时，我们强调动机和效果两者不可缺一这个前提，但并不是说二者在评价中没有主次之分。通常情况下，动机在道德评价中应占首要地位，这不仅因为它体现了道德评价有别于其他评价的特殊性，而且因为动机反映人的行为的整个精神趋向和原始意图，是行为者精神境界和行为本质的最好体现。然而，动机作为一种观念形态的东西是无法直接看到的，究竟行为者在行为之前和行为过程中心里是怎么想的，我们无法通过直观的方法知道，所以要弄清行为者的动机就必须借助于效果。人的行为效果对其动机具有检验和验证的作用。说到这里，不是又等于以效果作为依据了吗？不然，我们这里所讲的效果并不是简单地只指一件事、一个行为的效果，而是行为者一系列行为的集合体、行为的全过程和行为整体的效果。

效果对行为的检验作用，突出地表现在：当行为者已经发现行为的后果不正常或将不正常时，是积极地采取补救措施，尽快重新审核行为方案，寻找出现差错的地方，调整原方案，防范事情向着不好的方向发展，还是听之任之，漠不关心；当行为的后果明显错误时，行为者是从内心深处感到不安、愧疚、自责，并真诚地进行自我批评，认真总结经验教训，还是对出现的错误满不在乎、毫不介意，甚至找种种借口一味地替自己辩解、为自己开脱。这两种情况我们在现实中都能经常见到，大家也都会有一种评价。前一种人，一看便知道在行为过程中怀有纯正的目的或动机，后一种人不管他们如何宣称自己行为高尚、动机纯正，也很难让大家接受他们的自我表白，很难以他们自己的说法为依据来对其行为做出好的评价。

当然，也有人为了达到某种目的把自己的动机深深地隐藏起来，甚至做一两件好事来掩护自己真实的不良动机。但是，第一，人们在肯定他们所做的好事时，并不会因此肯定他们的一切。第二，这种人很难经得起时间的考验，只要他的不良动机存在，终究会在今后的行为中表现出来。所以，最终人们会对他的行为做出合乎实际的评价。

因此，在会计职业道德评价中，应根据动机和效果的辩证统一关系，具体地客观评价行为的善恶，既看动机又看效果，联系动机看效果，通过效果看动机。既要重视行为的动机，又要重视行为的效果，这样才能得出正确的结论。在道德评价中，应该特别强调实践的检验作用。因为，实践是动机和效果统一的基础，也是进行道德评价的基础。人们的动机总是从实践中产生的，没有实践就无所谓动机。效果只是整个行为过程中的一个阶段，是行为的最终结果或归宿，即实践是人们在主观动机指导下力求达到一定效果的整个过程，从这个意义上说，会计职业道德评价的依据又是会计工作的实践本身。

总之，我们在进行道德评价时，基本的原则是坚持动机与效果的统一。在此前提下，略微偏重于行为的动机，在检验动机时主要依据行为效果。联系动机看效果，透过效果看动机，这样才能真正公平地评价人们的道德行为。

三、会计职业道德评价的方法

(一) 社会舆论的评价方法

完成会计职业道德评价的任务,除了要掌握会计职业道德评价的标准和会计职业道德评价的根据外,还要掌握会计职业道德评价的一系列方法。会计职业道德评价的方法主要通过社会舆论、传统习俗、内心信念以及考核评比等方法来进行。

所谓社会舆论,是指人们依据一定的道德标准,对他人的行为品质所做的赞扬或谴责。社会舆论就其内容和性质来说,可划分为政治舆论、文艺评论、宗教舆论和道德舆论等。政治舆论在社会舆论中占据主导地位,因为它最集中、最直接地反映了社会的经济关系和阶级利益关系。道德舆论是社会舆论的重要组成部分,它与其他社会舆论相互联系、相互补充,构成了道德评价的最重要、最基本的方式。

运用社会舆论的方式对会计职业道德行为进行评价,就是指人们依据会计道德评价的标准,对会计人员的思想和职业行为所做的褒奖或低贬,如光荣或耻辱、公正或偏私等。社会舆论对会计职业行为的调整的巨大影响力不可忽视。我国发生的几起重大财务舞弊案,都是由舆论传媒首先披露出来,然后司法介入而最终解决问题的,如"琼民源""银广夏""长生生物"等上市公司的财务舞弊案。

社会舆论具有两个显著的特点:一是范围的广泛性,凡是存在人群的地方,任何人都要受到社会舆论的制约。二是外在强制性,也就是任何人都会受到社会舆论的压力。正是社会舆论具有这些特点,它才成为影响人们意识和行为的强大力量,成为道德评价的主要方式。社会舆论是外在于个人的一种群体精神力量。对于同一行为,基于人们的认识不同或所持的道德标准不同,有时可能含有几种不同的舆论。

每种舆论都产生于一定的群众基础之上,代表一部分群众的意见。毫无疑问,一个人或少数人很难形成舆论;如果各种看法相互矛盾、诋毁,就无法形成一种精神力量,也就形不成舆论。社会舆论不但反映、调整着人们之间以及个人与社会之间的关系,而且对个人的道德行为产生巨大的影响。一般来说,得到社会舆论赞扬和支持的道德行为,往往可以冲破各种阻力得到发展,从而产生巨大的精神力量并转化为物质力量;受到社会舆论强烈谴责和反对的不道德行为,往往难以实现其目的,甚至会失败。

社会舆论是影响个体思想和行为的强大力量,是社会道德调控的重要载体,它通过向行为主体传递关于其行为的价值信息,使行为主体了解自己的善恶结果;通过赞誉或谴责所形成的精神力量,迫使行为主体接受外来的善恶裁决,从而坚持或改变自己行为的道德价值取向。

社会舆论就其产生来说,有自觉和自发两种方式。

自觉的社会舆论,是指一定的阶级利用各种舆论工具,广泛宣传某种观点或思想,使得被宣传者愿意接受这种观点或思想,从而促进一种社会精神力量的形成。在会计领域,自觉的社会舆论是指党和各级人民政府以及国家会计管理机关(财政部门),利用各种舆论宣传工具,表彰和肯定优秀会计人员,谴责和否定少数会计人员的不道德行为,对会计人员进行宣传教育，从而形成一种精神力量，使会计人员接受并遵循会计职业道德规范。我们在进行会计职业道德教育和职业道德评价的实践中，应该充分利用网络、报刊、影视、杂志、文艺等各种宣传工具，广泛宣传为人民当家理财的好思想、好风尚，宣传英模的光辉事迹，揭露和批评违背会计职业道德规范的不良行为，造成强大的舆论力量，促使广大会计人员在自己的工作岗位上自觉地尽职尽责，无私奉献，为发展市场经济体制下的会计事业服务。

自发的社会舆论是指人们不由自主地对某种道德行为的议论和评价。这种评价无时不在、无处不在，对促进会计人员自觉加强自身职业道德修养具有更直接的现实意义。比如，在会计部门，人们都会自发地对某一会计行为进行议论，高尚的会计行为得到人们发自内心的赞扬，会计人从这种舆论中得到启迪，受到鼓舞；而不道德的会计行为受到人们普遍的谴责，使当事人受到教育，也告诫他人引以为戒。这样，社会舆论就像一把尺子成为道德评价的量度，用它去衡量每一个人的道德行为。社会舆论在道德评价中的特殊作用，使得每一个会计工作人员时时都处于一种严密的社会监督之中，督促会计人员反省自己，自觉地约束自己的思想和行为。

（二）传统习俗的评价方法

所谓传统习俗，是指人们在社会生活中长期形成的一种相对稳定的、习以为常的行为倾向、行为规范或社会风尚，简言之即传统习惯和社会风俗。习俗是一种无形的巨大力量，"习惯成自然"。一种良好习俗一旦形成，就会形成一种自然的惯性趋势，成为"人人如此，理所当然"的行为。传统习俗的评价方法，是对一个人道德行为以"合俗"与"不合俗"为标准，去判断人们的道德行为的善与恶。只要"合俗"即"习以为常"，就是对的，使人们感到历来如此，因而不假思索就用以支配自己的行动。

传统习俗是人们在社会生活中长期形成的，源远流长。它的形成和发展，是由社会经济条件、历史特点、文化生活状况、人们的社会地位、宗教观点等决定的，还与民族特点、地域差别甚至气候条件有着密切的关系。传统习俗有两个明显的特点：

一是全民性。传统习俗是在长期的社会生活中形成，和民族情绪、社会心理交织在一起的，带有一定社会、一定民族的共同生活规范的特点。一定社会的传统习俗能被这个社会各阶层普遍接受。

二是阶级性。在阶级社会中，统治阶级总是利用传统习俗来巩固自己的地位，传统习俗无不打上阶级的烙印。

因此，任何社会的传统习俗都有两重性，存在着新与旧、进步与落后、高尚与低下之分。在一定社会形态中，这种差别和对立是反映社会矛盾的一个重要方面。

会计人员的传统习俗，是长期以来按照会计工作秩序在工作过程中形成的、习以为常的职业行为倾向和习惯，表现为一定工作情绪和传统的工作方式。一定社会会计职业上的传统习惯和风俗也有两重性：

一方面，表现为新社会的新风俗、新习惯。热爱本职、廉洁奉公、顾全大局、遵守纪律、勤俭节约、热心服务等蔚然成风。这种新风尚、新习俗是在吸收古代、近代会计职业道德的合理内核和精华，继承传统会计道德优良传统的基础上，为适应新的社会经济基础和群众生活方式的需要而逐渐形成的。这种习俗充满着生命力，它对促进共产主义道德原则和规范的发展，对维护和促进新的社会经济基础和政治制度的巩固，对落实新的社会会计职业道德基本要求都有着重要的作用。

另一方面，由于任何一种新的社会制度都是从旧的社会制度中脱胎出来的，因此总是不可避免地带着旧社会的痕迹，存在着大量的旧风俗、旧习惯，贪赃枉法、损公肥私、索贿受贿、衙门作风等时有发生。这种旧社会的遗风陋习，给今天会计人员履行职业义务、遵守职业道德带来了极大的障碍。

为了正确地发挥传统习俗在道德评价中的作用，必须依据道德评价的标准来取舍传统的习俗。在会计实践活动中，要充分肯定、大力支持和倡导新的社会精神文明中的新风俗、新习惯；用这种新的精神文明来改造包含有合理因素的旧风俗、旧习惯，使其适应新的社会会计职业道德的原则和规范；而对于旧风俗、旧习惯中的糟粕则要进行揭露、批判和抵制，努力消除它们的影响。通过这样的道德评价，努力使新的会计职业道德得以蓬勃发展，使新的会计职业风俗贯穿于整个会计活动之中。

（三）内心信念的评价方法

所谓内心信念，是指人们在实践中形成的对自己行为所应有的责任感，是一个人据以进行道德行为选择的内在动机和道德品质构成的内在要素。

在会计人员的道德生活中，内心信念是会计人员发自内心地对会计道德义务的真诚信念和责任心，是对自己的行为进行善恶评价的一种巨大的内在精神力量。内心信念在道德评价中起着特殊作用。这种作用主要通过日常所说的良心来发挥。无论是道德原则还是道德规范，无论是社会舆论还是传统习俗，都是外在于个人的外因条件。而外因只是变化的条件，内因才是变化的根据，外因只有通过内因才能起作用。

在会计职业道德活动中，只有把外在的条件加以充分利用，使之成为会计人员深刻的内心信念，才能真正自觉地对自己的行为进行道德评价。在一定内心信念的支配下，会计人员由于履行了某种道德义务而感到问心无愧，感到光荣幸福，得到一种心理满足，从而形成一种力量并强化信念，在今后的工作中坚持这种行为；会计人员也会由于某种行为不符合道德而感到良心不安，进行自责，促使自己今后注意避免再发生类似的行为。一个具有高尚会计道德品质的会计人员，应该把遵守职业道德变成内心信念，并使之成为完全自觉的行动。经常用道德标准检查自己的行为，约束自己的行动。如此持之以恒，必会大有进步。

（四）考核评分的评价方法

以往人们对会计职业道德的善恶判断更多是在定性分析上，而对定量的分析评价相对薄弱。这种状况已不能满足新形势下会计职业道德评价工作的要求。近年来，人们在不断完善原有的评价方法的同时，积极探索新的定量评价方法。考核评分就是其中一种行之有效的方法。

会计职业道德评价中采用的考核评分的评价方法，是由会计部门根据会计职业道德的原则和规范以及会计法纪、制度的要求，将会计职业道德行为的种种表现划分为若干项目，并确定各项目的评分标准，通过一定的组织形式和程序，对个人会计职业道德行为进行考核，用考核分数来反映评价优劣的一种评价方法。这种会计职业道德考评记分的评价方法，弥补了传统的道德评价方法的不足，是目前较积极主动的一种会计职业道评价方法。

考核评分的方法可以分为个人评分和集体评分两类。具体做法是：

（1）制定考核评分标准。先将会计职业道德行为划分为若干项目，再按道德评价标准结合有关法令、制度，拟订每一个项目的分数。分数可按百分制记分，也可按优、良、中、一般、差列成若干等级。

（2）明检。由本单位领导组织进行公开检查，对照标准评分。

（3）互检。由各个平级单位互相检查或组织群众互相进行检查，按标准评分。

（4）暗察。由上级机关不定期地深入基层暗中检查，并进行评分。

（5）社会监督评分。建立社会监督机制，公开评分标准，聘请社会各界群众代表参与评比，对会计人员的职业道德公开评分，张榜公布。

几种评分方法，可以针对不同时期的不同情况单独使用或综合使用，同时把考核评比结果与奖惩办法结合起来，更好地发挥道德评价激励先进、鞭策后进的作用。

以上所述的四种会计职业道德评价的方法，从评价的形式来说，社会舆论、传统习俗、考核评比记分方法属于"外在"的方法，而内心信念的评分方法则属于"内在"的方法；从评价的开展来看，社会舆论、传统习俗、内心信念中除了自觉的社会舆论外，主要属于传统的、自发的方法，而考核评比评分方法是有领导、有组织、有计划、目的更明确、更为积极主动的评价方法；从对评价活动的控制力度和操作上讲，考核评分方法较之前者更好把握、更好操作。所有这些方法相互依存、相互促进，构成一个完整的会计职业道德评价方法体系。灵活运用这些方法，对会计人员的道德、行为做出判断，将极大地推进会计职业道德的评价工作。

小贴士

良　心

良心是个人对自己行为所应负道德责任的认识和评价。它从道德的责任感和道德的自我评价两个方面反映个人和他人及整个社会的关系。

人们的社会生活领域是极为广泛的，因而不可能使人们预先规定好一套在任何具体场合下都能使用的程序，为每一种特殊的处境都给出现成的道德标准规范。因此，在这些场合良心便是道德的一种自我调节方式，特别是在社会舆论发生危机的情况下，良心就成为个人行为道德的捍卫者。

良心的形成是与道德的意识培养紧密相联的。一个人在实践中经过社会、学校、家庭、职业等各种途径接受了一定的道德观念教育，懂得了什么行为是正确和不正确的，什么样的行为应当受到赞扬或谴责。长此以往就逐渐产生了善与恶的是非意识，与此同时，人们也就慢慢地形成了一种内在的信念，它使人体验到自己行为只有符合一定的社会行为规则和规范才是善，否则就是恶，即一个人应当多做善事，而不要做恶事。这种内在的信念——良心就成了支配和制约人们行为符合道德规范的内在保证。

（资料来源：李惠让、林志平：《伦理道德一百题》，文字有改动。）

小知识

注册会计师职业精神之浅见（一）

人是要有精神的，否则无异于行尸走肉。一个团体、一个行业也是要有精神的，否则就是一盘散沙。注册会计师行业作为一个高智商高素质的群体，更要有精神，这就是注册会计师职业精神。

明　道

明道，作为注册会计师职业精神，表现出来的是崇高的职业理想，也就是从事这种职业的宗旨。从事这种职业的目的是什么，目标是什么，要做什么，怎样去做，都是与职业理想与宗旨分不开的。而要解决理想和宗旨的问题，我认为首先要明道。韩愈在《师说》里说："师者，所以传道授业解惑也。"在他看来，师者的首要任务是传道。宗教人士宣传宗教也是传经布道。老子说"道可道，非常道。"他又在《道德经》中说"道生一，一生二，二生三，三生万物。"那么什么是注册会计师之道呢？

道，是真理，是道路，是方向，是方法，是道理，是道德，是法则，是规律。注册会计师之道，就是以上这些道之解释的综合。只有明道之后，我们才会树立崇高的职业理想，也才会明确正确的职业宗旨，才不会只顾埋头拉车，而不抬头看道，才会走上阳光大道，而不是走上歪门邪道。

明道之后，还要组成群体，凝聚成群体的力量。明道是个人的，也是全行业的。潘序伦先生的立信会计事务所、谢霖先生的正则会计事务所、奚玉书先生的公信会计事务所，都是我国近代著名的会计事务所。他们在开所时便开宗明义，明确了他们的道，即"立信""正则""公信"，刚组建的事务所"航母"瑞华会计师事务所，也提出了他们明确的道。注册会计师行业就是一个家。在这个家里，一枝独放不是春，万紫千红满园春才是我们的最终目的。志同方能道合。作为一种职业精神，就是所有的同道中人都能遵循同一条道。否则，道不同，则不相为谋，肯定会分道扬镳。

厚　德

厚德，作为注册会计师职业精神，指的是优良的职业品质。明道之后，我们注册会计师要讲职业品质。它是注册会计师的灵魂。"厚德载物""德高望重"都是从注册会计师职业品质上说的。厚德才能担当大责任，厚德才能容万物，也只有厚德才能成大器，同时也只有德高才能望重。张连起认为："注册会计师的'德'和'才'不可截然分开，'才'规定了为善为恶的风格和容量。有德无才者，其善多为小善，谓之平庸。无德无才者，其恶多为小恶，谓之猥琐。有德有才者，其善多为大善，谓之高尚。有才无德者，其恶多为大恶，谓之邪恶。"可见德对于注册会计师之重要。

厚德，需要行业大张旗鼓地宣扬，理直气壮地表彰。自古以来，邪不胜正，我们应当号召广大的行业同行树正气，刹歪风，莫以善小而不为，莫以恶小而为之，形成良好的职业风气和氛围，并清理门户，将害群之马驱除出去，以纯洁我们的队伍。这样我们谈笑才会有厚德之鸿儒，而往来则无害群之白丁。

我们应该让厚德扎根于注册会计师这片沃土。

勇担

勇担，是说注册会计师职业精神中神圣的职业责任。责任在精神中是一种铭刻于心深入骨髓的理念。勇担，作为注册会计师职业化的理念，就是要勇于担当，时刻恪守客观公正，不偏不倚，不躲不藏，勇于立于风口浪尖，敢于站在汹涌澎湃的潮头，接受日晒雨淋，经受风吹浪打。中国近代著名的注册会计师徐永祚先生在当时国外事务所垄断中国市场的时候，他便勇于挑战洋权威，打造中国品牌，与国外事务所分庭抗礼。他便是我们勇于担当的楷模。

注册会计师行业从诞生这一天起，社会就对它寄予了厚望，赋予了它艰巨的任务和神圣的使命。这副沉甸甸的担子，你挑得起吗？只要你有这种强烈的意识，你有铁肩担道义的勇气，敢于承担这份光荣的责任，哪怕你是一双柔肩，你也担当得起。柔弱女子刘姝威在生命受到威胁之时，还能发表经典文章《蓝田之谜》，揭露蓝田股份做假之事，就是最好的明证。

创新

创新，作为注册会计师职业精神，表现出来的是充满活力的职业作风，是注册会计师的活力，是一股蓬勃的朝气，是一种向上的精神。生命的过程是一个生与死的过程，社会的历史也是一个生与死的历史，发展就是一个生与死的过程，正如企业每天都有关门或是破产清算，而同时每天都在开业，都在送花篮放鞭炮一样。注册会计师也要与时俱进，不断提高创新，否则便会跟不上时代的步伐，会因循守旧而被时代所淘汰。你是选择慢慢死去，还是选择新生？要选择新生，就要不断创新。

《礼记·大学》中说"苟日新，日日新，又日新。"作为一种职业作风，我们要像上面所说的，每天要有创新，天天要有创新，创新之后还要创新。因为只有创新才不会老是步别人的后尘，或是跟着别人亦步亦趋，也因为只有创新才会充满活力，创新才能永葆青春，创新才能引领潮流。

流水不腐，户枢不蠹。现实中的百年老字号、百年老店、百年老企业为什么能够长盛不衰？就是因为它们永远都在不断地创新，在传承中创新，在学习中创新，在借鉴中创新。中国现代会计之父潘序伦先生引进西方复式借贷会计，徐永祚先生改良中式会计，在中国近代会计史上，掀起了中国会计的创新之风，使得中国近代的会计发展日新月异。现在，我们又能迎来了另一个创新的良好机遇，就看我们如何把握机遇了。

(资料来源：杨良成：《中国注册会计师》，文字有改动。)

小故事

俭以养德

张俭是辽代的一名宰相。他在辽为官几十年，位尊而权重，但却十分清正廉明，从不谋一己私利。家中生活异常俭朴，平常穿的大多是粗布素帛制作的衣服，吃的是粗茶淡饭，每月剩余的俸银都用来周济亲朋故旧。当时的社会风气是崇尚奢侈，一些王公贵族都是肥马轻裘，一掷千金，府中广蓄姬妾，到处是丝竹之声。为了抵制这种奢侈之风，俭以养德，每当寒冬来临时，张俭的身上总是穿一件破旧的衣袍。

张俭一生俭朴，历任圣宗、兴宗两朝宰相，被世人称为贤相。

(资料来源：曾铮等：《德治佳话》，文字有改动。)

【学习《平"语"近人》】

　　学习习近平总书记多年来一系列重要讲话、文章、谈话中,所引用的中华古代经典名言和文籍警句,重温经史典章,重拾民族之根,重振复兴梦想,做推动传播和践行习近平新时代中国特色社会主义思想之青年先锋。

　　观、读、释、谈、问、诵,《平"语"近人》之《咬定青山不放松》篇。

《平"语"近人》第十一集:咬定青山不放松

学习心得:

亥章
会计职业道德的国际比较

一、会计职业道德国际比较的意义

(一) 会计职业道德国际比较的意义

会计职业道德是在长期的会计实践工作过程中自然而然地逐渐积累形成的,具有自发性、习惯性和行业性的特点。但是,由于不同国家的经济发展程度、经济结构和文化传统等方面存在着明显的差异,所以这难免会对不同国家的会计职业产生不同的影响,从而使不同国家的会计职业道德也体现着不同国家的特点。然而全球经济一体化的大趋势,需要会计职业必须适应和满足这种市场经济的新格局,学习、比较和借鉴世界各个国家的会计职业道德,取长补短,完善各国的会计职业道德规范,不断增强会计人员的工作理念、职业意识和业务行为,以便更好地为本国经济的发展和促进国际贸易交流服务。

(二) 有关国际组织对会计职业道德的规定

有关会计职业的国际组织主要有国际会计师联合会和欧盟。现就这两个国际组织有关会计职业道德的规定介绍如下。

1. 国际会计师联合会对会计职业道德的规定

国际会计师联合会成立于1977年,其成立的主要目的是以统一的准则为基础,在世界范围内协调会计师职业。根据国际会计师联合会职业道德委员会1980年拟定,并经国际会计师总理事批准后于1980年7月公布的《国际会计职业道德准则》第二部分第九条的规定,任何会计专业机构的道德准则均应以下列基本原则为基础。这些原则是:

(1) 正直。即会计师在职业工作中要做到诚实、廉洁,不为私欲所动,不谋私利,不弄虚作假。它是会计师的首要品质,只有具备了这种品质,会计师才能对客观事实做出符合实际的判断和正确的理解或决定。

（2）客观。即会计师必须公正，其一举一动必须反映客观情况的本来面目，不得掺入主观意志和其他水分，在处理业务中不存在成见。在出具审计报告时，必须保持不偏不倚的立场，以免损害工作的客观性，它与正直原则一样是会计师应具备的首要品质。

（3）独立。即会计师不受任何外界因素的干扰，不受任何利益取向的影响，不为权力所左右，正直客观地进行自己的工作。独立的立场是会计师必不可少的品质，对于执行公共业务的会计师而言，这项原则尤为重要。它要求执行公共业务的会计师超然独立地进行工作，不允许会计师与客户之间存在工作关系以外的其他特定关系。

（4）保密。即会计师对在工作过程中得到的信息应当保密。除了得到特许或由于法律责任、职业责任等方面的需要以外，不得泄露，也不得用于私人目的或向第三者提供以谋取私利。执业会计师也有义务责成其全体雇员及其他协助进行工作的助手遵循保密原则。

（5）技术标准。即会计师在进行其专业工作中，应当依照技术上及专业上的标准。会计师有责任仔细且尽其所能地进行工作，有责任按照所在会计师协会订立的规定以及客户或雇主的委托进行工作。这样做与完全客观和独立自主是不相矛盾的。

（6）业务能力。即会计师在其工作过程中，应该始终保持其优良的工作质量。他管理的工作，应当是其本人及其事务所人员所能胜任的，以便其管理的工作达到专业完善的水平。

（7）道德自律。即会计师应当始终如一地使自己的行为保持良好的信誉，对自己的行为负责，不得有任何有损于职业信誉的行为。会计师有责任不沾染任何可能导致会计师职业或各国会计师协会丧失名誉的行为。当客观要求发展职业道德时，必须考虑会计师对客户、第三者、雇主和社会公众的职责。

必须指出的是，国际会计师联合会只是一个会计职业的民间组织，它所制定的职业道德标准实际上是对执业会计师职业道德的规范（不带有强制性）。作为企业会计师，其雇主性质和注册会计师虽有不同，但也有许多相似的地方。尽管国际会计师联合会还没有对企业会计师的职业道德做出明确的规定，但是上述职业道德准则中所包含的正直、客观、保密、业务能力及道德自律也同样适用于企业会计师。

2. 欧盟有关会计职业道德的规定

欧盟是由原欧洲共同体在1993年11月改组而来的，是当今世界上区域经济合作最为紧密，并逐步从单一的经济一体化向政治一体化发展的重要的政府间国际性组织。欧盟迄今为止发布的指令中与会计有关的主要有第4号、第7号、第8号、第10号、第11号和第13号指令。其中，下列有关"真实与公允性"的基本观点是欧盟对年度财务报表的总要求或指导思想，即：

（1）年度报表应真实和公允地反映公司的资产、负债、财务状况和盈亏情况。

（2）如果遵守该指令的规定尚不能做到第一点时，必须提供补充信息，以保证真实和公允。

（3）当出现某些例外情况，如果只有背离该指令的规定才能真实和公允地表述年度报表中第一点反映的各项信息，那么将允许实行这种背离，但是必须在报表的注释中披露并解释要背离的理由以及由此对公司的资产、负债、财务状况和盈亏情况所产生的影响。

此外，指令中还规定：年度报表应至少包括对公司业务发展和现状的公允说明。欧盟的上述规定的实质实际上是对企业会计人员职业道德的首要要求的规定，即必须诚实和公允。依据这一要求，企业会计人员有义务在一定的情况下背离指令规范，而给予公司财务状况更为可靠的陈述。

由于"真实"和"公允"均为比较抽象性的概念，欧盟指令中对于需要背离的例外情况也没有给出明确的定义和实务举例，因此在具体操作中难免会带来一定的不确定性的问题。所有这一切都要求会计人员还应当具有必要的业务能力，即胜任性。它要求会计人员应当遵守相关的法律制度和技术标准并保持相当的专业水平。

此外，欧盟的指令中还明确规定了会计计价的原则应以谨慎为基础，"财务报表上的利润必须是资产负债表日期已经实现的利润；无论财务年度是盈利还是亏损，必须计提所有的折旧；必须考虑所有可以预见的、在本财政年度或前期发生的负债和可能的损失"。这是欧盟对会计职业道德的第三个要求。

欧盟上述指令实际上是综合了大陆派会计模式及海派会计模式的特点，使之成为指导各个国家建立会计职业道德规范的基本标准。

二、具有典型代表意义国家的会计职业道德

（一）几个经济发达国家的会计职业道德

美、英、日、法、德和韩等国是世界上市场经济发达国家的典型代表，而且这些国家的会计师行业也是最早发展起来的，会计职业道德规范准则体系相对比较完善。因此，借鉴这些国家会计职业道德建设方面的成功经验具有非常重要的现实意义。

1. 美国的会计职业道德

美国是一个市场经济发达的国家。证券市场的高度发达性以及股东的高度分散性，需要会计为股东提供有助于决策的相关信息。会计承担的维护股东在企业中享有权益的责任要求会计客观、公正地对各种会计事项进行确认、计量和提出报告，以维护投资人的利益。尽管美国会计的公认原则已经对各种会计工作的各个业务环节的经济业务做出了非常详细的规范，但是其仍然无法覆盖会计的所有领域，仍然需要会计人员根据自己的工作经验，以职业道德的标准来对会计工作中的经济业务进行必要的判断和分析。基于会计职业特殊性对职业道德的需要，美国的许多会计学家对会计职业道德理论进行了长期的研究和探索，从而形成了基本的会计职业道德规范，这就是正当、真实和公正。

（1）公正性

从古至今，公正一直是道德范畴的一个重要组成部分，它与偏私相对立，要求人们在处理社会关系时力求做到不偏不倚、公道正派。会计作为古老而又充满活力的一种职业，作为一种中介人（委托人与代理人之间的），一直受到公正道德观的制约和规范，因而公正性构成了会计职业道德的首要范畴。

关于会计职业道德公正性的基本表述观点是：会计原则、程序和技术应该公正、不偏不倚，他们不应该服务于特殊的利益。判定公正性有三个著名的标准，即会计程序对一切利害

关系方面必须公正对待；财务报告应当毫不歪曲地作真实和正当的呈报；会计数据应该是"公正"的、无偏见的和不偏不倚的，而不是为特定的方面服务的。从一般意义上讲，公正概念意味着会计报告不受不正当权势和偏见的影响，意味着会计信息的发出者赢得了较好的信誉，从事着较好的商业活动和较好的会计判断。公正作为首要的会计职业道德范畴为评价各种各样的价值报表提供了一种尺度。

美国会计界之所以十分强调公正性是会计职业道德的一个基本范畴，除了会计的特殊性外，还因为公正是处理各种会计关系的基础，能够使会计关系保持均衡，使企业代理关系得以延续和巩固。公正还是各方评价企业行为和企业会计行为优劣的依据，从而促使企业行为达到优化。

（2）真实性

会计公正的必要条件之一就是真实性。没有会计信息的真实性，就谈不上公正。两者互为表里、相互支持是真实性成为会计职业道德另一个重要范畴的原因。所谓会计职业道德的真实性是指财务报告应该毫无虚假地、真实地描述；在处理数字和发现事实后将数字进行综合、清楚、简明并合理地说明它们之间的联系及事实真相，以便管理者可以阅读，这是会计师的责任。真实性是会计的生命，是会计存在的价值所在。保持会计信息的真实性已经成为美国会计的一种基本信条和社会公认的会计职业道德规范。

事实上，在美国的注册会计师协会、政府会计师协会、内部审计师协会、认证欺诈检察员国际协会以及管理会计师协会等五个会计职业团体都规定了职业道德准则。虽然这五个会计职业团体所做出的职业道德准则的组成成分不尽相同，但是其中的含义则有相当一部分是一致的，其基本的特征都包括了正直、客观独立、遵从、保密、披露的相关性、职业的胜任能力、对他人的责任感和没有不名誉的行为等。

2. 英国的会计职业道德

英国是职业会计师最早发展起来的国家，目前有六大会计职业团体：苏格兰特许注册会计师协会、英格兰与威尔士特许会计师协会、爱尔兰特许会计师协会、特许注册会计师协会、管理会计师特许协会和公共财政与会计特许协会。从形式上看，英国对会计职业道德的要求并没有明确独立地在其会计准则及公司法等有关规范中列示，但是这并不意味着英国不存在会计职业道德规范。英国的会计职业道德规范其实隐含在英国的文化特征、公司法、会计准则及其他规范中。

因为会计职业道德是一般社会道德在会计业务或活动中的具体体现，由会计职业的具体义务和利益、具体活动内容、方式等决定，以其特殊的行为规范、道德准则，引导会计行为，维系和协调会计执业人员与社会、不同利益团体以及会计执业人员之间的关系，并使这种关系符合社会价值体系与利益。因此，英国会计职业道德的基本内容可以概括为真诚与正直、客观公正性、职业能力和保密性。

（1）真诚与正直。真诚与正直是对会计人员人格的要求，会计人员在执行会计程序时不应有任何欺骗行为，不应受任何利益相关的驱使。

（2）客观公正性。它是英国公司法对会计"真实与公允"的要求在会计职业道德规范方面的具体体现。客观与公正性的一般要求是：财务报告必须符合公司法和会计准则体系。如果这样做了，就被认为"真实和公允"地反映了公司的财务状况和经营成果；如果在某些情况下,按照《公司法》和《会计准则》的要求编制财务报表不能给予"真实和公允"的反映时,公司可以不按《公司法》和《会计准则》的要求去做,但是必须在报表注释中说明原因和产生的影响。客观公正性的观点是英国会计业中最重要的行为准则而受到高度的重视,《公司法》和《会计原则》的执行都不允许背离这种观点。职业会计人员实现客观公正性的表达,不应带有损害他人或集体服务的目的来编制财务报告。

(3) 职业能力。会计人员必须不断地学习,提高自身的素质,才能在复杂的会计环境中保持公正的判断。对在执行会计程序中出现的异常情况,能及时做出反应,给予应有的职业关注,所有这些都依赖于会计人员本身的职业素质和能力。

(4) 保密性。会计是一种服务行业,适度地为客户保守商业机密是被允许的。但是保密是有前提的,这就是该保密的行为不能导致其他相关方利益受到损害。

英国会计职业道德的核心是"真实和公允"。该观点和与其相适应的对企业会计行为的规范性要求,在英国的企业会计工作中产生了关键性的指导作用,并对越来越多的国家的会计行为产生了明显的影响。

3. 日本的会计职业道德

日本是世界经济大国,也是亚洲经济最发达的国家。经济迅速发展的同时,带来了会计职业及会计职业道德建设的快速发展。由于日本经济与世界主要西方发达国家经济保持着紧密的联系,使得日本的会计职业道德在既保持着日本传统的"合作、服从、忠实"的鲜明特色的同时,也受到西方多个经济发达国家职业道德规范的影响,从而具有自己的特色。主要表现在以下几个方面:

(1) 单一性原则。单一性原则是针对日本特殊法律环境对财务报告的影响而制定的会计原则。它是指为了向股东大会提出报告、为了满足信贷和纳税等目的的需要,必须编制不同形式的财务报表时,其内容应当根据可靠的会计记录编制,不得出于政策性考虑而歪曲反映事实真相。单一性是日本特有的会计原则,其实质是真实、客观和公正。它体现的是日本会计准则对企业会计师必须具备的职业道德的基本要求。

(2) 正规簿籍规则。又叫正规簿籍原则,该原则要求:企业会计必须提供有关企业财务状况和经营成果的真实性报告,必须按照正规的记账方法将所有的交易正确地登记会计账簿。如同西方其他发达经济国家一样,在日本的合并财务报表中也强调企业会计必须做到真实。

日本民族最显著的特征之一就是服从,因此服从自然是日本会计职业道德的起码要求。但是由于会计服务对象从本质上讲是面向社会公众的,所以会计服从的对象不能是企业的某个管理者或是某个股东,而应该是以维护社会大众利益为目的制定的相关法律和准则。基于以上原因,"诚实正直"和"遵章守纪"就成为日本会计准则对企业会计人员职业素质的主要要求。

(3) 顾念会计对国民经济影响的原则。顾念国民经济的影响在日本是国民心目中普遍存在的观念。会计准则与其他法律规范一样最终应该从整体上为国民经济的发展做出贡献,会计也因此被看成是与国民经济政策密切相关的、能够有效为公共利益服务的工作。具体地说,会计目的要根据宏观经济对会计的要求来确定,会计在日常业务处理中的主要问题都由国家议会或政府机构制定并监督实施,会计业务方法的选择要符合国家宏观经济发展计划的综合政策。对于企业会计人员而言，这是更高层次的职业道德。它要求会计师在具体工作中，将国家利益放在个人利益和企业利益之上。在选择会计政策、制定会计程序、披露有关信息时，以不违反国家根本利益为前提。

4. 法国的会计职业道德

法国经济的特点是其大企业的资本结构比较封闭，其资本的主要来源是国家的投资或企业之间的交叉投资。这种特点导致法国的证券市场不很发达，来自于投资人的会计信息需求相对比较弱。上述的一切决定了法国有其自身不同的会计职业道德规范。

（1）遵纪守法，诚实正直。法国的证券市场不很发达，来自于投资人的会计信息需求相对比较弱的现实，使得纳税成为编制和公布财务报表的主要原因之一，并由此决定了法国会计体系必须适应税法规定的要求。在这种背景下，法国公司法要求各公司的财务报表必须要由审计人员证实其"合法合规"和"真实"。而在这两个基本要求中，合法合规性又是高于真实性，并由此导致了法国会计长期以来"形式重于实质"的传统。根据这一传统，法国要求会计人员应具备的最基本职业道德标准是遵纪守法、诚实正直。

（2）真实和公允。这是受欧盟指令发布影响的结果。欧盟第4号指令公布后，"真实与公允"成为各个国家会计职业道德规范的首要前提，法国的相应法规也根据这一精神原则做出了一系列的修订。但是大部分法国人认为这只是表明"真实"应高于"合法合规"，在实际实施过程中并没有任何其他的变化。

（3）社会责任感。法国的社会责任会计业十分发达，其社会责任会计要求拥有300人以上的企业必须提供下列事项的信息：雇用情况、工薪待遇以及与之相关的劳动力再生产成本、健康和安全条件、职工培训、行业关系以及企业内部的其他生活条件。同时，还要求企业注意改善生态环境，减少稀有资源的耗用以及对社会环境治理提供服务和捐赠等。

此外，法国有关企业社会责任法令和政令对企业会计师也提出了职业道德的要求：通过披露财务报告而履行社会责任，即会计人员不仅应该关注企业的资源配置、使用和分配，同时也需要重视企业所承担的社会责任，并且应该通过完善会计专业技术为披露和量化企业承担和履行的社会责任提供条件。

5. 德国的会计职业道德

德国是经济发达的资本主义国家，也是以实行社会市场经济闻名于世的国家，但是与其经济发达程度相比，德国的证券市场显得相对较弱。其重要的原因是政府对银行的管制比较宽松，使得企业从银行取得信贷资金比发行股票筹措资金更加简便易行，从而限制了针对其他投资人的信息需求而发展财务报告和系统的需要。由于企业资本的主要来源是银行贷款，为银行提供信息自然比向股票投资人提供信息更为重要和受到重视，所以在这种环境下，会计服务的对象主要被限制在银行和税务机构，从而形成了建立在稳健原则和贷款人保护基础上的德国会计只要求公司给予最低限度揭示的描述和概括性的报告并允许公司建立秘密储备。上述特殊的社会环境使德国会计职业道德具有如下两个基本特征：

（1）规避风险、高度稳健。德国税法在很大程度上体现的是规避风险、保护公司利益的倾向。由此而形成的企业财务报表披露的会计信息非常的稳健，能够在相当程度上抗衡和化解市场经济中的风险，从而有效地保护企业的经济实力。这种税法对风险的规避性倾向对会计师职业道德的形成产生了明显的影响。在通常情况下，德国企业会计人员有责任密切关注经营中的不确定因素并采用适当的方法计量和披露这种不确定因素对企业可能产生的不利影响；同时，为了减少由于披露信息可能对企业产生的不利影响，会计师有责任保护企业的商业秘密。

（2）恪尽职守、各负其责。德国会计着重规范的是会计工作应该达到什么样的结果，侧重的是对会计事项"事"的规定，而很少以"人"为规定的对象。这种会计规范的表述方式有效地界定了不同会计岗位的具体任务和职责，从而也向会计人员提出了恪尽职守、各负其责的基本要求。

6. 韩国的会计职业道德

韩国是市场经济比较发达的国家。由于中国文化曾经长期对包括韩国在内的东亚各国产生重大作用，整个韩国历史深受中国传统文化的影响，儒家思想在其社会、政治和其他的许多领域占据统治地位，成为国家意识形态的重要组成内容，因此，韩国的职业道德范畴中包含着许多重要的儒家道德规范的成分，主要包括以下几个方面：

（1）良心。在履行职责时产生的一种职业责任感的自我评价、自我谴责的意识，帮助当事者摒弃非职业意识的影响，客观公正，以强烈的社会责任感对待和处理履行职责时遇到的问题。

（2）义务。个人对社会、对他人应尽的职责。

（3）荣誉感。在履行职责时按道德要求保持洁身自好而得到的一种赞誉。

在韩国，会计是一项非常崇高的职业，由于其涉及的是多方面的利益，不仅要求有相关和完善的法律制度约束其行为，更重要的是需要规范的道德标准对其进行指引，所以韩国的《企业会计准则》和《商法》中都对会计行为有明确的职业道德规范要求。主要表现在：

（1）在韩国的《商法》第 5 章商业账簿第 2 号中规定，制作商业账簿，应按照本法的规定及公正、妥当的普通会计惯例来处理。它体现了商法对会计人员的基本要求是保持公正、妥当处理的原则。

（2）在韩国的《会计基准及准则》第 1 章总则的一般原则的第一条中规定，会计处理及报告应使人信赖，并且依据客观资料和证据进行公正处理。它体现的是对会计人员应具备真实性品质的基本要求。

（3）在修订后的《会计基准》（1990 年）中对财务会计的目的的定义是，为使利用会计情报者能够做出与企业实体有关的合理决策……处理财务资料后，应提供有用而正确的情报。它体现的是要求企业会计师不仅应当具备真实、公正的品质，而且应当具备一定业务能力并且能够保持这种能力。

（二）会计职业道德的国际比较

1. 各国会计职业道德来源的比较

各个国家会计职业道德规范的来源主要受到的是该国会计价值取向的影响，主要分为职业主义取向和法律控制取向两类。前者是以会计实践中个人职业偏好的判断和职业自律为基础，后者是强调在会计实践中严格遵守已有的法律规定。一般说来，职业主义取向总是与个人主义的文化背景相一致，法律控制取向则以有法必依为背景。根据这种认识可以将各个国家的会计职业道德规范分为三类：

（1）美国模式。美国模式的代表是美国和英国。在这一模式下，会计职业团体在准则制定的过程中都发挥着重大的作用，其职业主义取向有着充分的体现。在这种相对比较宽松的环境中，更需要也更容易激发会计师的独立判断意识。也正是因为如此，在这种类型中法律的控制不是很严密，规范会计师的职业行为在很大程度上需依靠职业道德的指引和约束，需要会计职业团体制定较详细且严密的职业道德准则。美国管理会计师协会颁布的《管理会计师职业道德准则》，就对企业会计师在履行职责过程中应具备的职业道德进行了详细的规定，并同时补充说明了道德冲突的解决方法，使其在实践中有较强的可操作性。

（2）法国模式。法国模式的代表是法国和德国。这类模式的会计职业道德是以法律控制为其基本取向，法律控制有其较强的体现。它们以相关的法律作为制订会计总方案的依据，对企业的会计和报告进行详细的规定，并且支配着财务会计和报告的实务，对会计人员也有着严格的约束力。因此，在这种类型中，法律制度是会计人员履行职责的最高标准，也是唯一的标准，而对职业道德准则的需求则不如美国模式中那么强烈和迫切，而且几乎所有的职业道德概念都是从有关法律中归纳出来的。但是毕竟法律规范不能代替一切，从人的心灵深处对会计人员进行自觉的规范，仍然是无法替代的会计职业道德的重要内容。

（3）日本—新加坡模式。日本—新加坡模式的代表是日本、新加坡和韩国。这一类型的国家主要是借鉴和学习其他国家的经验来为本国服务。其特点是融合了上述两种模式的观念，代表着一种趋同的发展方向。

2. 各国会计职业道德内容结构的比较

由于各个国家会计职业道德的来源不同，产生的环境也有所区别，所以尽管不同国家对会计职业道德规范的内容从本质上看应当是一致的，但是其实际内容结构上还是有差异的。其异同主要表现在联系和区别两个方面。

（1）联系。无论是美国模式、法国模式，还是日本—新加坡模式，会计作为提供财务报表和其他财务信息的主体，其所服务的对象都是非常广泛的。不仅涉及企业的内部人员，而且对企业外部的公众（如政府、社会民众等）都会产生较大的影响。如果会计人员的道德素质低下，任意操纵会计信息，则会使其所提供的信息失去可靠性和真实性，不仅会给社会、他人造成巨大的经济损失，而且还会对会计职业的存在和发展带来严重的负面影响。正是基于上述原因，无论是属于哪种会计职业道德模式的国家，对会计职业道德的规范中都会包含诚实正直、客观公正、有责任感等基本的要求。它的实质是一种做人的标准，是任何职业人都应具备的起码品质，特别是对于会计这种具有特殊性的职业，这是非常重要的。

（2）区别。之所以有不同的会计职业道德模式，说明它们之间肯定是存在着区别的，这主要是由于各个国家会计环境的不同造成的。在英国，由于会计师在履行职责时强调的是会计人员的胜任能力，所以会计人员经常需要对哪种做法更加符合"真实和公允"的观点进行判断，即使这样做可能会背离法律的规定，但是只要可以被认为是符合"真实和公允"的，就是可以接受的。在这种环境下的会计人员最重要的是能力素质，所需要的独立职业性判断是最多的问题，因此"胜任性"理所当然地成为会计职业道德中最为重要的一条原则。

而在法国，对财务报表表述的基本要求是"合法和真实"，强调的是合规性，所以，法国的会计职业道德规范首先强调的仍然是"遵纪守法"，然后才是"诚实正直"。此外，法国会计还强调谨慎性,所以谨慎性对法国财务报表的影响历来都大于美国和英国。这一点反映在会计职业道德规范中,也就是要求会计人员必须具备应有的职业谨慎性,实行稳健性的原则。

在日本和韩国,由于强烈的民族精神,使得良心、义务、服从这些儒家传统道德的思想深入人心。故具有上述传统道德的思想观念势必对这些国家的会计职业道德的建立产生重要的影响,并体现在职业道德规范中。

3. 各国会计职业道德制约机制的比较

会计职业道德规范的来源、内容结构上的差异性带来的是各国会计职业道德制约机制上的差别。

就职业主义取向特色比较浓厚的国家而言,会计职业道德准则的制定和颁布机构往往就是会计的职业团体,其制约能力在很大程度上也来源于职业团体,属于行业自律型。这种制约机制的优点是在问题的处理过程中比较灵活,独立性比较强,很少受其他组织的干扰,较易适应各种不同的情况;缺点是在约束力和惩治力方面显得不足。

就法律控制取向特色比较浓厚的国家而言,会计职业道德由于起源于法律的规定,故制约机制一般在很大程度上也会依赖于法律,属于政府管理型。这种制约机制的优点是惩罚力度比较大,约束力也比较强;缺点是不利于职业团体发挥其职业判断能力的作用,独立性较弱。

通过上述几个国家不同会计职业道德的比较可以看出,尽管不同国家的经济发展水平不一致,社会制度和经济体制也不一样,但是在会计职业道德的主要内容上具有许多共性的方面,这些共性的东西是社会进步的体现和经济发展对会计职业的理想性的要求,是可以而且值得借鉴的。我国现行的《会计法》,尽管在形式上要求会计人员应当遵守职业道德,提高业务素质,但是我国至今仍然还没有颁布一套标准的会计职业道德准则。因此,借鉴其他国家会计职业道德中成功的并且具有共性的内容是非常必要的。

我们认为在吸取其他国家会计职业道德中的真实性、公正性、正义感、业务能力和职业判断等精华的同时,注意充分体现中国的文化背景、经济与管理体制以及政治体制等方面的实际情况来构建我国会计职业道德准则的大体框架是具有现实意义和历史意义的。

小贴士

德国人的道德观

人们心目中许多原则性的东西都值得仔细讨论,美德则不然。团结或乐于助人的美德受到普遍欢迎,诚实、自律、可靠、胆识以及宽容和坦诚也都是值得追求的美德——对此无须争论。为了让美德在未来重新成为普遍而自然的现象,我们自己首先要重新自觉地推崇美德。除了三项"神学美德"——信仰、爱和希望以外,我们还要坚持四项"基本美德",即理智、正义、勇敢和节制。此外,还有一些在目前被称为次美德的"公民道德"。

(资料来源:〔德〕赫尔穆特·施密特:《全球化与道德重建》,柴方国译。)

小知识

注册会计师职业精神之浅见（二）

刚　　直

刚直，作为注册会计师职业精神，指的是良好的职业纪律。没有规矩，不成方圆。注册会计师行业是一个特别注重纪律的行业。在这个行业中，你一定要严于律己，要有一股正气，骨气、阳刚之气、要有一种气节。这就是刚直。我们要挺起注册会计师的脊梁。

历史上的包拯，为什么成了历朝历代群众崇拜的清官偶像？就是因为他清正廉洁，刚直不阿。现代经济中的注册会计师和当时的包拯一样，面临着各种各样的诱惑，作为一个判经济案的法官，有许多人想掌握你的手，指挥你手中的笔，按他们的意图去书写。你是按他们的意图去书写，还是按自己的意志去书写呢，这就是考量你的职业纪律。

于谦在《石灰吟》中写道"粉身碎骨浑不怕，要留清白在人间。"这是一种气节，文天祥在《过零丁洋》中写道"人生自古谁无死，留取丹心照汗青。"这也是一种气节。他们这种宁折不弯的刚直气节，表现在我们注册会计师的职业纪律中，就是要诚信执业、规范执业，依法执业。

坚　　韧

坚韧，作为注册会计师职业精神，指的是注册会计师的职业态度，是注册会计师执业时意志和毅力的展现。任何事情都不会一帆风顺，注册会计师总会遇到这样或是那样的挫折、困难与沟坎。雄关漫道真如铁，你翻过了一山又一山，趟过了一河又一河，靠着坚韧不拔，靠着顽强拼搏，没有过不去的火焰山，你最终必定能够到达成功的彼岸。《永不放弃的"CPA"梦》的作者张玲娟，作为一个30多岁而且是身患癌症的考生，靠着坚韧，五年圆一梦。我想如果她执业，在注册会计师执业过程之中，她也应该是我们坚韧的职业态度的楷模。

坚韧，需要你在滚滚红尘之中拒绝浮躁，需要你沉得住气，静得下心，宁静方能致远。坚韧需要有一种意志和毅力，有了这种意志和毅力，你才能端正自己的职业态度，你才能于细节之处见功夫，你才能明察秋毫，你才能明辨是非，你才不会一叶障目，你才会欲穷千里目，更上一层楼。

坚韧，可能会让你失去很多的东西，比如休息、爱好、娱乐、团聚等等，但失之东隅，收之桑榆，你会在注册会计师职业精神中收获你的职业态度以及更多。

博　　学

博学，作为注册会计师职业精神，指的是注册会计师广博的职业技能。作为一种精神，它表现为内涵。由于信息社会的总体变化趋势是大科学、大系统、大经济，其变化方式是大变革、大综合、大发展、大竞争与大淘汰，而在竞争方面又表现出争时间、争速度、争效益、争市场、争企业与争产品生命力的发展趋势，故未来的会计工作将是以市场预测为起点，以成本控制为中心，以实现最优化效益为目标，以电算化控制为手段，以参与市场的分析、论证与经营决策为终结的大会计。会计尚且如此，注册会计师在各行各业中执业，会遇到各种各样的问题，更必须具有广博的学识了。海纳百川，有容乃大。这是时代的需要、职业的需要。

子曰：学而时习之，不亦说乎？这里的"时"，可以是"在一定的时候"，也可以是"在适当的时候"或是"时常"，对注册会计师则是每时每刻；这里的"习"，可以是演习、复习、温习、实习，也可以是练习，对注册会计师则是活学活用。满招损，谦受益。干一行，爱一行，精一行，专一行；活到老，学到老。说的都是怎样提高我们的职业技能。《三国演义》中的诸葛亮为什么能助刘备三足鼎立，就是因为他博学，所以他能演出"草船借箭""巧借东风""舌战群儒""木牛流马"等脍炙人口的智慧故事。

"业精于勤而荒于嬉"，我们在学习的过程之中还要不断地实践，因为纸上得来终觉浅，绝知此事要躬行。也许我们从来没遇到过类似的情况，没有经验，要摸着石头过河。也许我们不知道河水的深浅，松鼠说河水太深了，老牛说河水很浅，我们只有在过河中学习，才能知道河水的深浅。

儒　雅

儒雅，作为注册会计师职业精神，指的是注册会计师良好的职业形象。注册会计师的职业形象体现在注册会计师的举手投足、言谈举止、衣着外貌以及服务形象上。注册会计师行业是一个高端行业，更需要注重形象。俗话说"魅力来自于礼仪"，要做到儒雅，肯定也要注重礼仪。只有尊重别人，别人才会尊重你。自然要想注册会计师获得尊重，我们必须学会尊重别人。

儒雅由前面的精神而生发。明道厚德是一种厚重的儒雅，勇担创新是一种洒脱的儒雅，刚直坚韧是一种气质的儒雅，博学多才是一种内涵的儒雅。只要胸中有丘壑，你也可以羽扇纶巾，谈笑间樯橹灰飞烟灭。即使你像刚组建的事务所"航母"瑞华所"席卷天下，包举宇内，囊括四海，并吞八荒"之时，一样也可以闲庭信步似的儒雅。

（资料来源：杨良成：《中国注册会计师》，文字有改动。）

小故事

商鞅立木树信

商鞅是战国时期著名的变法者。为了树立威信，商鞅在变法前下令在秦国都城南门外立一根3丈长的木头，并当众许下诺言：谁把木头搬到北门，赏10金。人们不相信，无人搬动木头。商鞅把赏金涨到50金。一男子把木头扛到了北门，商鞅立即赏他50金。商鞅这一举动，使人们感到他是个说话算数的人，于是商鞅的新法也获得了人们的信任，很快就在秦国推广了。

幽王玩火失信

西周建都丰镐（今长安县西北），接近戎人，周天子与诸侯相约，要是戎人来犯就点燃烽火、击鼓报警，诸侯来救。周幽王的爱妃褒姒不爱笑，唯独看到烽火燃起，诸侯的军队慌慌张张从四面赶来时才大笑不止。周幽王为博得褒姒高兴，数次无故燃起烽火，诸侯的军队多次赶到而不见戎人，认为受了骗。后来戎人真的来了，烽火燃起，却已无人来救。幽王被杀于骊山之下，为天下人所耻笑。

（资料来源：杨丙安：《善的启示》，文字有改动。）

【学习《平"语"近人》】

学习习近平总书记多年来一系列重要讲话、文章、谈话中,所引用的中华古代经典名言和文籍警句,重温经史典章,重拾民族之根,重振复兴梦想,做推动传播和践行习近平新时代中国特色社会主义思想之青年先锋。

观、读、释、谈、问、诵,《平"语"近人》之《天下为公行大道》篇。

《平"语"近人》第十二集:有朋自远方来,不亦乐乎

学习心得:

丁篇　温故知新——学习与思考

《论语·为政》有云:"子曰:'温故而知新,可以为师矣。'子曰:'君子不器。'子贡问君子。子曰:'先行其言,而后从之。'子曰:'君子周而不比,小人比而不周。'子曰:'学而不思则罔;思而不学则殆。'子曰:'攻乎异端,斯害也已。'"

一、复习思考题

(一) 判断题

1. 道德是指一定社会为了调整人们之间的关系所提倡的行为原则、行为规范的总和。（   ）
2. 脱离了物质利益去奢谈道德实际上是虚伪的道德。（   ）
3. 只要变革旧的经济基础就能顺利实现新旧道德的更替。（   ）
4. 个人主义道德原则的提出，在人类道德发展史上曾起到巨大的进步作用。（   ）
5. 社会主义道德的基本原则是集体主义原则。（   ）
6. 我国公民道德建设的核心是爱祖国。（   ）
7. 认识功能是道德最主要的功能。（   ）
8. 道德是职业道德产生与发展的基础，职业道德是道德在职业实践活动中的特定表现。（   ）
9. 会计职业道德和社会道德同时产生。（   ）
10. 会计职业道德就是从事会计职业的工作人员在职业活动中应当遵守的行为规范的总和。（   ）
11. 社会环境的变化对会计变革有决定性的影响。（   ）
12. 影响会计职业道德最主要的环境因素是政治因素。（   ）
13. 会计基本职能是核算和监督。（   ）
14. 会计作用最集中体现为向社会提供有用的会计信息。（   ）
15. 会计行为主体就是会计人员。（   ）
16. 会计是一种中介性活动。（   ）
17. 会计人的需求与其他人一样没有区别。（   ）
18. 会计行为是受会计人动机支配的。（   ）
19. 会计行为规范就是约束会计行为的标准与典范。（   ）
20. 遵循法律是道德的首要原则。（   ）
21. 依法理财是会计人员最主要的职业行为。（   ）
22. 注册会计师的信用仅仅是一种经济信用。（   ）
23. 会计的公正性归根到底是会计信息的公正性。（   ）
24. 实事求是是会计工作的最基本准则。（   ）
25. 最集中、最典型的不廉洁行为是中饱私囊。（   ）
26. 淡泊宁静与清正廉洁是相互联系、相互依存的。清正廉洁是淡泊宁静的前提，淡泊宁静是清正廉洁在政治上的表现。（   ）
27. 清正廉洁是会计职业道德建设的核心。（   ）
28. 职业判断主要是指会计师在履行职责过程中，依据现有的法律、法规和制度所规定的会计政策选择范围做出的判断性估计和决策。（   ）

29. 注册会计师要保护的对象是被审计单位的商业秘密。（ ）
30. 按照政务公开的规定应当公布的行政事务，可以定为工作秘密。（ ）
31. 一个人道德水平的高低在很大程度上取决于其道德修养的自觉性。（ ）
32. "慎独"既是一种道德修养方法，又是一种很高的道德修养。（ ）
33. 会计职业道德修养主要通过外部强迫或灌输。（ ）
34. 道德修养的实质是实现人的自我道德改造或道德更新。（ ）
35. 社会实践是会计职业道德修养的目的和归宿。（ ）
36. "善"与"恶"是评价会计职业行为道德与否的基本标准。（ ）
37. 传统习俗缺乏时代性，不能通过它来进行会计职业道德评价。（ ）
38. 会计职业道德评价有社会评价和自我评价两种形式。（ ）
39. 会计职业道德评价在会计职业道德实践中对会计行为主体起着裁判、激励、示范和调节的作用。（ ）
40. 外律是自律的基础阶段，他律是自律的初级阶段，内律则是自律的高级阶段。（ ）
41. 社会舆论对会计职业道德建设始终起着积极的推动作用。（ ）
42. 行为的效果才是客观实在的，因此会计职业道德评价要以会计行为的效果为最终依据。（ ）
43. 会计职业道德是在长期的会计实践工作过程中自然而然逐渐积累形成的，具有自发性、习惯性和行业性的特点。（ ）
44. 自律与修养是两个意思相近且有着密切联系的不同概念。（ ）
45. 会计职业道德自律机制的本质是对职业会计人员集体意志和责任的具体要求。（ ）
46. 国际会计师联合会只是一个会计职业的政府组织，它所制定的职业道德标准实际上是对执业会计师职业道德的规范。（ ）

（二）选择题

1. 道德与其他社会现象比较具有的特点有（   ）。
   A. 很大的普遍性　　　　　　　　B. 规范的准确性
   C. 多方面的功能　　　　　　　　D. 很高的理想性
2. 人类历史上，相继出现过的道德类型有（   ）。
   A. 原始社会道德　　　　　　　　B. 奴隶社会道德
   C. 封建社会道德　　　　　　　　D. 资本主义社会道德
   E. 社会主义道德
3. 我国公民道德建设的基本要求有（   ）。
   A. 爱祖国　　　　　　　　　　　B. 爱人民
   C. 爱劳动　　　　　　　　　　　D. 爱科学
   E. 爱社会主义
4. 社会三大生活领域中的道德分别为（   ）。
   A. 社会公道　　　　　　　　　　B. 婚姻家庭道德

C. 职业道德　　　　　　　　　　　　D. 市场经济道德

5. 社会公德的主要内容有（　　）。
A. 文明礼貌　　　　　　　　　　　　B. 助人为乐
C. 爱护公物　　　　　　　　　　　　D. 保护环境
E. 遵纪守法

6. 道德的结构划分为（　　）。
A. 道德意识　　　　　　　　　　　　B. 道德活动
C. 道德习惯　　　　　　　　　　　　D. 道德关系

7. 道德的主要功能有（　　）。
A. 认识功能　　　　　　　　　　　　B. 调节功能
C. 教育功能　　　　　　　　　　　　D. 激励功能
E. 批评功能

8. 关于道德的社会作用问题，下列观点是错误的有（　　）。
A. "道德万能论"　　　　　　　　　　B. "道德无用论"
C. "非道德主义"　　　　　　　　　　D. 道德对社会经济有巨大能动作用

9. 职业道德与道德相比的特点是（　　）。
A. 鲜明的行业性　　　　　　　　　　B. 适用范围的有限性
C. 表现形式的多样性　　　　　　　　D. 历史延续性

10. "会计当而已矣"是谁提出来的？（　　）
A. 庄子　　　　　　　　　　　　　　B. 孔子
C. 孟子　　　　　　　　　　　　　　D. 老子

11. 职业的要素是（　　）。
A. 职业技能　　　　　　　　　　　　B. 职业职责
C. 职业权利　　　　　　　　　　　　D. 职业利益

12. 会计职业道德建设实际上向社会提出了（　　）的基本要求。
A. 提高道德觉悟　　　　　　　　　　B. 重视道德修养
C. 净化环境　　　　　　　　　　　　D. 重视职业技能

13. 会计环境的内部因素主要包括（　　）。
A. 内部控制制度　　　　　　　　　　B. 单位的人事政策和内部组织机构
C. 会计主体的性质　　　　　　　　　D. 会计人员的文化素质
E. 内部审计情况

14. 会计职业的性质体现在（　　）方面。
A. 计量性　　　　　　　　　　　　　B. 经济效益性
C. 以货币为计量单位　　　　　　　　D. 发展性
E. 社会性

15. 会计职业特点是（　　）。
A. 具有社会性和公共性　　　　　　　B. 对经济活动进行反映、监督、控制
C. 具有中介性　　　　　　　　　　　D. 以提供财务信息为主要职责
E. 服务对象多元化

16. 会计的基本职能是（　　）。
    A. 核算
    B. 预测
    C. 分析
    D. 监督
    E. 决策

17. 会计行为的本质特征有（　　）。
    A. 目的性
    B. 主体性
    C. 技术性
    D. 程序性、计量性、周期性
    E. 客观性
    F. 公正性

18. 会计人需求包括的方面有（　　）。
    A. 生存发展需求
    B. 职业报酬需求
    C. 职业环境需求
    D. 职业成就需求
    E. 职业技术需求

19. 会计行为动机主要有（　　）。
    A. 追逐经济利益
    B. 追逐权力
    C. 追逐名誉地位
    D. 追逐友爱、受尊重
    E. 追逐自我价值实现

20. 会计规范包括的形式有（　　）。
    A. 会计准则
    B. 会计法律规范
    C. 会计道德规范
    D. 会计制度

21. 会计责任从其承担形式可以分为（　　）。
    A. 内部责任
    B. 道德责任
    C. 外部责任
    D. 法律责任
    E. 行政责任

22. 要做依法理财的模范，必须做到（　　）。
    A. 精通法规，掌握政策
    B. 有法必依，执法必严
    C. 以身作则，奉公守法
    D. 维护本单位的利益

23. 中共中央颁布的《公民道德建设实施纲要》提出了以（　　）为主要内容的职业道德，鼓励人们在工作中做一个好建设者。
    A. 爱岗敬业
    B. 诚实守信
    C. 办事公道
    D. 服务群众
    E. 奉献社会

24. 会计公正性必须符合的条件有（　　）。
    A. 符合公认会计准则和会计法律、法规
    B. 会计信息必须具有客观性
    C. 会计信息必须具有真实性
    D. 会计信息必须公开披露，全面描述
    E. 会计信息传递必须具有及时性

25. 会计工作做到客观公正，必须（　　）。
    A. 真实反映
    B. 公正审计
    C. 加强技能训练
    D. 遵守准则

26. 会计核算的真实性原则包含三层含义，即（　　）。

A. 实际性 B. 可靠性
C. 可验证性 D. 目的性

27. 对于掌握会计核算权、财务管理权的会计人员来说，最基本的道德规范和要求是（　　）。
A. 遵纪守法 B. 账务两清
C. 遵守会计原则 D. 清正廉洁

28. 会计服务包括（　　）。
A. 财务报表审计 B. 编制财务报表
C. 合并审计 D. 破产服务

29. 目前，我国会计服务主要有（　　）。
A. 举办成员所 B. 申请临时执业许可证
C. 举办合作所 D. 参加考试

30. 会计职业道德建设的核心是（　　）。
A. 集体主义 B. 为人民服务
C. 清正廉洁 D. 严守秘密

31. 会计人员要做到热情服务，必须主动做好各项服务工作，包括（　　）。
A. 文明办事 B. 热忱服务
C. 讲究效率 D. 提高服务质量

32. 秘密是指在一定时间内只限一定范围的人员知悉的事项，秘密分为（　　）。
A. 国家秘密 B. 工作秘密
C. 商业秘密 D. 科学技术秘密

33. 道德修养的特点是（　　）。
A. 目的性 B. 自觉性
C. 选择性 D. 强制性
E. 实践性

34. 会计职业道德修养的方法主要有（　　）。
A. 克己自律 B. 反躬内省
C. 谦虚诚恳 D. 慎独
E. 脚踏实地

35. 会计职业道德自律机制能力表现在（　　）等几个方面。
A. 自己控制 B. 自己完善
C. 自己组织 D. 自己选择

36. 会计职业道德修养的内容是（　　）。
A. 提高会计职业道德认识 B. 培养高尚的会计职业道德情感
C. 磨炼坚强的会计职业道德意志 D. 树立坚定的会计职业道德信念
E. 养成良好的会计职业道德行为和习惯

37. 社会舆论的方式有（　　）。
A. 自觉方式 B. 自发方式
C. 自由方式 D. 自然方式

38. 会计职业道德评价对会计行为具有（　　）的作用。
    A. 裁判　　　　　　　　　　　　　B. 激励
    C. 示范　　　　　　　　　　　　　D. 调节
39. 会计职业道德评价的依据是（　　）。
    A. 会计行为的动机　　　　　　　　B. 会计行为的效果
    C. 会计行为动机与效果的统一　　　D. 会计行为的性质
40. 会计职业道德评价的善恶标准具有（　　）。
    A. 阶级性　　　　　　　　　　　　B. 绝对性
    C. 客观性　　　　　　　　　　　　D. 相对性
41. 自律按动因可以分为（　　）。
    A. 外律　　　　　　　　　　　　　B. 内律
    C. 他律　　　　　　　　　　　　　D. 仁律
42. 会计职业道德的评价方法有（　　）。
    A. 社会舆论　　　　　　　　　　　B. 传统习俗
    C. 内心信念　　　　　　　　　　　D. 考核评分
43. 会计职业道德自律机制的构成要素有（　　）。
    A. 目的和方法　　　　　　　　　　B. 目标和约束
    C. 环境和能力　　　　　　　　　　D. 法规和功能
44. 美国的基本会计职业道德规范是（　　）。
    A. 正直　　　　　　　　　　　　　B. 正当
    C. 真实　　　　　　　　　　　　　D. 公正
45. 英国会计职业道德的基本内容可以概括为（　　）。
    A. 真诚与正直　　　　　　　　　　B. 职业能力和保密性
    C. 真实和合法性　　　　　　　　　D. 客观和公正性
46. 法国的基本会计职业道德规范是（　　）。
    A. 遵纪守法　　　　　　　　　　　B. 真实和公允
    C. 社会责任感　　　　　　　　　　D. 诚实正直
47. 韩国会计职业道德基本规范是（　　）。
    A. 良心　　　　　　　　　　　　　B. 诚信
    C. 荣誉感　　　　　　　　　　　　D. 义务

（三）简答题

1. 社会经济关系对道德的决定作用主要表现在哪些方面？
2. 道德的产生有哪些主客观条件？
3. 资本主义社会的道德有哪些基本特征？
4. 道德发展的规律性表现何在？
5. 怎样正确看待道德的社会作用？
6. 职业道德产生的条件是什么？
7. 我国会计职业道德有何新特点？

8. 会计职业道德有什么作用？
9. 现代市场经济对会计工作提出了哪些新的要求？
10. 怎样培养良好的会计职业道德？
11. 试述会计有何特点。
12. 什么是会计行为？
13. 什么是会计人？会计人有何特殊需求？
14. 什么是会计职业道德规范？
15. 职业道德产生的条件是什么？
16. 为什么说"诚实守信"是会计人员最重要的职业道德规范？
17. 会计人员应该怎样诚实守信？
18. 在我国强调会计的客观公正性有什么作用？
19. 如何保证会计信息的真实性？
20. 为什么要求会计人员保持清正廉洁？
21. 会计人员如何保持清正廉洁？
22. 什么是热情服务？会计人员应当怎样做到热情服务？
23. 什么是道德修养？
24. 会计人员应怎样严守秘密？
25. 为什么说社会实践是会计职业道德修养的根本途径？
26. 什么是会计职业道德修养？会计职业道德修养的任务是什么？
27. 加强会计职业道德修养有什么重要意义？
28. 试述会计职业道德评价的实质和作用。
29. 什么是"慎独"？怎样才能在会计实践中做到"慎独"？
30. 自律与修养是一种什么样的关系？
31. 会计职业道德评价的标准和依据是什么？
32. 怎样做好会计职业道德评价工作？
33. 会计职业道德自律机制为什么要强调环境问题？
34. 会计职业道德自律机制主要有哪些特征？
35. 外国会计职业道德借鉴有什么意义？
36. 为什么要进行会计职业道德的国际比较？

二、案例故事①

【案例故事 1】

五月的一天，放学时分，张丽莉在路旁疏导学生。一辆停在路旁的客车，因驾驶员误碰操纵杆失控，撞向学生。危急时刻，张丽莉向前一扑，将车前的学生用力推到一边，自己却

---

① 本部分案例均来自百度。

被撞倒了。

车轮从张丽莉的大腿辗压过去，肉都翻卷起来，路面满是鲜血，惨不忍睹。被轧伤后张丽莉有时清醒有时昏迷，在送往医院的途中，她还对大家说：要先救学生。昏迷多天后，张丽莉醒来的第一句话是："那几个孩子没事吧！"

经过抢救，张丽莉被迫高位截肢。她的亲人和医护人员都不敢想象她知道真相的后果会是怎样，但张丽莉很快接受了事实，还反过来安慰父亲说："当时车祸的场景我还记得，很幸运，如果车轮从我的头碾过去，你们就看不到我了，我救了学生，也保住了命，今后一定会幸福的。"

有人问张丽莉："你后悔吗？"她回答："不后悔。这样做是我的本能。我已经28岁了，我已和父母度过28年的快乐时光。那些孩子还小，他们的快乐人生刚刚开始。"别哭孩子，在你们最美的一刻，你们的老师失去了双腿，却为自己插上了翅膀，她大你们不多，却让你们明白了许多，都说人生没有彩排，即使面对那一刻，这也是她不变的选择。

【案例故事2】

某汽车销售公司有6位顾客拒绝支付服务费。并非每位顾客都表示拒付全部服务费，而是每个人都宣称有某一项账目发生错误。每一位顾客在每项服务工作完成时都曾签字，因此，公司知道哪些服务工作确实做过了，他们认为有理由要顾客付款。

以下是该公司贷款部人员催付这些过期欠款的步骤。

1. 分别拜访每一个顾客，并直截了当地告诉对方，他们是来收取一项早已到期的账款。
2. 明确表示，公司没有什么过失，是顾客错了。
3. 他们暗示，公司对汽车的认识要比顾客懂得多得多，因此没有什么好争吵的。
4. 最后，他们同顾客大吵起来。

这些方法没能使顾客感到满意，欠款问题得不到解决。

事情演变到这种地步，贷款部经理已经开始打算打官司。幸好，这件事引起了总经理的注意，他调查了这些欠款的顾客，发现他们以前都是很快地把账付清，享有很好的信誉。这里面一定有什么缘故——或许收款的方法有很大的错误。于是，他把詹姆斯·托马斯召到面前，要他去收取这些无法收回的账款。

托马斯先生说他采取了如下方法：

1. 我去拜访每一位顾客，同样也是为了要收取一项早已到期的款项，同时我们知道这笔款项绝对没错，但我完全不提这些。我解释说，我是在奉命来查看公司做了些什么，或什么事忘了做。
2. 我明确表示，在听完顾客的说明之前，我没有什么意见，并告诉他说，公司并不认为本身工作是完美无缺的。
3. 我告诉他，我只对他的车子有兴趣，他对自己的车子的认识，比世界上其他任何人都要深，他是这方面的权威。
4. 我让他尽量地谈，我在听的时候，尽量表现出同情和兴趣，这正是他所需要的，也是他所盼望的。
5. 当这位顾客处于一种合适的心理状态时，我使他感到整件事是公平交易。我说："首先，希望您明白，我也觉得这件事处理不当。我们公司的人员曾给您带来了不愉快，我代表公司向您致歉。我在这儿坐了这么久，听了您的说明，您的公正和耐心给我留下了深刻的印象。现在我想请您帮我一个忙，这儿有几张账单是您的，我知道，如果请您对这些账单作一番估价，我是很放心的，您会做得像我们公司的董事长要求的一样。您说多少，就算多少。"

顾客是否付清了那些账单？当然，而且慷慨得很，那些账单从150美元至400美元不等，那些顾客都付出了最高额。最令人惊奇的还在后面呢，此后的两个星期之内所有这6位顾客都向我们订购了新车。

【案例故事3】

作为一名职业篮球选手，乔丹的敬业态度的确是无与伦比的。为了比赛的胜利，他可以放弃娱乐和休息，拼命苦练。长期艰苦的技巧和体能训练是乔丹获得成功的根本保证。

乔丹在他的自述中提到了成功的"秘诀"："为什么当我需要在赛场上最大限度地发挥潜能时，我能够做到呢？因为我以前曾经做过，它是我准备工作的一部分。我到达过那种水平，我知道它在什么地方——如何获得用以对付比赛的突发情况。"

【案例故事4】

5月的一天，济南工商银行大观园储蓄所赵安同志接待了一对前来存款的夫妻。他们的钱装在一只编织袋中，他们是做水果生意的，钱又散、又乱、又破旧。存款凭条上填写的数目是7.4万元。赵安同志细心地数了两遍，都是8.4万元。赵安对这对夫妻说，他们数错了，他们不信，又数了一遍，果真是8.4万元，这对夫妻对赵安同志诚实不欺的高尚品德十分感激。事情传出去以后，引来许多前来存款的生意人。尊严和公信力来自清廉、热情和诚信。

【案例故事5】

一个人上初中时染上了偷书的习惯。他惯用的伎俩是，走进一个书摊，弯腰用手同时拿起两本书，假装翻看，趁摊主不注意，迅速地将其中一本隐藏在腋下，再翻看一会儿手上的书，然后放下它，扬长而去。他从未失过手，直到他的小书柜被偷来的书塞满。高中毕业以后，他没考上大学。在亲友的资助下，他开了一个小小的自选商店。一天，他无意间看见一个十几岁的男孩，在货架上拿了两盒巧克力，迅速地藏了一盒在腋下，然后将另一盒拿在手里。他像见到了天下最可怕的事情一样呆坐在那里，直到那个男孩付了一盒巧克力的钱后从容离开，他还没有清醒过来。从此以后，他的情绪一落千丈。在那间装满了他偷来的书的房间里，他反复想着自己是怎样一个人，以及自己活着的意义。可见，对一个人最严厉的惩罚不是枷锁，也不是牢狱，最严厉的惩罚是给他一面镜子，让他看看自己是怎样一个人。

【案例故事6】

50岁的曹中希是圆通速递北京分公司的一名快递员，负责北京师范大学片区的收派件工作。他和千千万万的快递员一样，每天收派快件埋头工作，"连吃饭的时间都舍不得浪费"。

他自创了"老曹体"，打油诗式的幽默和发自心底的关怀让不少收件人都心生温暖；为了更好地服务客户，他设立了先期赔付基金，收派件偶发失误时，第一时间将损失赔偿给客户；繁忙的工作中，他还不忘奉献社会，多次为贫困地区捐款捐物……他用爱心与热忱得到了人们的认可，被人们亲切地称为"老曹"。

【案例故事7】

李明明和丁娟两个人在一家公司工作，平时关系相处得很不错。年终，公司搞推广策划评比，每个人都可以拿方案，优胜者有奖。李明明觉得这是一个好机会。经过半个月的深入调研，加上平时对市场工作的观察思考，李明明很快做出了一个非常出色的策划案。方案征集截止日的最后一天，丁娟突然叹了一口气说："哎，明明，我还真有点紧张，心里没底啊。你帮我看看方案，提提意见。"李明明连想都没想就答应了。丁娟的策划很是一般，没有什么创意，李明明看完没好意思说什么。丁娟用探究的目光盯着李明明，说："让我也看看你的方案吧。"李明明心里一阵懊悔，可自己刚才看了人家的，现在没有理由不让别人看。好在明天就要开大会了，她想改也来不及了。

第二天开会，丁娟因为资历老，按次序先发言，丁娟讲述的方案跟李明明的方案一模一样，在讲解时，她对老板说："很遗憾，我现在只能讲述自己的口头方案，电脑染了病毒，文件被毁了，我会尽快整理出书面材料。"李明明听了目瞪口呆，她没想到丁娟抢自己的功劳，她不敢把自己的方案交上去，也不敢申诉，她资历浅，怕老板不相信自己。只好伤心地离开了这家公司。丁娟的方案获得老板的认可，因为方案不是她自己的，有些细节不清楚，在执行方案时出一点漏洞，又无法及时修正，结果失败。后来老板得知她抢了别人的方案，就无情地炒了她鱿鱼。

【案例故事8】

没有哪个企业不明白诚信对于立企、兴企的重要性，但在具体实践中差异却很大。企业能不能在理念、模式和机制上保障并发展自己的诚信呢？

海尔有一个很著名的广告语，叫作"真诚到永远"。海尔总裁张瑞敏解释说：一个企业要永续经营，首先要得到社会的承认、用户的承认。企业对用户真诚到永远，才有用户、社会对企业的回报，才能保证企业向前发展。好像没有哪个企业不明白诚信对于立企、兴企的重要性，但在具体实践中的做法差异却很大。企业能不能在理念、模式和机制上保障并发展自己的诚信呢？"顾客永远是对的"，张瑞敏说：不管在任何时间、任何地点、发生任何问题，错的一方永远只能是厂家，永远不是顾客，不管这件事表面现象看来是不是顾客的错。"

一位农民来信说自己的冰箱坏了。海尔马上派人上门处理，还带着一台新冰箱。赶了200多公里到了顾客家，一检查是温控器没打开，打开温控器就一切正常了。海尔管理层却就此进行认真的反思：绝不能埋怨顾客，海尔必须满足所有人的需求，要把说明书写得让所有人都读懂才行。

有一年夏天，《青岛晚报》登了一则报道，谴责本市一名出租司机把顾客买的海尔空调器拉跑了。海尔知道了这个消息后，给这位顾客送去了一台空调器。这条消息再次成为新闻，社会舆论一致赞誉海尔助人为乐，但海尔人认为：这件事真正的责任还在企业身上，如果我们把空调器直接送到顾客家里，就不会出现这样的问题了。由此，海尔酝酿推出了无搬动服务。

海尔认为营销的本质不是卖,而是买,是海尔花钱向用户购买信息。

当把服务视为企业发展战略的一个关键环节时,这种服务便成为一种自觉、主动和有意识的行为。因为市场永远在变,如果只是满足显现出来的需求,只能是跟在市场后面;如果能去寻找潜在的需求,就成为市场的导向。洗衣机销售淡季在每年的5月至8月。为什么夏季衣服换得勤,买洗衣机的反而少?客户反映,不是夏天不需要洗衣机,而是因为市场上的洗衣机容量都大,一般是5公斤左右的,夏天衣物少,用起来不方便。为此,海尔开发了1.5公斤小型洗衣机,不仅在国内淡季市场大受欢迎,还大量出口。

四川一位顾客反映海尔洗衣机质量不好,出水口经常被堵住。经过了解,原因是他经常用洗衣机洗红薯。技术人员得到这个信息认为太荒唐了,洗衣机怎么可以用来洗红薯呢?但海尔认为,这是一条非常宝贵的信息,说明顾客有了这个需求。后来,海尔就推出了一种既可以洗衣服又可以洗红薯、洗土豆的洗衣机。

实施国际化战略后,海尔提出了新的口号:创造国际美誉度。他们认为,只要有钱打广告,知名度就上来了,但顾客不一定满意。质量和服务都合乎相关法规要求,产品就有了信誉度,但却没有研究顾客真正的需求。美誉度就是在知名度和信誉度的基础上,满足顾客潜在的需求。迄今,海尔先后在欧洲、美国、亚洲等地区建立了自己的生产基地,并在海外建立18个设计中心,56个贸易中心和40000多个营销网点。他们的目标就是要在国际市场创美誉,创出国际名牌。

【案例故事9】

汉武帝刘彻在位时,司马迁在朝中任太史令,具体负责编写《史记》。当时,许多达官贵人都想讨好司马迁,期望通过他的笔给自己在历史上留下好名声,于是纷纷给他送来了奇珍异宝。

有一天,朝中最得宠的大将军李广利派人给他送来一件礼物,司马迁的女儿妹娟打开送来的精致盒子,发现盒子里放着的是一对世间罕见的珍宝——玉璧。司马迁发现妹娟对宝物有不舍之意,于是语重心长地说:"白璧最可贵的地方是没有斑痕和污点,所以人们才说白玉无瑕。我是一个平庸而卑微的小官,从来不敢以白璧自居,如果我收下了这珍贵的白璧,我身上的污点就增加了一分,白璧不能要,叫人送回去。"

司马迁所著的《史记》,被称为"史家之绝唱",在我国历史上占有重要的地位。《史记》的价值就在于真实地记录了历史,司马迁何以能据实写史的原因之一就是他自身清白,珍惜自己的名誉,行得端做得正。倘若司马迁见了别人的东西就喜爱,不珍惜自己的名誉,必定使他难以秉笔直书,《史记》也绝不会有今天这样的价值。

【案例故事10】

诚信意味着付出,意味着牺牲,也意味着回报。有时候,其回报之丰厚也是无法用金钱来计算的。

沈阳市有一位女会计,有大学学历却下岗了。为了生存,她同一群下岗女职工搞起了编织,引起了外贸部门的重视,并为她们争取来了一份韩国订单——编织毛线帽。客户把价格压得很低,质量要求极为严格,时间也很紧。

会计职业道德

为了赢得信誉，进而获得更多更好的订单，她们宁肯吃亏，还是答应下来。可是，当她们交第一批货时，客户又改变了图纸，从原材料到花色品种都要调整，交货时间却不能拖延一天。这简直是毁约，是刁难——你们做不做？韩国女老板的眼神是挑衅的。她们狠狠心，豁出去了，签约！她们知道这个承诺的风险有多大，搞不好，人人都要倾家荡产！她们夜以继日，废寝忘食，工作得几乎到了"疯狂"的程度，终于如期保质保量完成了订单。

苛刻的韩国女老板感动了，向下岗女工们鞠躬致敬。接着，一批又一批订单接踵而来，她们的编织队伍也一扩再扩，竟发展成浩浩荡荡的万人大军！上万名下岗女职工打开了新的就业之门，生活有了着落。或许，从创收的角度可以计算出这么做的经济价值，然而，一个庞大的弱势群体，一夜之间改变了模样，重燃信心，重塑自我，其社会价值又有谁算得清呢？而这一切皆来自当初那背水一战的慨然一诺。

【案例故事11】

一家软件公司招聘程序员，待遇非常丰厚，求职者是纷至沓来。李伟苏，原来是一家网络公司的程序员，因公司效益不好失业了。他也在求职的队伍之中。

李伟苏对自己的技术能力信心满满，笔试也是轻松过关。当他来到最后的面试环节时，一个貌似技术主管的人突然发问：听说你原来就职的公司已经开发出了一项网络维护的软件包，你是否参加过研发？

主管接着问："你能把这项技术的核心内容介绍一下吗？"

李伟苏确实参加了整个研发过程，回答这个问题并不难。但此时，他有点犹豫，摸不准主管的意图。他是在考我的技术，还是想打探这项技术的秘密呢？

主管见李伟苏没有立刻回答，又接着问道：如果你加入我们公司，需要多长时间为我们开发出一样的软件？

李伟苏终于明白了，原来主管关心的是掌握这个技术。说还是不说？此时的李伟苏显得十分纠结。不说的话，自己肯定会丢掉这次机会；但是说的话，他觉得心里似乎有个坎过不去。

李伟苏脑海如万马奔腾般做着激烈的思想斗争。虽然原公司效益不好，自己也失去了工作，但是这项软件技术是公司花了整整2年时间开发出来的，自己和原来一起工作的小伙伴夜以继日，拼命努力，可谓是付出了很多才得到的成果。现在它还没有上市，公司里还有几百名同事在惨淡经营，指望这项技术获得新的发展机会，打个翻身仗。如果自己现在把这项技术透露出去，原公司最后一点希望也没有了，那些同事们的努力也付诸东流！我不能这么干！

想到这里，李伟苏似乎拿定了主意。我怎能为了自己的饭碗而砸大家的饭碗呢？他毅然站起来，说：对不起，我不能回答这个问题，如果贵公司为此而让我获得这个工作机会，我宁愿放弃。

说完，他起身离开了考场。接下去的日子中，他已经忘记了这段面试的经历。在半个月后的某一天，他突然接到该公司人事部门的通知，他被录用了他被告知：那只是一项考试的内容，他的行为已经交了一份很满意的答卷。

在现在这个物欲横流的社会里，一些人只会考虑自己，而不会管别人的死活。但作为一家企业的员工来讲，要遵循起码的职业道德。不能为了自己的前途，毫无顾忌地出卖原来公司的利益，这样的人即使再有能力，企业也是不敢用的。这家公司主管对李伟苏提的问题实际上是在考验他，因为作为程序员他如果能把原公司的核心技术透露给第三方，那谁又能保证他会不会把现有公司的技术机密透露给别人呢？

【案例故事12】

冬天的一个早晨，冰城哈尔滨的天空中飘着漫天的雪花，203路公交司机滨子走在上班的路上，距单位还差两个街口滨子突然停下来。在他左侧路口，一辆203路公交车摇摇晃晃，似乎正准备停下来。要知道，那可是一个十字路口，稍有一些驾驶常识的人都知道这样做意味着什么，何况这样的天气，这样一个正值上班高峰的时候。滨子的心陡然紧张起来。几辆小轿车急驰而过，似乎为了躲避，公交车速度缓慢，看来并非为了抢道。

滨子稍稍放松了紧绷的神经。还好，那辆公交车在拐过路口之后，稳稳地停在了路边。随即，应急灯闪亮起来。乘客们神色慌张、跟跟跄跄地吵嚷着下车。出问题了！肯定出问题了！容不得多想，滨子掉转方向，加快脚步走到近前，看清楚车牌号，滨子知道驾车人是小兄弟何国强。

按理说何国强自打进车队算起来也有五年了，可从来没出过任何事故。至于车，更不可能出现故障，那是车队刚刚买进的最好的一辆车。队长就是因为最信得过他何国强，才让他驾驶。可今天这是怎么了？滨子有些着急……乘客们已经全部下车。滨子迅速登车查看，"小何，出了什么问题？车子怎么停下来了？"何国强端坐在驾驶座位上，一动不动，一声不吭。只见何国强双眼紧闭、表情痛苦、身体极其僵硬地靠在椅背上。"小何！小何！"滨子连声呼喊，却不见对方有任何反应……救护车第一时间赶到，但何国强最终还是离去了。

经过诊断，何国强是因为突发脑干出血……医生说，脑干出血发病速度很快，甚至一两分钟之内病人就会昏迷，病人感觉非常痛苦。同时，病人在发病时极有可能出现头晕、视物模糊、一侧肢体瘫痪等症状……滨子，一个刚强的东北汉子，面对着众多医生护士哭得不能自已！

他说，他登上车的时候，熄火的公交车已经拉上了手刹。也就是说，何国强在临终的时候，不仅将车安全地停在路边、打开警示灯，还拉起手刹、开了车门。这几个对平常司机来说非常简单的动作，对于何国强来说是何等艰难，那是他克服了身体上多大的痛苦才完成的啊！

用生命来捍卫职责，避免了一场重大事故的发生，挽救了一车人的生命，这不是传说！何国强，一个平凡的公交司机，用生死之时非凡的抉择向人们诠释了什么是恪尽职守！

一名普通的公交车司机在昏迷前的最后一刻，首先想到的是乘客的安危，用尽最后一丝力气将公交车稳稳地停在了路边，他用自己的生命避免了一场重大交通事故的发生，挽救了一车人的生命。公交车司机的职业普通得不能再普通，岗位平凡得不能再平凡。在危急时刻，何国强表现出的不平凡之举，是职业精神的完美体现。正是长期爱岗敬业的自律，使何国强瞬间就做出了可贵的抉择。

【案例故事13】

辽宁省特级教师、功勋教师、全国劳动模范、全国模范班主任、全国有突出贡献的中青年专家，首届"中国十大杰出青年"魏书生，是一个只有初中学历，靠自学和实践从一个农村中学教师成长为一名全国闻名的教育改革家。

魏书生酷爱书,早年读过大量的哲学、政治经济学以及中文专业方面的书籍:《哲学讲义》《辩证唯物主义讲课提纲》《论共产主义》《欧洲哲学史》《中国哲学史》《中国古代思想史》《世界通史》《政治经济学》《社会主义史》等等。魏书生突破了传统思想的束缚,以彻底的唯物主义观点面对理论、面对学生、面对一切教育活动。

"一切真知都来源于实践",魏书生带领学生视察社会。看到祖国的经济发展新貌也看到与发达国家相比尚且落后的事例。此时同学们严肃的神情表明他们的心情是沉重的。这时,魏书生教育学生:我们国家好比一艘载着13亿人口的大船,这艘船的沉浮,关系到每个人的喜怒哀乐。这艘船落后,我们船上的每一个人,特别是我们这些明天的船员们都有责任,我们应该为中华民族崛起而读书。

【案例故事14】

吕方,是济源市第一中学一名普通的化学教师。有一次他在讲氯气时,告诉学生它是第一次世界大战期间德国使用的化学武器。然后就提问学生:"王强,假如你当时在战场上,面对滚滚而来的氯气,你会怎么做?""那就爬到树上呗!"氯气的密度大于空气,爬到树上当然会好一些,王强话音刚落,李珍就站起来说:"老师,不对吧?你想当时是在战场上呀,他爬到树上他不成了枪靶子了吗?我想反而会死得更快一些。"同学们哗地一下笑了,吕老师也笑了,当即表扬了他们的积极思考和勇于表达。

吕老师还采用了"课前一支歌"的方法教育学生。比如课前放《真心英雄》这首歌,课上他就会和学生们聊一聊成龙的故事——成龙在成名前都干过哪些工作,工作中他受到过哪些挫折,在拍电影期间他受过多少次重伤等,学生们都非常喜欢听,并且在潜移默化中懂得了"不经历风雨,怎么见彩虹"的道理。母亲节他会播放阎维文演唱的《母亲》,和他们谈一谈亲情,让他们理解父母,学会感恩,很多学生当时都留下了真挚的泪水;新学期开始,他让学生重新欣赏了一遍《千手观音》,领舞邰丽华的人生轨迹,让学生们明白了要"从残缺中求得圆满"。

【案例故事15】

曾经震惊全国的"毒奶粉事件"至今令人心有余悸,当初率先在报道中点名"三鹿"的记者简光洲,如今也成了许多中国人心目中的英雄。

简光洲是上海《东方早报》的记者,他的题为《甘肃十四名婴儿疑喝三鹿奶粉致肾病》的报道刊出后,不仅让三鹿集团彻底垮了,还让多名高官下台、奶农遭受严重损失,甚至严重损害中国的国际形象。

不过,与此同时,他的报道也救了无数的婴幼儿,让他们免于再受毒奶粉荼毒。因此,有的中国网民认为,全国的母亲和家长都应公开举办一个仪式向他致谢,甚至认为他应获颁年度新闻奖。

简光洲在报道发表后写了一篇博客,透露了他为这个报道所经历的种种心理挣扎。简光洲并没有为自己的"一举成名"而兴奋,反而感到悲伤,因为一个有悠久历史的知名企业丧失了社会责任感,也因为中国部分媒体失落了社会良心。简光洲并不是中国第一个报道婴儿疑因食用问题奶粉导致患上肾结石的记者。在他之前,湖北、甘肃已有媒体陆续报道,但这些报道都没有直接写出问题奶粉是哪家，只在文中以"某品牌"称之。他下笔时，由于担心被告，也为了是否直接点出企业名字矛盾很久。一方面三鹿是知名企业，拥有150亿元人民币的品牌资产，另一方面当他向三鹿集团求证时，对方信誓旦旦地保证，奶粉绝无问题。不过，在听取医生的说明以及看到婴幼儿的就诊情况后，他决心点名报道。他说，他在甘肃兰州的医院看到了许多父母哭着把不满周岁的孩子送进手术室，以及医生冒着被指责手术不当的风险为婴儿实施全身麻醉；患病婴儿接受治疗时，得痛苦地忍受5毫米的管子从尿道里插进去，而护士们得在婴儿的头上多次寻找能够扎针的血管。看到这一切，他决定在报道中写出三鹿的名字。但发稿当晚，他紧张得无法入眠。因为万一自己报道错误，就要吃官司；而报道没错，他也会成为摧毁一个中国著名的民族品牌的"千古罪人"。他说，9月11日报道见报后，报社接到无数电话，要求他们撤下网站上的新闻，直到晚上9点多，三鹿宣布召回奶粉后，他才如释重负。

对于部分媒体可能收到三鹿的"封口费"，简光洲不愿指责这些同行，因为他认为外界无法理解中国媒体生存的艰难，在生存有问题的时候，良心价值几何？简光洲说："我对我的点名报道选择不后悔。"但他年迈的父母听说此事后，曾从老家打来电话问："这报道能不能不做？"他答说："有好多婴儿可能因为这奶粉而死亡啊！"电话那头父母没有继续说话。他在博客中写道："我不是说我有多高尚，我只是想说出一个事实。在这个社会，面对着各种诱惑与风险，要说出一个简单的事实其实也并不容易。"这不禁让我们感叹现在的记者，早已经失去了光荣感与使命感。作为一个记者，应当恪守自己的职业道德。部分记者失落了社会良知，媒体丧失了社会责任感。中国需要有良知的记者，更需要有道德的媒体。

【案例故事 16】

患者翁文辉生前是黑龙江省哈尔滨市一所中学的离休教师。一年前，74岁的翁文辉被诊断患上了恶性淋巴瘤。因为化疗引起多脏器功能衰竭，6月1日，他被送进了哈尔滨医科大学第二附属医院的心外科重症监护室。在医院住了67天，光住院费就花去了将近140万，平均每天花去2万多。除了向医院交纳139万元的医疗费用外，他们又在医生的建议下，自己花钱买了400多万元的药品交给医院，作为抢救翁文辉急用。医院却说：我们不但没有多收他还漏收了130多万。然而，高昂的花费没能挽回老人的生命。

8月6日，翁文辉因抢救无效病逝。在准备和医院结账时，翁家意外发现，在住院收费的明细单上，记载着病人使用过一种叫氨茶碱的药物，但翁文辉对氨茶碱有着严重的过敏反应。家属说，不管是住哪个医院，他们进去之后都会跟医生声明氨茶碱不能用、磺胺不能用、去痛片不能用，而且翁文辉的病历上也注明了这些。翁家还发现，就在翁文辉去世后的两天里，医院竟还开出了两张化验单，共计收费64元。在7月31日的收费账单上，可以看到，这一天医院收了翁文辉22197元的血费。翁文辉的老伴说，就是在这一天里，医院给翁文辉用了106瓶盐水，葡萄糖用了20瓶，血则输了10000毫升。这些液体，就是装水桶也要装多少桶？何况是用血管给人输进去，可能吗？从翁文辉的住院费明细单来看，治疗强度的确很大，其中7月30日这天，一天输血就达94次，那么他在24小时内的输血总量至少是9400毫升，相当于一个成年人全身血液总量的两倍以上。

次年4月29日，卫生部、国务院纠风办通报了中央纪委、监察部、卫生部和黑龙江省纪委联合调查组对哈尔滨医科大学附属第二医院（简称哈医大二院）的查处情况。通报指出，这是一起典型的严重损害群众利益的违纪违法案件，严重损害了卫生行业的形象，造成了恶劣的社会影响。

经查，患者翁某因患恶性淋巴肿瘤，于去年5月16日入住哈医大二院，先后在干部病房和心外科重症监护室（简称心外科ICU）治疗，最终因多脏器功能衰竭，于8月6日病故。住院82天，医院共收取住院费138.9万元。

哈医大二院在治疗患者翁某的过程中主要存在以下问题：

一是违反规定乱收费。通过自立项目、分解项目、超标准收费、重复收费等手段，多收医疗费用20.7万余元。二是心外科ICU主任于玲范为掩盖违规计费和医疗过程中的问题，伪造并组织有关医护人员违反规定大量涂改翁某的医疗文书。三是部分科室管理混乱，相关职能科室监管不力。心外科ICU存在医嘱、特护记录、收费单中药品数量互不相符和部分医嘱单非医师本人签字的现象，使用未经国家审批的进口药品，对自购药品没有与患者家属之间的交接、核对及退药手续；物价科、医务科没有认真履行相应的监管职责。四是对患者家属的投诉采取的措施不力，处置不当，造成了恶劣的社会影响。

有关方面决定，给予哈医大二院院长、党委委员张岂凡，党委书记王国良，党委副书记、纪委书记杨慧撤销职务处分；给予副院长王太和、谭文华行政记大过处分；给予心外科ICU主任于玲范撤销心外科ICU主任职务处分，并吊销其医师执业证书；给予心外科ICU护士长郭晓霞、物价科科长高松、医务科副科长王璟璐撤销职务处分。对其他医护人员的违纪违规问题，由有关部门分别做出处理。对哈医大二院给予中止三级甲等医院称号一年的处理，限期进行整改，以观后效。责成医院向患者家属退还违规收取的费用并向患者家属赔礼道歉。哈尔滨医科大学、黑龙江省卫生厅对哈医大二院监管不力，责成其写出深刻检查。

医乃仁术，大医精诚。一名医生，医德高尚与否，事关病人生死。

【案例故事17】

一家颇有名气的家俬公司，最近在报章上刊登大减价广告，其中一项很令人心动的减价是，一个两件式组合衣柜竟以二折出售！这样的折扣自然非常吸引人。当消费者到该家俬公司时，确实见到有减价组合衣柜，上面还贴上写有大减价后银码的标贴，一如广告所言。一位顾客正欲购买，却发现销售人员所报出的价格，并非衣柜上标贴示的数字，而是衣柜未打折之前的价格，问后，销售人员说："先生，你看错了，两折的是衣柜的那扇门及一只抽屉，不是指整个衣柜！你看，贴着的减价标贴也是这样说的"。顾客细看，确是如此，只能叹无辜被骗白跑一趟。

【案例故事18】

金某从17岁走上会计岗位，至今已度过了28个春秋。作为一个基层单位普普通通的会计人员，他努力在平凡的工作岗位上实现自己的人生价值。他刚进公司时，为尽快熟悉业务情况，一头扎进办公室，从公司建立时的第一本凭证开始将每一张凭证、每一张发票、每一本账簿、每一份报表乃至于财务的每一份工作报告、逐年逐日的财务工作总结都一一过目了解，并分行分类，列成表格记录在笔记本上，经过一个多月日日夜夜的努力，他无一遗漏地查阅了近500本凭证、数万张发票、1300多张报表，全面掌握了本公司各年度的状况和企业的创业历史。

就在这一次摸清"家底"的账目查阅中，他发现有一笔20万元的资金流向不符合会计制度的规定，虽然这不是他经手的事，但他觉得这不仅严重违反了财务会计制度的规定，更严重地损害了国家和企业的利益。于是他协助公司的领导，不畏外界的压力，在无数次追讨不奏效的情况下付诸法律解决。在打官司时，某些相关领导和亲属有的上门求情，有的威胁恐吓逼他撤诉，亲朋好友也出面劝他"不要自找烦恼"，还说："即使追回来了，对你自己也没什么好处。"但他认为保护国家财产是自己的职责，何况还有国家撑腰！这个官司一打到底，结果以胜诉而告终，对方不仅偿还了欠公司长达5年之久的20万元资金，还承担了全部诉讼费。

【案例故事19】

刘玲是一家大型企业的高级职员，她的能力是有目共睹的，无论是工作能力，还是文字水平，都处在单位的一流水平，上司对她的能力也是充分肯定的。平时，刘玲热情大方，率真自然，很受同事欢迎。但是，成也萧何，败也萧何。刘玲的率直和不加掩饰过于情绪化，这在职场中有时可是个大忌。前不久，单位提拔了一个无论是资历还是能力和业绩都不如她的女同事。刘玲很生气，平时上司就对这位女同事特别关照，什么提职、加薪等好机会都会想着她，好事几乎都让她占尽了。眼看着处处不如自己的同事，一年之内竟然被"破格"提拔了三次，可自己的业绩明明高出她好多，可上司好像视而不见，只是一个劲地让她好好工作，而好机会总没她什么事。

这次，刘玲真的恼了，她义愤填膺地跑到上司的办公室去"质问"，并义正辞严地与上司"理论"起来，可上司那儿早已准备了一些冠冕堂皇的理由，尽管这样上司还是被刘玲搞得非常狼狈。从那以后，刘玲的情绪一度受到影响，还因此倍受冷落，同事也不敢轻易同她说话了。刘玲很难受，又气又急又窝火，自己怎么也想不通为什么工作干了一大堆，领导安排的工作也能高标准地完成，可为什么总是费力不讨好呢？看看那位女同事，也没干出什么出色的成绩，可人家不慌不忙的总是好事不断。

【案例故事20】

小江很有才气，编辑的文章很有一套自己的独特风格，因此很受欢迎，有一次还得到创新奖。一开始他还很高兴，但过了一段时间，他却失去了笑容。他告诉一位朋友说，他的上司最近常给自己脸色看。

这位朋友问清楚他的情况后，指出了他犯的错误。原因是这样的：小江得了创新奖，受到了上级领导的好评，除了新闻部门颁发的奖金之外，另外给了他一个红包，并且当众表扬他的工作成绩，夸他是块主编的料。但是他并没有现场感谢上司和同事们的协助，更没有把奖金拿出一部分请客，他的上司刘主编从此处处为难他。原来，小江的锋芒已经盖过了他的上司，让他产生了戒备的心理。

其实就事论事，这份杂志之所以能得奖，小江贡献最大，但是当有"好处"时，别人并不会认为谁才是唯一的功臣，总是认为自己"没有功劳也有苦劳"，所以小江的锋芒，当然就引起别人的不舒服了，尤其是他的上司，更因此而产生不安全感，害怕失去权力，为了巩固自己的领导地位，小江自然就没有好日子过了。遗憾的是，小江不相信朋友的分析，结果三个月后就因为呆不下去而辞职了。

【案例故事 21】

小王年轻干练、活泼开朗，进入企业不到两年，就成为主力干将，是部门里最有希望晋升的员工。一天，公司经理把小王叫了过去："小王，你进入公司时间不算长，但看起来经验丰富，能力又强，公司开展一个新项目，就交给你负责吧！"

受到公司的重用，小王欢欣鼓舞。恰好这天要去上海某周边城市谈判，小王考虑到一行好几个人，坐公交车不方便，人也受累，会影响谈判效果；打车一辆坐不下，两辆费用又太高，还是包一辆车好，经济又实惠。

主意定了，小王却没有直接去办理。几年的职场生涯让她懂得，遇事向上级汇报是绝对必要的。于是，小王来到经理办公室。"老板，您看，我们今天要出去，这是我做的工作计划。"王小姐把几种方案的利弊分析了一番，接着说："我决定包一辆车去！"汇报完毕，王小姐满心欢喜地等着赞赏。

但是却看到经理板着脸生硬地说："是吗？可是我认为这个方案不太好，你们还是买票坐长途车去吧！"小王愣住了，她万万没想到，一个如此合情合理的建议竟然被驳回了。她大惑不解："没道理呀，傻瓜都能看出来我的方案是最佳的。"

【案例故事 22】

新百的全国劳模丁进的徒弟吕学瑾是商场森达皮鞋专柜的营业员，今年新鞋上柜后，有一次她在业余时间逛市场时发现另一家大商场的一款森达皮鞋比新百的便宜了80多元钱，同款皮鞋怎么会有这么大的差价？经过一番调查终于弄清楚是厂家在送货时将零售价搞错了，柜台已经"高价"卖出了一百多双鞋。

小吕当即向部门领导做了汇报，第二天部门在报纸上登出启事，向购买此款皮鞋的消费者道歉，请消费者抽空到柜台退还差价。很多前来退款的顾客都忍不住跷起大拇指来称赞她。拥有一批老劳模、新劳模的新百、山百等国有大商场，提出打造"服务品牌"的理念，新百总经理戴明红说，"诚信"应该成为国有企业锻造品牌、提升服务水平、整合新的市场竞争优势的一张王牌。

【案例故事 23】

10月19日，家住某市某区钟鼓村12社的徐老太再一次告别了油灯相伴的日子。

徐老太今年80岁，由于儿子去世，儿媳妇在离家出走时竟然把电表电线都拆走了，老人孑然一身，无奈中只好重新找出已弃置多年的煤油灯照明。

在9月份的一次营业普查中，乡供电所任所长来到徐老太家，被眼前的情景深深地刺痛了："在我们供区内居然还有人用煤油灯。这是我们的失职。改，马上改，哪怕是所里职工自己掏钱也要让老人用上电。"19日这天，任所长带着供电所职工捐资所买来的电表、电线、灯泡，只用了一个小时就让徐老太家恢复了光明。

【案例故事 24】

二滩水电站送出线路的自贡段，500千伏铁塔共有500多基，每年雷雨季节前夕，电业局送电工程处的10名巡线员都要重点进行巡视检查，对铁塔逐一进行接地电阻测试，为二滩5月开始的丰水期满负荷发电提供安全可靠的输电通道。

巡线员们翻山越岭、不辞辛劳，平均每人每天步行10多公里。54岁满头白发的老班长老杨一大早就带领5名巡线员出发，去30多公里外的荒郊野外巡视"普洪三线"。由于连续下了几天雨，乡间田埂小路泥泞不堪，稍不留神就会摔倒，但他是一位干了30多年的外线员，老当益壮快步如飞，长年练就了一双"飞毛腿"和一双"火眼金睛"，一般不用望远镜就能看清40多米高的铁塔和线路上的隐患，被巡线员们尊称为"孙悟空"。杨班长的老搭档也是一名老巡线员，大家都叫他老詹，今年也即将退休，老哥俩巡线配合默契、动作熟练，一丝不苟，他们要尽职尽责地站好最后一班岗。

【案例故事 25】

一天，供电局抄表公司来了一位张大爷，他说怀疑自家的电表出错，供电局多收了自己的电费。一位30多岁的女抄表员逐一对张大爷的问题做了解释，但看着他不放心的样子，就领着老人去营业所找到装表组办理了拆表校验手续。

第二天，张大爷跟着装表师傅，抱着自家的电度表到了供电局计量所，负责接待的小李让张大爷坐定后，泡了热腾腾的茶水，耐心地听张大爷诉说，最后还带着张大爷来到了校验室说："您的电表是在我们的校表间里通过核试合格后，才安装到您家里的，所核验的每一块表都要保证其误差在国家规定的范围内，您的利益是不会受到任何损害的"。

听着小李的解释，看着校表员有微机控制校验着仪表，张大爷满意了，原来一块表要经过这么多的工序才能安装到自己家中。

【案例故事 26】

深秋的一天，"澎"的一声巨响打破了居民小区的宁静，四楼人家正在安装的防护栏不慎坠落下来，正好砸在低压供电线路上，导致相间短路，导线散落一地。

接到抢修电话的电业局共产党员服务队迅速到达事故现场，立即停电，疏散群众，准备材料，制定措施。

这时又下起雨来，队长王强当机立断，先抢修，首先保证用户用电，在采取了必要的安全措施后，队员们冒雨登杆，将烧断的导线拆旧换新，把散落的导线重新绑扎。雨越下越大，队员们衣服湿透也全然不顾，经过紧张的抢修，一个半小时后，恢复了正常用电，居民们端上了热水，送来了雨具，都被队员们婉言谢绝。

【案例故事 27】

池莉是读者十分熟悉的当代著名女作家。作家出版社与她签约创作长篇小说《小姐，你早》，离交稿日期只差不到10天时，由电脑突然出了故障，完成的十多万字文稿顷刻间化为乌有。池莉呆坐在电脑前，脑子一片空白。怎么办？向出版社说明情况，争取延缓交稿时限？特殊情况嘛，料想编辑会理解，也能谅解。但池莉没有那样做。既然答应人家，怎好失信于人？失信无异失节，不能小看。于是，池莉把休息时间压缩到最小限度，宁可"蓬头垢面"衣裙不整，也要昼夜不停地赶写书稿，硬是如期完成了。仅仅一周多时间，人瘦了一圈，两只敲击键盘的手几近麻木。出版社得知内情后深受感动，为池莉的守信，更为她的人格。一个深受读者喜爱的著名作家，不摆名人架子，言必行，行必果，其人格魅力是用金钱可以估价的吗？当然不能。

【案例故事 28】

年底，东茂公司因产品销售不畅，新产品研发受阻。公司财会部预测公司本年度将发生 800 万元亏损。刚刚上任的公司总经理责成总会计师王某千方百计实现当年盈利目标，并说："实在不行，可以对会计报表做一些技术处理。"总会计师很清楚公司本年度亏损已成定局，要落实总经理的盈利目标，只能在财务会计报告上做手脚。总会计师感到左右为难：如果不按总经理的意见去办，自己以后在公司不好呆下去；如果照总经理意见办，对自己也有风险。为此，总会计师思想负担很重，不知如何是好。

【案例故事 29】

万民公司是一家国有大型企业。当年 12 月，公司总经理针对公司效益下滑、面临亏损的情况，电话请示正在外地出差的董事长。董事长指示把财务会计报告做得漂亮一些，总经理把这项工作交给公司总会计师，要求按董事长意见办。总会计师按公司领导意图，对当年度的财务会计报告进行了技术处理，虚拟了若干笔无交易的销售收入，从而使公司报表由亏变盈。经诚信会计师事务所审计后，公司财务会计报告对外报出。

次年 4 月，在《会计法》执行情况检查中，当地财政部门发现该公司存在重大会计作假行为，依据《会计法》及相关法律、法规、制度，拟对该公司董事长、总经理、总会计师等相关人员进行行政处罚，并分别下达了行政处罚告知书。万民公司相关人员接到行政处罚告知书后，均要求举行听证会。在听证会上，有关当事人作了如下陈述：

公司董事长称："我前一段时间出差在外，对公司情况不太了解，虽然在财务会计报告上签名并盖章，但只是履行会计手续，我不能负任何责任。具体情况可由公司总经理予以说明。"

公司总经理称："我是搞技术出身的，主要抓公司的生产经营，对会计我是门外汉，我虽在财务会计报告上签名并盖章，那也只是履行程序而已。以前也是这样做的，我不应承担责任。有关财务会计报告情况应由公司总会计师解释。"

公司总会计师称："公司对外报出的财务会计报告是经过诚信会计师事务所审计的，他们出具了无保留意见的审计报告。诚信会计师事务所应对本公司财务会计报告的真实性、完整性负责，承担由此带来的一切责任。"

思考分析：结合所学内容，说说这些案例故事给我们什么样的启示？

主要参考书目

1. 国务院新闻办公室、中央文献研究室、中国外文局：《习近平治国理政》第一卷、第二卷，外文出版社，2014、2017年版。
2. 老子：《道德经》，北京联合出版社，2015年版。
3. 孔子：《论语》，光明日版出版社，2015年版。
4. 李冬云等：《会计职业道德》，北京理工大学出版社，2010年版。
5. 廖申白：《伦理学概论》，北京师范大学出版社，2009年版。
6. 王海明：《伦理学原理》，北京大学出版社，2009年版。
7. 刘毓庆：《国学概论》，北京师范大学出版社，2009年版。
8. 叶陈刚：《商业伦理与会计职业道德》，东北财经大学出版社，2008年版。
9. 金正昆：《现代商务礼仪》，中国人民大学出版社，2008年版。
10. 项怀诚：《会计职业道德》，人民出版社，2003年版。
11. 孟凡利：《会计职业道德》，东北财经大学出版社，2003年版。
12. 蒙丽珍、韦善宁：《会计行为规则与案例》，中国财政经济出版社，2003年版。
13. 茅于轼：《中国人的道德前景》，暨南大学出版社，2003年版。
14. 韩传模：《会计人员职业道德与自律机制研究》，中国财政经济出版社，2002年版。
15. 蒙丽珍等：《会计道德规范与法律责任》，中国财政经济出版社，2002年版。
16. 本书编写组：《依法治国和以德治国基本方略学习读本》，中央党史出版社，2001年版。
17. 陆士桢：《以德治国教育读本》，新华出版社，2001年版。
18. 刘智锋：《道德中国》，中国社会科学出版社，2001年版。
19. 宋惠昌：《"以德治国"学习读本》，中共中央党校出版社，2001年版。
20. 梁万里：《做事先做人》，中国商业出版社，2001年版。
21. 李菡：《职业道德修养》，华东师范大学出版社，2001年版。
22. 王立彦等：《会计师职业道德与责任》，北京大学出版社，2001年版。
23. 吕昭江等：《会计职业道德》，东北财经大学出版社，2000年版。
24. 王开田：《会计规范理论结构》，中国财政经济出版社，2000年版。
25. 郭建新、杨文兵：《新伦理学教程》，经济管理出版社，1999年版。
26. 陈炳才：《道德经济学》，北京，中国经济出版社，1998年版。
27. 翟振元：《中国传统道德讲义》，中国人民大学出版社，1997年版。
28. [美]伦纳德·J·鲁克斯：《商业伦理与会计职业道德》，中国人民大学出版社，2010年版。
29. [德]赫尔穆特·施密特：《全球化与道德重建》，柴方国译，社会科学文献出版社

2001年版。

  30.〔英〕大卫·休谟：《道德原理探究》，王淑芹译，中国社会科学出版社，1999年版。

  31.〔英〕塞廖尔·斯迈尔斯：《人生的职责》，李柏光译，北京图书馆出版社，1999年版。

  32.〔英〕亚当·斯密著，蒋自强等译：《道德情操论》，商务印书馆，1997年版。